U0512613

山西省"1331工程"重点创新团队建设计划（晋教科〔2017〕12号）

教育部人文社科规划基金项目"投资者关注与定向增发定价效率：行为机理及其经济后果"（18YJA630112）

教育部人文社会科学规划基金项目"投资者情绪、盈余管理与定向增发效应研究"（12YJA630179）

王晓亮　著

定向增发、盈余管理及其经济后果研究

Research on the Private Placement, Earnings Management and Its Economic Consequences

中国财经出版传媒集团

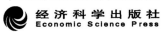

经济科学出版社

Economic Science Press

图书在版编目（CIP）数据

定向增发、盈余管理及其经济后果研究／王晓亮著 .
—北京：经济科学出版社，2020.7
ISBN 978 - 7 - 5218 - 1671 - 6

Ⅰ.①定…　Ⅱ.①王…　Ⅲ.①上市公司 – 财务管理 –
研究　Ⅳ.①F276.6

中国版本图书馆 CIP 数据核字（2020）第 110998 号

责任编辑：杜　鹏　郭　威
责任校对：靳玉环
责任印制：邱　天

定向增发、盈余管理及其经济后果研究
王晓亮　著
经济科学出版社出版、发行　新华书店经销
社址：北京市海淀区阜成路甲 28 号　邮编：100142
编辑部电话：010 – 88191441　发行部电话：010 – 88191522
网址：www. esp. com. cn
电子邮箱：esp_bj@ 163. com
天猫网店：经济科学出版社旗舰店
网址：http：//jjkxcbs. tmall. com
固安华明印业有限公司印装
710×1000　16 开　14.75 印张　240000 字
2020 年 9 月第 1 版　2020 年 9 月第 1 次印刷
ISBN 978 - 7 - 5218 - 1671 - 6　定价：69.00 元
（图书出现印装问题，本社负责调换。电话：010 – 88191510）
（版权所有　侵权必究　打击盗版　举报热线：010 – 88191661
QQ：2242791300　营销中心电话：010 – 88191537
电子邮箱：dbts@ esp. com. cn）

序

    配股、公开发行新股、定向增发新股是中国上市公司股权再融资的主要方式，近年来定向增发成为我国上市公司融资的重要方式。某些上市公司股权集中度比较高，定向增发作为一种非公开的股权再融资方式，增发过程中盈余管理，不仅加大了大小股东之间信息不对称程度与代理成本，还会通过改变公司业绩影响股价，进而影响市场资源配置，严重干扰资本市场健康运行，因此，研究清楚这其中的路径和机理，具有重要的理论与实践意义。王晓亮副教授多年来专注于该问题的研究，形成了系统的研究成果——《定向增发、盈余管理及其经济后果研究》。我相信他的研究成果对于完善定向增发后果影响方面的理论，遏制定向增发过程中存在的盈余管理问题，会有重要的指导意义。

    我觉得本书具有如下显著的创新：第一，研究角度新颖。我国上市公司盈余管理研究这一课题具有现实意义，定向增发作为我国上市公司股权再融资的主流方式，在此过程中存在着盈余管理行为，作者立足于当前实际情况，在国内外学者研究现状基础上，多方位、全面地对定向增发、盈余管理及其经济后果进行综合分析，在研究视角方面进行了创新性探索。第二，研究方法科学。通过定向与非定向增发公司的大样本数据，采用比较与回归模型分析方法，研究定向增发、盈余管理及其经济后果，方法是合理的，验证过程是比较严密的，得出的结论具有较高的可靠性和价值意义。第三，该书结合我国定向增发公司案例，理论研究与实际相结合，对四家上市公司定向增发过程中是否存在盈余管理以及带来的经济后果进行分析，并得出对做好相关实务工作具有较大借鉴意义的政策建议。

    我相信，这本书的出版，不仅可以推动定向增发相关理论研究的深入发展，而且对于学习定向增发业务的学生及相关人士，对于从事定向增发业务操作和监管的相关人士，具有良好的参考借鉴意义。

吴秋生

2020 年 6 月 22 日

前　言

从 2006 年 5 月始，定向增发作为一种融资方式登上历史舞台，逐步取代公开发行与配股成为我国上市公司股权再融资的主流，占据股权再融资的80% 以上。我国上市公司股权比较集中，定向增发之后股权更加集中，集中股权结构下更多体现大股东的意志。当向大股东定向增发时，某些上市公司大股东会在定向增发前进行向下的盈余操控，打压股价，从而降低其购买股票的成本；而向机构投资者定向增发时，某些上市公司大股东会在定向增发前进行向上的盈余操控，提高股票价格，从而募集更多资金。上市公司对于盈余的操控会对长期股票收益、股票流动性、公司业绩、短期股票收益带来一定的影响。虽然定向增发能够在一定程度上带动上市公司发展，但定向增发很容易转变为某些大股东进行利益输送的工具，增发过程中盈余管理加大了信息不对称程度与代理成本，进而影响市场资源配置，严重干扰资本市场健康运行。本书对定向增发、盈余管理及其经济后果的研究具有重要的理论与实践意义。

本书基于定向增发视角，分析了盈余管理的前提条件、动因和客观条件，从长期股票收益、股票流动性、公司业绩、短期股票收益角度分析了定向增发下盈余管理产生的经济后果，为定向增发、盈余管理及其经济后果研究构建了一个分析框架。

本书采用理论研究与实证研究相结合的方法。从总体来看，本书在委托代理理论、信息不对称理论以及公司治理理论的支撑下，分析定向增发、盈余管理及其经济后果二者之间的关系。首先，在对盈余管理前提、动因以及客观条件进行理论分析基础上，构建分析框架，分析定向增发过程中的盈余管理行为以及盈余管理的经济后果。其次，针对定向增发与盈余管理方式的权衡选择和定向增发、盈余管理及其经济后果研究选取定向增发公司与非定向增发公司为大样本数据进行实证研究。最后，选取四个定向增发过程中盈余管理案例并对其经济后果进行分析，为理论研究提供了现实证据。

本书的研究特色在于，学者们多对定向增发下盈余管理以及盈余管理带来的经济后果进行单独分析，并未将这三者联合起来进行综合分析，然而定向增发、盈余管理确实在长期股票收益、股票流动性和公司业绩等方面产生重要影响，本书对此进行综合分析，并提出相关建议和意见，以改善定向增发、盈余管理，维护中小股东合法权益。

在此，对给予本书支持和帮助的调研企业和政府机关致以衷心的感谢。

本书在研究过程中由于时间仓促，难免有不妥之处，恳请各位专家同仁批评指正。

王晓亮

于山西财经大学

2020 年 5 月

摘　要

　　配股、公开发行与定向增发是我国上市公司股权再融资的主要方式，与配股、公开发行相比，定向增发在财务指标、偿债能力、融资规模方面没有特别要求，降低了公司发行证券门槛，而且定向增发审核程序简单、发行成本低、信息披露要求低以及发行人资格要求低的优势，使定向增发越来越成为一种主要的融资方式。虽然定向增发门槛低，但企业为了吸引外界投资者的目光，某些大股东为了获得更大的利益，企业就不得不通过盈余操控美化公司在增发前和增发过程中的业绩报告。根据委托代理理论，管理者为了获得更多的报酬，为了获取更多的财富、地位、声望，在定向增发中会在盈余管理的期望收益与潜在成本之间进行权衡比较，当上市公司盈余管理给管理者带来的经济利益大于潜在成本时，某些管理者就有动机进行盈余操控，而且现行会计准则体系的不完善和不同主体之间信息的不对称也为管理层进行盈余管理提供了条件，而企业盈余信息作为最为重要的内部信息，会对公司长远绩效、股价、股票流动性、长期股票收益产生影响。本书试图以委托代理理论、信息不对称理论、公司治理理论为理论基础，对定向增发与盈余管理所引起的长期股票收益、股票流动性、公司绩效等方面的经济后果进行研究，为定向增发、盈余管理及其经济后果研究构建一个分析框架。

　　本书主要采用规范与实证相结合的方法，运用规范的方法在文献综述、相关基础理论和研究现状的基础上，理论分析定向增发和盈余管理产生的前提条件，并分别对定向增发和盈余管理进行动因分析、客观条件分析；运用实证的方法分析了定向增发、盈余管理及其经济后果之间的关系，最后通过案例分析说明了定向增发、盈余管理及其经济后果在现实中的应用。具体研究逻辑可分为以下部分。

　　第一部分：主要包括国内外相关文献综述、主要涉及的基础理论、背景现状与问题。

　　第二部分：理论分析。首先分析了盈余管理产生的前提条件及主客观条件。盈余信息对股票市场价格有影响，上市公司当期盈余可以通过"当期盈余—未来盈余—未来股利—股票价格"这一关系链条与股票价格建立内在联系，另外盈余信息对企业相关利益方契约的制定与执行也发挥非常重要作用。在技术条件以及现实条件的支撑下，管理者认为盈余管理的期望收益大于潜在成本时便会进行盈余管理。因此，当向原有大股东定向增发新股时，进行向下的盈余操控，刻意隐瞒利润，打压股价，大幅降低大股东购买股票的成本，当向机构投资者增发时，进行向上的盈余操控，提高公司利润，抬高股价，大幅提高机构投资者购买股票的成本，通过增发募集更多资金。

第三部分：实证分析。本书从实证上研究了定向增发、盈余管理对长期股票收益、股票流动性、公司绩效的影响。第一，与配对样本进行均值比较并开展多变量回归模型检验，发现定向增发公司在增发当年和前一年进行了盈余管理。然后，对盈余管理与定向增发后的长期股票收益进行回归分析，结果表明：盈余管理会导致长期股票收益下降；与非定向增发公司相比，定向增发公司盈余管理对长期股票收益的影响更小。第二，就盈余管理行为与股票流动性关系进行回归分析，实证结果表明：定向增发公司股票流动性明显高于非定向增发公司；盈余管理降低了股票流动性，定向增发加大了对股票流动性的影响。第三，定向增发的样本公司数据表明：上市公司为了顺利进行定向增发，确实会在增发当年和前一年通过应计盈余管理的方式粉饰利润，以"迎合"目标对象，应计盈余管理操控后的结果是增发后一年公司业绩的上升。

第四部分：案例分析。主要对定向增发、盈余管理及其经济后果相关案例进行分析。从宋都股份、方大炭素定向增发过程盈余管理案例，华菱星马定向增发并购重组案例、华丽家族借壳上市案例进行分析，从不同角度揭示了定向增发过程中的盈余管理行为。

本书的研究从理论上为我们提供定向增发和盈余管理对应关系的内部机理，为建立有效的公司治理结构提供合理依据；另外，将盈余管理与经济后果紧密结合起来，引导公司管理更规范、更科学。从实践上来讲，本书的研究将规范定向增发过程，降低信息不对称，减少代理成本，为取得更好的经济效益提供切实可行的路径和措施。最后，研究成果对政策主管部门制定相关政策，完善上市公司资金筹集过程提供政策支持；也为监管部门监管上市公司筹资行为，保护中小投资者的利益提供政策指引。

目　　录

第1章 导　论

1.1　研究目的与意义

1.1.1　研究目的

定向增发审核程序简单、成本低、信息披露要求低等优点，使其逐步成为上市公司股权再融资的主流方式。一方面，某些上市公司可能在定向增发过程中通过盈余管理操控财务报表中的盈余信息，通过影响盈余信息进而作用于定向增发股票价格；另一方面，盈余信息可能会对管理者薪酬契约产生影响，使得某些管理者出于利己动机，在定向增发经济效益和潜在成本之间进行权衡，从而产生盈余操纵的动机。

理论研究目的：某些上市公司股权集中度比较高，集中股权结构下面临着大小股东之间的代理问题。定向增发作为一种非公开的股权再融资方式，增发过程中的盈余管理加大了两者之间信息不对称程度与代理成本，其通过改变公司业绩影响股价，进而影响市场资源配置，严重干扰资本市场健康运行。本书分析盈余管理对经济后果影响的内在机理，对减少盈余管理行为的发生，抑制某些大股东通过定向增发进行利益输送提供一定的理论依据。

实践研究目的：定向增发逐渐成为上市公司股权再融资的主流方式，上市公司在定向增发之后股权更加集中，某些大股东会采取大量减持股票、高额分红、关联交易等方式进行利益输送，侵害中小投资者的利益。本书基于定向增发视角，就盈余管理对其经济后果的影响进行实证分析，对监管部门所制定政策效果给予经验验证，为政策管理部门制定相关政策提供参考；另外，本书中的研究为我国定向增发过程中减少某些大股东通过盈余管理进行利益输送，提高经济效益提供一个切实可行的路径和措施。

1.1.2 研究意义

（1）理论意义：本书围绕定向增发这一方式，从长期股票收益、股票流动性与公司绩效度量经济效益，对盈余管理与经济后果关系进行研究，为定向增发、盈余管理与经济后果研究构建一个分析框架。

本书的理论意义如下：第一，相较于配股、公开发行股票，部分企业获得定向增发的许可相对容易，为了使财务报告更"漂亮"，以此吸引更多投资者进行战略投资，某些企业会美化增发前的报告，从而影响投资者对企业未来股价的判断。这不仅会影响公司股价，更会影响市场资源的合理配置，对资本市场的健康运行产生干扰。第二，通过分析盈余管理对经济后果影响的内在机理，对减少盈余管理行为的发生，抑制某些大股东通过定向增发进行利益输送提供一定的理论依据。第三，将盈余管理与经济效益紧密结合起来，从理论上引导合理、规范地进行定向增发行为。

（2）实践意义：我国部分上市公司存在定向增发高折价以及定价机制不合理、不公正的现象，实务界如此热衷于定向增发，但是理论界却明显不足，理论研究明显滞后于实务，有必要对其进行文献梳理，提出未来研究方向，为实务界和监管部门提出更好的指导方案和政策建议。

对定向增发公司的意义：机构投资者具有先进管理经验与技术，有能力解读与理解上市公司财务与经营情况，有利于引导广大中小投资者对信息的正确理解，减少大小股东之间的信息不对称，本书为我国定向增发公司盈余管理，减少信息不对称与代理成本，提高投资效率提供一个切实可行的路径和措施。

对政策监管部门的意义：证券监督管理部门应该制定相关政策，鼓励机构投资者参与股票购买，以便加强公司治理，改善某些上市公司"一股独大"现象，从而优化股权结构，提高上市公司信息披露质量。除应披露上市公司会计政策等影响企业盈余的信息之外，还应对缺乏会计原则与基础会计处理事项，比如会计人员职业判断原则与基础等作出充分披露，以充分反映交易事项的本质。不论是证券法的出台，还是相关法律法规的完善，某些上市公司盈余操纵利润的现象依然存在，这个启示可以在完善市场交易和披露信息方面提供帮助。

1.2　基本概念界定

1.2.1　定向增发

　　从法律角度来看，定向增发是一种私募性质的、面向少数特定投资人发行证券的股权再融资方式。定向增发是以 2006 年《上市公司证券发行管理办法》的颁布与实施为标志，从那时开始，定向增发以合法的形式正式登上舞台，并逐步成为我国上市公司股权再融资的主流。配股、公开发行新股、定向增发新股是中国上市公司股权再融资的主要方式。我国股权再融资方式经历了由配股到公开增发新股再到定向增发新股的转变。

　　与其他股权再融资方式相比，定向增发是符合市场化原则和国际潮流的一种融资方式，具有以下优势：（1）财务指标优势。与其他融资方式相比，上市公司进行定向增发的条件比较宽松，证监会没有很明确的盈利要求，甚至亏损企业也可以通过定向增发再融资。（2）发行对象优势。定向增发对特定的投资者或投资机构增发，只要认购方愿意认购，定向增发就可以成功。（3）融资规模优势。定向增发没有规模要求，只要认购方愿意认购，上市公司就可以根据融资需求进行增发，而可转换债券和配股却有比较高的要求。（4）锁定期限优势。定向增发新股对象有三种：大股东或关联股东；机构投资者；大股东和机构投资者。当向机构投资者增发时，其发行的股票在 12 个月内不得转让；当向大股东和关联股东增发时，其股票在 36 个月内不得转让。定向增发锁定期规定有利于更好保护中小投资者的利益，抑制大股东利益输送行为。（5）时间和审核成本优势。定向增发具有整个发行流程审核程序简单、成本低、信息披露要求低、发行人资格要求低等特点。

　　定向增发对于上市公司的作用如下：（1）定向增发有利于公司财富增加。定向增发是在公司原有股权的基础上增加发行一定的股份，公司在增发之后注入了全新的资金和资产，使得上市公司财富增加。（2）定向增发有利于引进新的战略投资者。战略投资者购买股票不仅可以为上市公司提供资金，还可以提供先进管理经验、技术、品牌，开拓公司海外市场，这对于改善治理结构、提高公司业绩具有重要作用。（3）定向增发有利于股权结构的完善。定向增发引进了新的股东，使得原有股东股份被稀释，新股东对大股东监督作用得到强化，促使上市公司治理结构完善。（4）定向增发有利于股东利益平衡。定向增发引进了一批敢于承担风险的、有一定发言权的大股东，其会从公司利益出发来维护公司的合法权益，提高了对大股东的制约和制衡作用。

1.2.2　盈余管理

盈余管理是管理者在遵循会计准则的基础上，通过粉饰企业对外财务报告的会计信息，来影响投资者对企业未来股票价值的判断，进而诱导投资者，最终促使他们对公司进行资金投入。盈余管理有两层主要的含义：第一，盈余管理的主体是公司的经理人员和董事会，虽然两者在盈余管理动机方面存在差异，但是他们对企业对外报告的会计信息和企业的战略选择都有重要影响；第二，盈余管理的客体是企业对外财务报告的会计信息，通过对会计信息的调整或控制，吸引投资者的目光，影响投资者的投资决策，以达到主体利益最大化。

传统上盈余管理可分为应计与真实两种方式，应计盈余管理是通过会计政策和会计估计变更与选择，粉饰与掩盖公司真实的经营利润；真实盈余管理是通过构造、调整或改变公司实际的经营、投资与筹资活动等来干预会计信息。两者最主要区别在于：真实盈余管理改变了公司实际经济活动而应计盈余管理却不能；真实盈余管理影响公司长期利润与价值，而应计盈余管理只是改变了公司利润在不同时间的分配比例，但利润总额并不发生变化。

盈余管理并不会真正改变企业的对外财务报告的会计信息，即不会对企业真实的经营业绩做出增加或减少的变动，而是改变了实际的盈利在不同会计期间的分布，也就是说，盈余管理影响的是会计数据尤其是会计中的报告盈利，而不是企业的实际盈利。我国上市公司进行盈余管理主要有以下三种动机：（1）代理关系动机。企业的管理者和股东之间存在着薪酬契约的关系，管理者的薪资与企业业绩直接挂钩，因此，一些高管人员完全有动机通过盈余管理的手段粉饰重要的财务数据，给董事会或者政府展现出一份较好经营业绩的报告，以达到他们的目的，从而为获取股东、债权人信任，更好实现自己的目的，某些管理者完全有动机进行盈余管理操纵。（2）资本市场动机。根据我国《证券法》的规定，发行股票的上市公司必须具备连续三年有盈余的经营业绩，在实际情况不达标下，为了获取 IPO 资格以及股票发行的顺利进行，企业在首次公开发行时具有强烈的动机进行盈余管理从而粉饰财务报告，同时，上市公司达到配股的要求后，也可能通过盈余管理调整重要的指标。（3）政府监管的动机。政府作为资本市场经营规定的制定者和对规范的监管者，在证券市场中设置了许多规则作为监管手段。根据我国资本市场的规定，上市公司一旦连续两年亏损就会被特殊处理，如果继续亏损则将被强制退市，以达到保护投资者的目的。因此某些企业为了迎合政府制定的规则，会通过各种方式保证其股票在市场中正常的交易，资本市场中常见的"大清洗"现象、扭亏现象等均是某些上市公司为了避免被特殊处理或者退市而采用的盈余管理手段。

企业对外财务报告要进行盈余管理，需要满足的前提条件是盈余信息是有用的。如果盈余信息无用，人们将不会对其进行计量与确认，如果需要深入理解定向增发盈余管理行为，必须分析管理者进行盈余管理的功效，正是由于这些功效而对企业盈余管理行为产生影响。盈余管理产生的前提条件为：第一，盈余信息对股票市场价格有影响。一方面，股票市场价格可能会对盈余信息发布的好消息以及坏消息做出及时反应；另一方面，盈余信息也可能会通过计价模型与股票的价值相联系。在不完全资本市场中，企业相关利益方不可能准确预知未来可能发生的事件及其概率，只能根据历史信息对未来做出判断，因此，当期盈余与未来盈余相关联；未来盈余与未来股利也可以通过固定股利支付比例相联系，未来盈余与未来股利相关联；股票价格是未来股利的现值，股票价格与未来股利相关联，可以看出：第一，上市公司当期盈余可以通过"当期盈余—未来盈余—未来股利—股票价格"这一关系链条与股票价格建立内在联系。第二，盈余信息与契约关系的建立。在现代企业制度下，企业相关契约的制定与达成都是建立在会计盈余信息基础上，盈余信息有助于减少管理层的逆向选择与道德风险。契约关系中最重要的是委托代理问题。上市公司委托方一般是指投资者，受托方往往指管理者，逆向选择是事前委托方与受托方之间存在信息不对称，上市公司管理者较为了解上市公司实际情况，能够较为容易地获取公司私有信息，而投资者只能根据上市公告书、招股说明书等公开披露的数据获取会计信息，在此情形下，某些管理者为了自身利益，可能会将部分信息隐藏起来或者通过盈余管理对会计信息进行操控，这样上市公司提供的财务信息将变得不太可信，投资者出于风险厌恶的目的，愿意支付平均质量以下的价格，这样就会造成提供高质量信息的公司股票卖不出去，投资者买到的大多是劣质公司的股票，出现劣币驱逐良币现象。可以看出：盈余信息不仅对股票市场价格产生影响，而且对企业相关利益方契约的制定与执行也发挥非常重要作用，正是基于盈余信息能够影响股票市场价格，以及决定企业契约的制定与执行，某些管理者常常采用盈余管理操控盈余信息，从而实现自身利益最大化的目标。

1.2.3 经济后果测度

经济后果广义含义表示企业会计政策的选择对企业价值的影响。本书选用三个指标来衡量定向增发后盈余管理对经济后果的影响，分别是长期股票收益、股票流动性与公司业绩水平。

我们通过理论模型对定向增发前后大股东财富变化进行分析：假定定向增发前上市公司发行股份总数为 N_0，控股大股东拥有上市公司股份比例为 A；当上市公司向机构投资者增发股票时，实际募集的总股份数量为 N_1。然后，设上市公司定向增发前的价格为 P_0，定向增发发行价格为 P_1。则定向增发之前上市公司总价值为：

$$VAL_0 = P_0 \times N_0$$

定向增发前大股东拥有上市公司的财富为：

$$DVAL_0 = A \times P_0 \times N_0$$

定向增发后上市公司总价值为：

$$VAL_1 = P_0 \times N_0 + P_1 \times N_1$$

定向增发之后大股东拥有上市公司的财富为：

$$DVAL_1 = [(A \times N_0)/(N_0 + N_1)] \times VAL_1 = [(A \times N_0)/(N_0 + N_1)] \times (P_0 \times N_0 + P_1 \times N_1)$$

最后可得，上市公司大股东定向增发前后的财富变化：

$$DVAL_1 - DVAL_0 = [(A \times N_0)/(N_0 + N_1)] \times (P_0 \times N_0 + P_1 \times N_1) - A \times P_0 \times N_0$$
$$= [N_0 \times N_1/(N_0 + N_1)] \times A \times (P_1 - P_0)$$

从上面可以看出，在其他条件不变的情况下，当 $P_1 > P_0$ 时，则 $DVAL_1 > DVAL_0$。即上市公司向机构投资者增发时，只有定向增发发行价格大于增发前价格，大股东财富才会增加，所以某些上市公司在定向增发前有通过盈余管理行为提高股票价格的动机。

（1）长期股票收益是指投资者长期持有企业股票，从而获得的超过股票实际价格的收益。一般包括所持股票的增值部分和企业各种分红，即现金分红、股利分红和财产分红。对于长期股票收益，通常用股票收益率来衡量，即年现金股利与现行市价之比率。定向增发是向特定的投资者增发股票的一种股权再融资方式，增发之后上市公司股权更加集中，集中股权结构下上市公司决策更多体现为某些大股东的利益。定向增发发行对象主要包括大股东和机构投资者。某些大股东参与定向增发的主要目的在于维持控股地位、资产注入等；当向机构投资者增发时，某些上市公司在定向增发前有动机进行盈余管理以提高业绩，为的是提高股票价格。股票价格越高，上市公司募集的资金越多，每股净资产增厚越多，大股东在定向增发新股中的财富增值效应也就越大。

对于某些定向增发公司而言，其存在通过盈余管理进行利益输送的动机。根据盈余管理反转假说，上市公司提高业绩的盈余管理行为将在以后年度发生反转，导致上市公司长期股票收益下降。从短期来看，某些定向增发公司为了实现当时对机构投资者的业绩承诺，仍然会在增发之后的第一年度继续粉饰报表以提高利润，表现为盈余管理与股票业绩并不显著为负；但从长期来看，盈余管理终将会在以后年度发生反转，导致长期股票收益下降。但是，我国上市公司定向增发新股是某些大股东控制下的融资行为，一些大股东为了自身利益最大化，有动机通过盈余管理来提高上市公司业绩，使上市公司股价达到大股东所要求的合理水平，以收获财富增值。然后，对盈余管理与定向增发后的长期股票收益进行回归分析，结果表明，盈余管理会导致长期股票收益下降；与非定向增发公司相比，定向增发公司盈余管理对长期股票收益的影响更小。

（2）股票流动性是指以最小成本、最低价格和最快完成大宗交易的难易程度，换言之为股票买卖活动的难易。在我国股权集中情况下，上市公司大小股东之间存在严重信息不对称，第一大股东处于信息优势的地位，其持股比例远高于其余股东，利用对上市公司的控制权主导上市公司财务及经营决策。中小股东持股比例低，获取信息渠道闭塞，只能根据上市公司公开披露财务数据做出判断，其参与经营决策作用有限。盈余管理是某些大股东主导下的管理者操纵会计报表盈余，从而误导投资者对企业真实业绩理解，某些大股东利用内幕信息进行信息化交易，赚取利润，蒙蔽中小投资者，加大了大小股东之间信息不对称程度，降低股票流动性。定向增发是某些大股东主导下的股权再融资方式，为了募集更多的资金，部分大股东会在定向增发之前的第一年或当年进行向上盈余操纵，抬高股票价格，提高机构投资者购买股票的成本，达到对上市公司资金的占有，为进一步掏空上市公司做准备，与非定向增发公司相比，某些大股东在定向增发过程中进行盈余管理的动机会更强；而盈余管理降低了上市公司信息披露质量，增加了投资者买卖股票的价差，使盈余管理与股票流动性负相关。因此，定向增发公司股票流动性明显高于非定向增发公司；盈余管理降低了股票流动性，定向增发加大了对股票流动性的影响。

（3）公司业绩水平是指在企业经营一段时间内的业绩水平，主要表现在企业的盈利能力、资产运营水平、偿债能力和后续发展能力等方面。某些上市公司的大股东股份占比大，因此如果定向增发能够顺利实行，那么部分大股东就能谋取到更多的利益，募集到的资金越多，企业便能在社会上得到越多的认可，最终某些大股东的利益也就越丰厚，企业大股东持有的股票的资产就越雄厚，因此，在这种动机的驱动下，公司就更愿意虚报自己的经营水平，进行利益输送，将编造的业绩报表传送给特定的机构投资者，诱使潜在投资者增强对公司的期望。而且，根据信息不对称理论，在定向增发过程中，机构投资者不可能做到对增发企业经营状况和财务报表的真实了解，又不能轻易地识别某些定向增发企业的盈余操纵行为，所以他们只能通过对上市企业对外披露的财务报告进行判断，以此来决定是否认购股份、对增发企业进行融资。因此，会出现某些上市公司为了顺利进行定向增发，确实会在增发当年和前一年通过应计盈余管理的方式粉饰利润，以"迎合"目标对象，应计盈余管理操纵后的结果是增发后一年公司业绩的上升的现象。

1.3　研究思路与主要内容

1.3.1　研究思路

本书的研究思路参见图1.1，可以看出：第一，对本书研究的目的、意义、基本概念界定进行介绍。第二，本书对进行定向增发、盈余管理背景、文献述评、理论基础、现状问题进行阐述。第三，进行理论分析，主要从盈余管理产生的前提条件、动因以及客观条件分析，从定向增发、盈余管理动因分析及经济后果分析两方面入手。第四，从五个方面进行实证分析：定向增发与盈余管理方式的权衡选择；定向增发、盈余管理与长期股票收益；定向增发、盈余管理与股票流动性；定向增发、盈余管理与公司绩效；大股东投机行为、市场择机与定向增发公告效应研究。第五，进行案例分析。第六，得出研究结论。

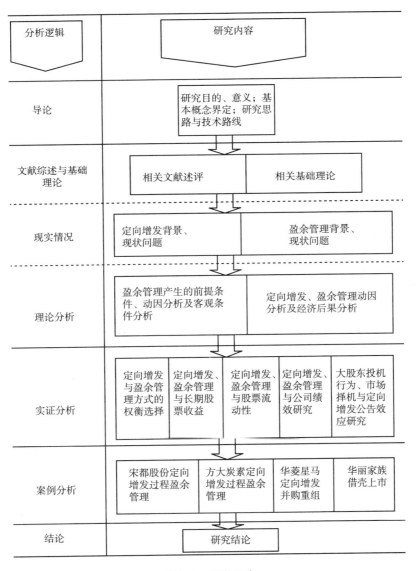

图 1.1　研究思路

1.3.2 研究内容

从2006年之后定向增发成为我国上市公司融资的主流，与公开发行新股不同，定向增发虽对于上市公司业绩没有要求，但定向增发过程中某些管理者仍可能进行盈余管理。而盈余信息作为公司最为重要的内部信息，信息不对称必然会使定向增发、盈余管理行为对公司未来经济发展造成影响。本书主要从长期股票收益、股票流动性以及公司绩效方面，分析定向增发、盈余管理行为的经济后果。

第一部分：导论。

阐述了研究的目的与意义；界定和阐明了重要的相关概念；确定了研究思路与主要内容、研究方法与技术路线；明确了研究的创新和不足。

第二部分：文献述评、基础理论、现状与问题。

从四个方面对国内外相关文献进行梳理：定向增发相关问题文献述评；盈余管理动因文献述评；盈余管理测度文献述评；盈余管理经济后果文献述评。

主要涉及的基础理论有委托代理理论、信息不对称理论、公司治理理论。

现状与问题是从两个方面进行分析：定向增发背景、现状与问题；盈余管理现状与问题。

第三部分：定向增发、盈余管理及其经济后果理论分析。

定向增发成为上市公司主流融资方式，在定向增发过程中，部分管理者进行盈余管理行为的潜在收益大于潜在成本是产生盈余管理的主要动因，会计准则的不完全性是某些管理者进行盈余管理的客观条件，而信息不对称使得管理层的盈余管理行为很难被外部投资者或大股东所识别，几方面的共同作用导致了定向增发、盈余管理行为的产生。而企业盈余信息作为最为重要的内部信息，会对公司长远绩效、股价、股票流动性、长期股票收益产生影响，见图1.2。因此，本书主要对定向增发，盈余管理前提、动因及其经济后果进行详细分析。（1）盈余信息对股票价格和契约制定的有用性是盈余管理行为产生的前提。（2）定向增发、盈余管理动因分析：其一是向大股东增发时进行向下的盈余操纵。当向某些原有大股东定向增发新股时，由于增发价格以定价基准日前的股价为依据，在定价基准日前会引发大股东操控下的上市公司进行向下的盈余操纵，刻意隐瞒利润，打压股价，大幅降低大股东购买股票的成本，从而通过定向增发获得低风险的暴利机会，而广大中小股东利益受到严重损害；其二是向机构投资者增发时进行向上的盈余操纵。当向机构投资者增发时，由于机构投资者作为外部投资者，在某些大股东操控下的上市公司会在基准日前进行向上的盈余操纵，提高公司利润，抬高股价，大幅提高机构投资者购买股票成本，通过增发募集更多资金，增厚大股东在上市公司财富。针对不同增发对象，上市公司操纵盈余方式明显不同，但无论哪种操纵方式都是某些大股东出于自身利益动机进行利益输送的手段之一。

（3）定向增发、盈余管理经济后果分析：上市公司盈余管理行为将导致短期股票收益无明显下降，而长期股票收益下降。从短期来看，部分定向增发公司为了实现当时对机构投资者的业绩承诺，仍然会在增发之后的第一年度继续粉饰报表以提高利润，表现为盈余管理与股票业绩并不显著为负；但根据盈余管理反转假说，上市公司提高业绩的盈余管理行为将在以后年度发生反转，导致上市公司长期股票收益下降。与非定向增发公司相比，定向增发公司股票流动性更好，但定向增发加大了盈余管理对股票流动性下降程度的影响。一方面，定向增发之后公司业绩增长的良好信息的传达很快反映到市场，带动了投资者购买股票的热情，再者，定向增发引进机构投资者，机构投资者完全有资金和能力收集和利用上市公司信息，而广大中小股东可以凭借机构投资者了解上市公司信息，有效缓解上市公司与中小投资者之间的信息不对称，同时，定向增发大小股东之间存在严重代理问题，机构投资者能够加强对上市公司大股东的监督作用，有效缓解了大小股东之间矛盾，增强中小股东参与公司经营的热情，所以，定向增发使得股票交易量和股票流动性增加。另一方面，在我国股权集中情况下，上市公司大小股东之间存在严重信息不对称，盈余管理是某些大股东主导下的管理者操纵会计报表盈余，从而误导投资者对企业真实业绩理解，某些大股东利用内幕信息进行信息化交易，赚取利润，蒙蔽中小投资者，加大了大小股东之间信息不对称程度，降低股票流动性。可见，为了募集更多的资金，某些大股东会在定向增发之前的第一年或当年进行盈余操纵，而盈余管理降低了上市公司信息披露质量，增加了投资者买卖股票的价差，使盈余管理与股票流动性负相关。因此，定向增发加大了盈余管理对股票流动性下降程度的影响。定向增发、盈余管理行为会影响公司业绩水平，我国上市公司在定向增发过程中会通过应计盈余管理来调整账面业绩，且应计盈余管理和未来一年内的业绩呈正相关。一方面，我国上市公司的部分大股东股份占比大，因此如果定向增发能够顺利实行，那么公司募集到的资金就越多，企业便能在社会上得到更多的认可，最终某些大股东的利益也就更加丰厚。而且，根据信息不对称理论，在定向增发过程中，机构投资者不可能做到对增发企业经营状况和财务报表的真实了解，又不能轻易地识别定向增发企业的盈余操纵行为。在委托代理理论下，公司控股股东对管理者会有业绩要求，高层管理者为了获取更丰厚的报酬，会想方设法提高短期会计盈余，达到股东委托给他们的利润目标。因此，我国部分上市公司在定向增发过程中会通过应计盈余管理来调整账面业绩。另一方面，虽然增发前期公司披露的财务报告并不代表公司实际的经营水平，为了保持股票发行，避免被监管部门"摘牌"，使大股东和机构投资者不丧失对公司的信心，管理者必须继续维持较好的业绩水平，因此，应计盈余管理和未来一年内的业绩呈正相关。

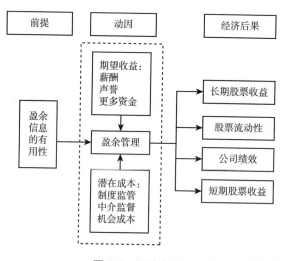

图 1.2　理论分析

　　第四部分：定向增发、盈余管理及其经济后果研究实证分析。

　　本书主要从五个方面来分析：（1）定向增发与盈余管理方式的权衡选择。本书分析了定向增发不同阶段一些大股东操控下的上市公司盈余管理方式权衡与选择，运用倾向得分匹配方法寻找配对样本，采用截面修正 Jones 模型和参照罗约夫德里（Roychowdhury，2006）的方法计算全部上市公司的应计盈余管理与真实盈余管理，从而确定上市公司各季度的盈余管理数据，利用双倍差分法进行回归分析。实证部分分三个步骤：第一，采用截面修正 Jones 模型和参照罗约夫德里（2006）的方法分别计算全部上市公司的应计盈余管理与真实盈余管理，从中确定定向增发公司各季度的盈余管理数据；第二，采用倾向得分匹配方法为定向增发公司从非定向增发公司中寻找配对样本，然后从全部上市公司中确定配对样本各季度的盈余管理数据；第三，采用双倍差分法进行多元线性回归分析，分析定向增发基准日前后的盈余管理问题。（2）定向增发、盈余管理与长期股票收益研究。本书选择定向增发公司作为研究对象，通过 Euclidean 距离方法选择配对样本，采用应计利润分离模型将总应计利润区分为非可操纵应计利润和可操纵应计利润，运用修正的 Jones 模型（考虑业绩）估计公司盈余管理，长期股票收益通过购买并持有异常收益率（BHAR）指标进行度量。本研究分三个层次进行实证分析检验：第一，与非定向增发公司相比，定向增发公司在增发前的第一年、第二年和当年是否存在盈余管理动机；第二，盈余管理如何影响上市公司长期股票收益；第三，与非定向增发公司相比，定向增发公司盈余管理对长期股票收益的影响程度如何。（3）定向增发、盈余管理与股票流动性研究。本研究以定向增发公司作为研究对象，采用 Euclidean 距离方法，分行业、分年度总资产、资产负债率匹配后为定向增发公司寻找配对样本，采用考虑资产收益率的横截面 Jones 模型对盈余管理进行度量，运用换手率和 Hui-Heubel 流动性比率非高频交易指标度量定向增发之后一年的长期股票流动性。本研究分三个层次进行实证分析检验：第一，定向增发公司在增发前的第一年和当年是否存在盈余管理动机；第二，与非定向增发公司相比，定向增发如何影响上市公司股票流动性；第三，与非定向增发公司相比，定向增发如何影响盈余管理对股票流动性的下降程度。（4）定向增发、盈余管理与公司绩效研究。本研究选取进行定向增发的 A 股上市公司为研究对象，采用修正的 Jones 模型（Dechow et al.，1995）进行应计盈余管理程度的测量，在未来业绩方面，本研究将定向增发后一年的业绩分别与增发当年的可操纵应计利润（DA_t）、增发前一年的可操纵应计利润（DA_{t-1}）以及这两年一起的可操纵应计利润（DA_t）进行回归分析。本研究分两个层次进行实证分析检验：第一，定向增发公司是否存在应计盈余管理行为；第二，盈余管理与未来经营业绩的相关关系。（5）大股东投机行为、市场择机与定向增发公告效应研究。本研究以定向增发公司作为研究对象，考虑到证券市场先后经历了牛市以及熊市，这使得定向增发样本更能够契合本研究需要。企业经营效益由企业盈利能力、偿债能力、发展能力、风险能力和营运能力等方面的指标进行度量。以上市公司公布《非公开发行股票发行情况暨上市公告书》的日期作为事件日，取事件发生日前10个交易日和之后20个交易日公告效应"事件窗口",采用超额收益率来度量公告效应,并且采用比较简便的市场收益率调整法进行计算。大股东的利益输送来自两个部分,即大股东原有持股价格上涨所带来的财富增加和新股发行价格折扣与价格上涨共同作用所带来的利益。本研究分两个层次进行实证分析检验:第一,定向增发中某些大股东保持或者提高控股比例与其在减少控股比例时的经营效益和反应比较;第二,牛市环境下定向增发企业相比于熊市环境下定向增发企业,其经营效益和大股东利益输送程度比较,且定向增发企业一些大股东利益输送是否主要来源于投资者非理性情绪推动的价格上涨差价而非发行价格折扣。

第五部分:定向增发、盈余管理及其经济后果相关案例。

选取四个相关案例进行分析:宋都股份定向增发过程盈余管理案例;方大炭素定向增发过程盈余管理案例;华菱星马定向增发并购重组案例;华丽家族借壳上市案例。

第六部分:研究结论。

对全书的研究结论进行总结与归纳,提出政策建议,明确未来进一步研究的方向。

1.4　研究方法与技术路线

1.4.1　研究方法

本书采用理论研究与实证研究相结合的方法,根据研究内容不同,采用的具体方法如下。

(1)定向增发、盈余管理及其经济后果基础理论——文献研究法。对定向增发、盈余管理及其经济后果相关的国内外文献进行搜集、鉴别、整理,梳理研究脉络,通过对文献资料进行比较分析,研究发现事物的因果联系和内在规律性,查找研究不足,为本书中的研究提供理论借鉴和研究方向。

(2)对定向增发、盈余管理的背景、现状与问题进行描述、分析、归纳——归纳总结法。对我国上市公司定向增发、盈余管理背景与现状进行归纳分析,描述其特征,为本书中研究提供了制度背景与现实起点,突出了对本问题研究的必要性及意义，为本问题研究提供了方向与基础条件。

（3）定向增发、盈余管理及其经济后果的理论分析——逻辑演绎法。定向增发虽对于上市公司业绩没有要求，但管理者同样也会存在盈余管理行为，定向增发过程中盈余管理行为的潜在收益大于潜在成本是产生盈余管理的主要动因，会计准则的不完全性是管理者进行盈余管理的客观条件，而信息不对称使得管理层的盈余管理行为很难被外部投资者或大股东所识别，几方面的共同作用导致了定向增发、盈余管理行为的产生。企业盈余信息作为最为重要的内部信息，会对公司长远绩效、股价、股票流动性、长期股票收益产生影响。本书分别从定向增发、盈余管理的前提、动因和经济后果分析入手，通过逻辑演绎方法分析定向增发、盈余管理对长期股票收益、股票流动性和公司绩效影响的内在机理，为建立有效的公司治理结构提供合理依据。

（4）定向增发、盈余管理及其经济后果的实证分析——多元线性回归分析模型。定向增发、盈余管理的经济后果影响因素较多，本书主要从三个角度进行研究：长期股票收益、股票流动性、公司绩效。本书采用倾向得分匹配法为定向增发公司寻找配对样本，构造了基于双倍差分法的实证模型，从长期股票收益、股票流动性、公司绩效角度分析定向增发、盈余管理的经济后果，用多元线性回归模型呈现其结果。

（5）测度盈余管理——修正的 Jones 模型（Dechow et al.，1995）。本书采用应计利润分离模型将总应计利润区分为非可操纵应计利润和可操纵应计利润。非可操纵应计利润是企业正常应计利润，可操纵应计利润是指企业出于某种动机进行的盈余管理。对于可操纵应计利润的计算，德肖等（Dechow et al.，1995）、沙伯明（Subramanyam，1996）、巴托夫（Bartov，2000）等学者通过对美国市场的研究，发现横截面修正的 Jones 模型相比时间序列模型能够更好地估计可操纵应计利润。科塔里等（Kothari et al.，2005）在上述学者研究的基础上指出，在计算非可操纵应计利润时将上期资产收益率纳入模型中，能够更好地估计可操纵应计利润。因此，本书采用修正的 Jones 模型（考虑业绩）估计公司盈余管理。

（6）定向增发、盈余管理及其经济后果的案例分析——统计分析法。本书采用多案例分析，利用不同的收集方法收集数据，从不同的资料来源、不同的研究对象等方面多处查证，并与同行业的平均数据进行比较，确定资料的真实性和可信度。从统计分析的角度对所收集资料进行分析，本书研究了上市公司定向增发前一年至解禁期前盈余管理行为构成的利益输送，从而进一步分析定向增发、盈余管理的经济后果。

1.4.2　技术路线

本书技术路线参见图 1.3，可以看出：首先，本书首先采用文献研究法、归纳总结法进行理论、制度背景与现状的分析；其次，本书基于公司治理理

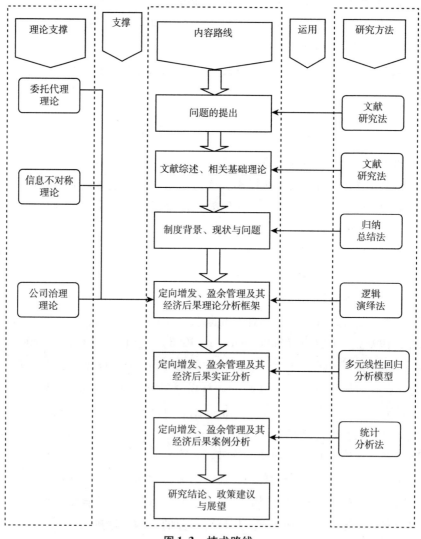

图 1.3　技术路线

论，采用逻辑演绎的方法，构建定向增发、盈余管理及其经济后果的理论分析框架；再其次，采用多元线性回归分析模型，就定向增发、盈余管理及其经济后果进行实证分析；最后，采用统计分析法，就定向增发、盈余管理及其经济后果进行案例分析，得出研究结论。

1.5　研究的创新和不足

1.5.1　创新之处

本书在文献上做了以下贡献。

（1）国内外学者对于定向增发与盈余管理方式的权衡选择的研究。第一，既有的研究就定向增发前部分大股东应计盈余管理的利益输送行为进行研究，本书认为应计盈余管理只是公司财务政策的调整与变更，真实盈余管理更能体现某些大股东的利益输送行为；而且随着我国会计法律法规的健全完善，大股东通过应计盈余管理操纵利润的成本与难度越来越大，某些大股东很可能会转向真实盈余管理（袁知柱等，2014；曹国华等，2014）。第二，现有的研究多基于年度数据分析盈余管理行为，本书基于定向增发整个过程通过季度数据能够更详细、具体、全面分析盈余管理的时间分布及定向增发基准日前后上市公司盈余管理方式变化和权衡选择动机。第三，许多学者关注了定向增发对盈余管理的影响，比如章卫东（2010），但是却面临内生性问题的挑战，而且既有研究对于上市公司进行定向增发的自选择问题也少有探讨，本书考虑了内生性与自选择问题，重点考虑上市公司是否进行定向增发的样本，使用倾向得分匹配和双倍差分法估计定向增发的盈余管理问题。本书的研究更具体、更切合实际，完善了定向增发与盈余管理方式的权衡选择的研究文献，有利于机构投资者做出更理性的投资选择。

（2）定向增发、盈余管理与长期股票收益的研究。一些国外文献，如赫等（He et al.，2011）研究了不同融资方式的盈余管理与长期股票收益关系，而国内学者则更多关注盈余管理与会计业绩的关系，如陆正飞和魏涛（2006）、王良成等（2010）、洛克伦和里特尔（Loughran and Ritter，1997）、赫茨尔等（Hertzel et al.，2002）通过分析盈余管理与长期股票收益的关系后指出，定向增发之后上市公司的股票收益会下降，但该结论是否符合我国的实际还有待于进一步考证。本书在理论研究上进行了拓展，结合我国实际情况，深入研究了盈余管理与股票收益的关系，而且在与非定向增发公司对比分析的基础上，探讨定向增发公司盈余管理与长期股票收益的关系，考察盈余管理对长期股票收益的影响，进一步增强定向增发、盈余管理对长期股票收益影响的可靠性。

（3）对于定向增发、盈余管理对股票流动性的影响，国内外对于定向增发、盈余管理经济后果的研究，主要是研究对股票收益的影响，例如马西库亚蒂等（Marciukaityte et al.，2005）、章卫东等（2010）、李增福等（2011），并未涉及盈余管理对股票流动性的影响；而对于股票流动性的研究，主要是基于整个市场，衡量其市场资源配置效率，也未涉及定向增发股票流动性。本书丰富了定向增发公司盈余管理和股票流动性相关基础理论和经验证据，对定向增发经济后果进行了短期与长期宣告效应研究，完善了定向增发、盈余管理对股票流动性影响的研究文献。

（4）对于定向增发、盈余管理与公司绩效影响的研究。目前国内在这方面的文献较少，尤其从应计盈余管理的角度探讨其对公司绩效的影响的研究，更是缺乏。因此，本书的研究成果，能够填补当前该类研究的空白，同时，对于本书所研究的成果，将对上市公司在信息披露和完善市场信息方面提供帮助，同时也为监管机构及投资者提供更多的建议，再者，对于盈余管理对未来公司绩效的研究结论，本书与大多学者不同，因此，本书的研究能够为大家提供新颖的观点和不同的研究视角。

（5）大股东投机行为、市场择机与定向增发公告效应的研究。大部分学者认为定向增发时大股东角色至关重要，而且迄今为止的研究基本上都是针对某些大股东利益输送问题，并没有深入地研究定向增发时机选择、发行多少和认购多少等问题，也没有研究某些大股东是否借持股比例的增减释放公司前景信息。本书运用行为经济学原理拟对上述问题进行讨论，在对某些大股东发行前后持股数和财富数进行数理逻辑分析的基础上，给出相应的研究假说和实证检验，以达到对定向增发中某些大股东动机行为的清晰认识，并据此提出有利于我国定向增发市场健康发展的政策建议。本书中的研究有助于在理论上深刻地认识定向增发事件，也有利于中小股东科学地把握定向增发中某些大股东动机行为，以及相关部门制定更具针对性的政策，为大股东、市场与定向增发公告效应的关系研究提供更具体的理论指导。

1.5.2 不足之处

本书中存在的不足之处有以下几点。

（1）本书分别从长期股票收益、股票流动性和公司绩效三方面对定向增发、盈余管理及其经济后果进行了研究，但长期股票收益的下降会导致股票流动性下降，同时影响公司绩效，即三者之间也呈现一定的相关关系。但是鉴于篇幅所限，并不对三者之间的内生性问题做进一步的研究。

（2）本书在定向增发、盈余管理与公司绩效研究中，在选取配对样本时，采用比较定向增发公司和非定向增发公司的应计盈余管理的方式，为了摒除行业和公司规模的影响，将会选取在研究期间未进行过 IPO、配股、公开发行可转债的同行业、上年年末资产最为接近的本年度非定向增发公司作为配对样本。配对样本的选取程序如下：对于这三年全部上市公司中的非定向增发公司，首先也按照上述样本筛选的原则进行；确定定向增发公司的所属行业和上年年末总资产；优先在本行业中选取与本企业上年年末总资产最接近的企业作为其配对样本。当然，经过这三步骤选取后，不能保证所有的公司都能选取到合适的配对样本，而且，必须分年选取配对样本。因此，三年的配对样本将是不一样的，按此步骤，有些公司未找到配对样本，这些公司则只需考虑上年年末资产最接近的要求进行寻找。即配对样本的寻找没有实现全部理想化，但由于按选取程序未找到配对样本的定向增发公司数量较少，对研究结果影响不大。

（3）本书中定向增发、盈余管理的经济后果研究，主要从长期股票收益、股票流动性、公司绩效三方面进行，实际上，经济后果影响方面还涉及很多，例如，公司的信息披露质量、未来财务绩效、公司声誉等，鉴于篇幅有限，且本书紧密围绕定向增发、盈余管理的动因展开研究，所以从三个主要且相关方面进行了经济后果的分析。

（4）本书采用多案例研究，更全面的数据收集方法应是与案例公司有一定的深入联系，例如访问、直接观察、实物观察等，使获取的资料更有信度。本书仍停留在对网上数据的研究以及年报资料的分析上，以后的研究随着数据库的完善，可以对数据进行进一步细化，对上市公司进行更深一步的了解，以使研究结论更精准，从而具有更好的实践指导意义。

第2章 定向增发、盈余管理及其经济后果文献综述

2.1 定向增发相关问题研究文献综述

理论界对我国定向增发问题研究主要是从以下五个方面来进行的：定向增发定价问题；利益输送问题；利益支持问题；定向增发之后的公告效应问题；定向增发与公司治理问题。这5个问题相互联系，其中核心是利益输送和利益支持问题，其他问题归根结底都是围绕该问题来的。本章将分别对上述问题进行文献述评，参见2.1。

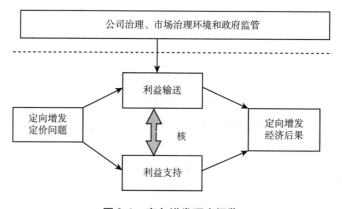

图2.1 定向增发研究概览

2.1.1 定向增发定价问题研究

国外学者从不同的角度论述了定向增发折价的原因，比较有影响力的理

论假说包括弗鲁克（Wruck，1989）从代理理论出发提出的监控假说；巴克莱（Barclay，2007）从代理理论出发提出的管理堑壕假说；迈尔斯和麦吉罗夫（Myers and Majluf，1984）、赫茨尔和斯密斯（Hertzel and Smith，1993）的信息不对称假说；西尔伯（Silber，1991）和伊丽莎白（Elizabeth，2011）的流动性补偿假说；贝克、康和李等（Baek，Kang and Lee，2006）提出的利益输送假说；赫茨尔等（Hertzel et al.，2002）的未来风险补偿假说；哈德森和马拉泰斯塔（Huson and Malatesta，2006）提出的谈判能力假说。我国学者们主要是利用国外形成的理论观点来验证中国的实际问题，分别验证了信息不对称假说、代理理论、流动性补偿假说、未来风险补偿假说、谈判能力假说。

（1）从定向增发折扣率与股东身份关系来看：有的学者认为向控股股东、关联股东增发的折扣率要低于向机构投资者增发的折扣率，对于这种现象，章卫东、李德忠（2008）用信息不对称假说进行了解释。但是大部分的学者却认为机构投资者参与显著提高了发行价格，而完全向大股东进行定向增发价格相对较低。例如郑琦（2008）；张力上、黄冕（2009）；曾劲松（2009）等也得出了类似的结论。他们的观点显然与章卫东、李德忠（2008）相反。

（2）从是否通过定向增发折扣来进行利益输送的可能性来看：完全向大股东进行定向增发时，增发价格相对较低，这样就会稀释其他股东股权，对其他股东利益造成损害，郑琦（2008），张力上、黄冕（2009），曾劲松（2009）等学者都持该类观点。但有的学者认为定向增发折扣会受到投资者情绪的影响，投资者情绪越乐观定向增发折扣越高。他们运用流动性补偿假说、未来风险补偿假说进行解释，认为定向增发股份锁定期的存在，增加了发行对象的持股风险，折价本身就是对大股东禁售风险的补偿，定向增发折扣中不存在大股东的利益输送行为，例如赫茨尔等（Hertzel et al.，2002）；徐斌、俞静（2010）；卢闯、李志华（2011）等便是持有此类观点。

综合以上研究成果，学者们对定向增发折价问题成因的分析，没有得出一致的结论，研究的焦点主要集中在定向增发折价问题，但对于定向增发溢价发行呢？动机是什么？这些也都需要学者们进一步去研究。对定向增发定价问题的研究主要集中于定价现象本身及对它的理论解释，并未进一步深入分析该现象对上市公司中获得增发的原有股东、新股东和未获得增发的原有股东之间利益分配的深刻影响。下面将在增发定价中存在低价发行现象的基础上，对是否存在定向增发中利用高比例折价方式进行利益输送，侵害小股东利益行为的某些现象进行分析。这对于监管部门对定价进行监管，抑制大股东机会主义行为是非常有意义的。

2.1.2 定向增发利益输送问题研究

关于定向增发中利益输送行为的研究，通过以下途径来进行分析，首先是在定向增发之前，某些大股东机会主义动机是影响定向增发折价的一个重要因素，某些大股东可能会在定向增发前通过时机选择和停牌操控锁定较低发行价格；通过盈余管理锁定较低发行价来进行利益输送。定向增发之后，某些大股东也会通过财富转移途径来进行机会主义行为，例如通过高额分红、二级市场大量减持股票、关联交易、低效率投资等行为。下面将对定向增发利益输送问题分别进行分析。

2.1.2.1 定向增发一级市场定价效率

对于定向增发定价问题，大多学者分别从监控假说、信息不对称假说、利益输送假说、投资者情绪以及异质性等方面对定向增发折价问题进行分析，定向增发折价是发行价相对于二级市场中股票市场价格而言的，大多数情况下二级市场并非有效市场，二级市场股票价格并不能够真实反映公司价值。有学者采用费尔塔斯等（Felthama et al.，1995）提出的基于账面价值与剩余收益的内在投资价值模型，即 F-O 模型来计算定向增发公司价值，经实证研究发现某些上市公司通过非公开发行进行资产注入的新股定价普遍偏低，显著低于股票内在价值；有学者认为注入的资产大多为非优质资产，存在某些大股东侵占小股东利益的情况，如尹筑嘉等（2010）；也有学者将定向增发新股的过程看成生产价格的过程，如洛夫兰等（Loughran et al.，2002）；张鸣等人（2009）采用随机前沿生产函数模型度量公司价值，研究发现中国上市公司定向增发的定价效率有待提高，企业价值和发行特征等相关因素对发行定价效率有着不同程度和方向的影响[①]。

---

① 谢赤，欧辉生，周竟东. 基于企业价值与发行特征的定向增发定价效率研究 [J]. 湘潭大学学报（哲学社会科学版），2010，34（3）：59 - 63.

2.1.2.2　定向增发利用高比例折价方式进行利益输送

对于定向增发定价问题研究，不管是国外还是国内，都发现了一个有趣的现象，那就是定向增发发行价格相对于市场价格存在较高折扣，也就是说定向增发存在低价发行现象。赫茨尔和史密斯（Hertzel and Smith，1993）、弗鲁克（Wruck，1989）、巴克莱（Barclay，2007）分别对美国市场进行研究，研究发现定向增发折价水平分别为20.14%、34%、18.70%。国内学者朱红军（2007）、黎文靖（2008）发现我国定向增发折价分别为36.90%、36.96%，且折价率远高于配股。国内外学者在资本市场有效假设前提下，从不同视角分析了定向增发折价的原因。有学者利用监控假说予以解释，认为大股东具有公司治理作用，定向增发折价是对大股东监督公司给予的补偿，如弗鲁克（Wruck，1989）；也有学者从流动性补偿的角度予以解释，认为由于定向增发新股锁定期的存在，使得新股在锁定期内不能上市流通，定向增发折价是对股票缺乏流动性的一种补偿，如梅恩斯等（Maynes et al.，2011）、约翰逊（Johnson，2013）、陈等（Chen et al.，2015）；也有学者从信息不对称角度予以解释，认为机构投资者参与定向增发显著提高了发行价格，而完全向大股东定向增发时价格相对较低，如赫茨尔等（Hertzel et al.，1993）、郎等（Liang et al.，2013）、章卫东等（2008）、崔晓蕾等（2016）；也有学者从利益输送角度予以解释，认为大股东机会主义动机导致了定向增发的高折价，由于大股东可以在董事会决议公告日、股东大会公告日与发行日中选择定向增发基准日，在定向增发前可以通过时机选择和停牌操控锁定较低的发行价格，如朱红军等（2008）、吴育辉等（2013）、邓鸣茂（2016）；通过高折价，大股东降低了购买股票的成本，如何贤杰等（2009）、杜勇（2017）提出这一想法。以上学者认为资本市场是有效的，与上述学者不同，少数学者从行为金融视角进行分析，采用市场行情、换手率刻画投资者乐观情绪与投资者异质信念，认为二级市场投资者情绪、投资者异质信念是影响定向增发折扣的重要因素，定向增发折扣随二级市场上投资者乐观情绪的上升而得以提高，定向增发并不存在利益输送行为，如俞静等（2010）、卢闯等（2011）、支晓强等（2014）、崔晓蕾等（2016）、杜莉等（2017）。

2.1.2.3　在定向增发前通过时机选择和停牌操控进行利益输送

朱红军等（2008）通过对驰宏锌锗典型案例进行分析，研究结果表明：

大股东标榜定向增发时和中小股东存在利益协同行为，但由于缺乏相关的制度保证，某些大股东通过增发前的长期停牌现象来达到向其进行利益输送的目的。笔者只是进行了个案分析，并没有说明大股东这些行为的普遍性。而吴育辉、魏志华、吴世农（2013）以 2006～2009 年 305 家定向增发上市公司作为样本，实证研究发现定向增发中存在控股股东掏空行为，即部分控股股东在定向增发前通过时机选择和停牌操作锁定较低的发行价格，节约了购买新股的成本，损害了中小股东的利益。

2.1.2.4 在定向增发前通过盈余管理进行利益输送

配股、公开发行新股与定向增发是我国上市公司股权再融资的主要方式，已有学者就配股与公开发行新股的盈余管理行为进行研究，认为监管部门对即将配股与公开发行新股的公司有业绩要求，部分上市公司为了获得配股与公开发行新股的资格，会在定向增发之前进行盈余管理，如帝欧等（Teoh et al.，1998）、陆正飞等（2006）、张祥建等（2006）。与配股、公开发行新股相比，定向增发对上市公司业绩没有要求，即使是亏损公司也可以定向增发，但其中是否也存在盈余管理行为？已有学者就定向增发前的盈余管理问题进行了研究，认为部分上市公司在定向增发过程中存在盈余管理行为，如越（Yu et al.，2008）、卡勒等（Call et al.，2014）。某些上市公司大股东在定向增发前进行盈余管理的主要目的是操控股价，当向控股股东进行定向增发时，上市公司会在定向增发前一年进行向下的盈余操控，当向机构投资者定向增发时，上市公司会在定向增发前一年进行向上的盈余操控，即与向机构投资者增发时相比，向大股东增发时定价更低，这会损害中小投资者的利益，如王志强等（2010）、杨星等（2016）、崔宸瑜等（2017）、章卫东等（2017）。与上述学者不同，有学者认为部分上市公司在募集股份数额一定的情况下，为了募集更多资金，会在定向增发当年与前一年进行向上的盈余操控，提高股票价格，如丹尼斯等（Denis et al.，2001），增发之后盈余管理发生反转，使得长期股票业绩下降，如田昆儒等（2014）、王晓亮等（2016）、周晓苏等（2017）、储一昀等（2017）。投资者过度乐观情绪正是导致长期股票业绩下降的主要原因，如赫等（He et al.，2011）。也有学者分别通过驰宏锌锗、北京银行个案进行分析，发现上市公司大股东具有通过盈余管理操纵利润进行利益输送的动机。以上学者对定向增发之前的盈余管理行为进行研究，也有学者分析了部分上市公司定向增发之后的盈余管理行为，认为由于我国定向增发新股锁定期的规定，解锁之前上市公司存在正的盈余管理现象，相比非关联股东，大股东与关联股东解锁前盈余管理程度更高，如章卫东等（2011）、杨星等（2016）。可以看出，在定向增发过程中上市公司普遍存在盈余管理现象，在我国股权高度集中的情形下，盈余管理更多是某些大股东操控下的一种自利行为，损害中小投资者利益。

2.1.2.5 大股东通过大量减持赚取差价来进行财富转移

熊剑、陈卓（2011）用部分大股东大量减持赚取差价来衡量利益输送行为，大股东定向增发折价是为以后大量减持赚取差价。在利益输送动机的驱使下，某些大股东往往会在定向增发增持股份后，倾向于在二级市场上高价减持套利。也就是说定向增发利用高比例折价，然后再高价减持套利进行利益输送。李文兴、张梦媛（2012）也得出了类似的结论。而章卫东、邹斌、廖义刚（2011）认为某些上市公司在定向增发解锁前存在盈余管理行为，通过对不同类型投资者进行盈余管理的程度进行比较分析发现，向关联股东增发股票，关联股东会在股票解锁前进行盈余管理，其程度远远高于非关联股东，说明了关联股东进行利益输送的程度更高，向非关联股东进行利益输送的效应不明显。

2.1.2.6 通过定向增发之后的高额分红进行财富转移

赵玉芳等（2011）对是否进行定向增发和增发后现金分红之间的关系进行了研究，研究发现：相对于没有进行定向增发的公司，实施定向增发的上市公司在定向增发之后，倾向于分配更多的现金股利；有大股东参与相对于没有大股东参与的定向增发派发现金股利更多，表明大股东存在定向增发之后通过高额分红进行利益输送的行为倾向。通过实证研究证明定向增发之后通过高额分红进行利益输送行为存在普遍性。吴辉（2009）的研究结论却与赵玉芳等（2011）不完全一致，他们通过规范研究发现定向增发之后高额分红只是个别现象，并不具有普遍性。而朱红军等（2008）就驰宏锌锗个案进行分析，得出控股股东通过高折价配合增发之后高额分红进行利益输送。

2.1.2.7 通过注入劣质资产和关联交易来进行财富转移

国外约翰逊等（Johnson et al.，2000）最早提出利益输送或隧道挖掘的概念，笔者把这种现象描述为部分大股东为了自己的私利把公司的资产和利润转移出去，对中小股东进行侵害。梁艳祥（Yan-Leung Cheung，2004）通过对母公司和子公司关联交易中前一年和当年的 ROE 指标进行比较分析，发现母公司的业绩提高时，子公司的业绩却呈现下降趋势。国内学者也同样发现存在部分大股东注入劣质资产和关联交易时进行财富转移的行为。尹筑嘉等（2010）发现通过资产注入上市公司方式进行定向增发，其股票价格偏低，普遍低于股票内在价值；并且定向增发注入资产大多为劣质资产，说明了定向增发存在注入劣质资产进行利益输送行为的现象。王志强（2010）通过对比样本公司定向增发前后关联交易量，验证了上市公司在定向增发后通过关联交易进行财富转移的可能。说明了上市公司通过关联交易进行财富转移的可能性，但是却没有证明在定向增发中某些大股东是否通过关联交易进行财富转移，侵害小股东利益，以及这一行为是否具有普遍性。

综合以上分析，定向增发之前某些大股东通过盈余管理进行利益输送行为，主要是通过锁定较低的发行价来实现的，定向增发之后的利益输送行为主要是配合定向增发前的低价发行而言的。某些大股东进行利益输送是否还有除锁定较低发行价格之外的其他手段？譬如大股东通过定向增发增强自身的控制权，通过对上市公司进行控制，就能为定向增发之后进行利益输送做准备。

2.1.3 定向增发利益支持的研究

国外哈德森和马拉泰斯塔（Huson and Malatesta，2006）提出了谈判能力假说，认为定向增发折价是大股东对上市公司的支持，折价与大股东支持力度正相关，折价程度越高，大股东的支持力度越大，说明了折价是财富在上市公司大股东与相关利益方之间的提前分配，部分大股东通过低价购买股票获得了对上市公司更低的支持成本。弗鲁克（Wruck，1989）提出了监督效应假说来说明大股东的支持，定向增发一方面可以降低公司的代理成本，另一方面可以强化外部股东的监督作用，发行折价是公司对大股东专业咨询和监督公司的补偿。

2.1.3.1 通过注入资产来对上市公司给予支持

对于定向增发中大股东的支持，章卫东、李海川（2010）得出通过控股股东向上市公司注入资产与上市公司业务的关联来衡量注入资产的质量，说明控股股东对上市公司既存在支持效应也存在侵占效应。部分大股东通过定向增发向上市公司注入资产后，其权益比例不降反升。王志彬、周子剑（2008）也得出类似的结论。

2.1.3.2　通过大股东的支持来改善公司治理

田艺（2006）认为定向增发这种融资方式对提升公司盈利，改善公司治理有显著的效果。王浩、刘碧波（2011）认为上市公司定向增发时，大股东支持与利益输送两种效应同时存在，大股东的支持效应大于利益输送效应，定向增发更多表现为大股东的支持，在市场化机制下，大股东与小股东谈判议定发行价格，折价是大股东支持上市公司的代理变量。李文兴、张梦媛（2012）以北京银行作为案例进行研究，得出定向增发具有"两面性"这一普遍结论。也就是说大股东存在利益输送行为也存在利益协同。

可以看出我国学者对于定向增发中大股东对上市公司支持的研究不是很多。未来可以对定向增发募集资金投向问题进行研究，通过分析投入流动资产和非流动资产的比例，投入非流动资产可以看出大股东对上市公司支持的可能性。对于大股东对上市公司支持后的结果和表现，也就是集中于在定向增发之后经济后果的研究。

2.1.4　定向增发经济后果研究

对于定向增发经济后果的研究，很多学者是从两个角度来进行的：第一个是定向增发之后的短期效应，大部分学者都是研究定向增发之后的短期效应，基本都得出了一致结论，就是定向增发之后股票有正的宣告效应和正的累计超常收益。第二个是定向增发之后的长期效应，从两个角度进行衡量：定向增发之后的长期股价效应；定向增发对象类型与长期股价效应的关系研究。

2.1.4.1　定向增发之后的短期效应

不同市场背景下，上市公司进行定向增发的宣告效应也是不同的。国外学者对定向增发的宣告效应研究结果如下：弗鲁克（Wruck，1989）对美国上市公司进行研究发现，与公开发行股票导致负的市场反应不同，定向发行股票之后平均有4.5%的正的累计超常收益。主要是因为积极的投资者参与增发，对管理层起到很好的监督作用，提高了公司价值。赫茨尔和斯密斯（Hertzel and Smith，1993）也得出类似结论。我国也对这个问题开展了研究，章卫东（2007）认为只有当定向增发对象意识到募集资金项目有较高现金流量及公司未来价值会增长时，向市场传递公司价值将要增长的信息，这样定向增发当日的超额收益为正。他们才愿意参与认购股票。何丹和孙静华（2009）、戴爽（2007）也得出类似的结论。另外，章卫东和李德忠（2008）在前面研究的基础上，对定向增发对象进行分类，通过对比分析，认为向控股股东及关联股东定向增发新股实现集团公司整体上市的宣告效应要好于向非关联股东定向增发新股的宣告效应。控股股东及关联股东认购定向增发新股比例越高，定向增发新股的宣告效应越好。这主要归因于控股股东对于公司的支持，使得实现集团公司整体上市的定向增发新股更受市场的青睐。

2.1.4.2 定向增发后的长期财富效应

国外对于定向增发的长期股价效应进行了研究，劳伦和里特（Loughran and Ritter，1997）、赫茨尔（Hertzel，2002）、达莉亚（Dalia Marcinkaityte，2005）认为相对于美国定向增发之后有正面的短期公告效应而言，定向增发后的两年或是更长的时间内，公司的股价将会下滑。学者们对其进行了解释，有的学者认为这是投资者在业绩较好的基础上进行了增发，是投资者对定向增发新股过度乐观的修正，即投资者过度乐观假说；有的学者认为上市公司利用投资者的乐观情绪，在企业价值高估时定向增发，即机会窗口假说；还有学者将其归因于定向增发前公司使用盈余管理的反转。何丽梅、蔡宁（2009）研究了定向增发后24个月内长期股价表现，却得出不同的结论：由于上市公司融资的非理性以及高折价，使得定向增发上市公司的长期持有收益率将出现长期恶化趋势，即利益输送和机会选择学说。而章卫东、赵安琪（2012）认为我国的证券市场和上市公司治理结构同国外相比有较大差异，使得我国上市公司定向增发新股的长期股东财富效应为正。

定向增发的短期效应为正，说明定向增发的推出，向市场传递公司价值将要增长的信息，因此定向增发当日的超额收益为正。对于研究上市公司定向增发之后的长期效应，一般时间跨度比较长，定向增发成为主流融资方式是在2006年，而很多学者衡量长期效应一般都是在两年左右的时间。定向增发之后注入资产，公司价值的提高需要更长时间才能够表现出来，因此研究长期效应时，可以扩大研究的时间跨度，能够更准确地发现问题，为相关政策主管部门加强监管提供更好的建议。

2.1.5　定向增发与公司治理问题研究

黄建中 (2007) 从典型案例中发现，各公司对定价基准日的选取都不一样，导致作为定向增发定价约束的"九折规则"失灵，应明确以发行前董事会召开日为定向增发定价基准日，引入市场折扣约束与股价影响的市场化淘汰约束，确立董事会融资权边界，拟定操作股价的制约规则等。李传宪、何益闯 (2012) 重点探讨了定向增发隧道行为和大股东制衡机制对上市公司定向增发折价的影响。研究表明第一大股东有能力和动机利用定向增发转移财富，前五大股东的持股比例、大股东的联合控制力、大股东间的制衡度在一定程度上会约束定向增发的利益输送行为。郭思永 (2012) 重点分析了宏观投资保护水平对公司微观行为的影响，对良好投资保护环境能否抑制上市公司的财富转移行为进行研究，发现地区投资保护程度越高，大股东进行财富转移程度越低。

2.1.6　对研究文献的简要评论

（1）对于定向增发研究，学者们主要从五个方面进行研究：定向增发定价问题；利益输送；利益支持问题；定向增发经济后果问题；定向增发与公司治理问题。其中利益输送和利益支持是问题的核心。定向增发利益输送是大股东行为结果，由于我国上市公司股权高度集中，定向增发之后股权更加集中，集中的股权结构下一些上市公司更易于采用两权分离形式进行利益输送侵害中小投资者的利益，因此，从两权分离的角度分析部分上市公司大股东行为，能够对定向增发利益输送行为进行深层次的分析。

（2）对于定向增发与公司治理研究比较少，虽然我国学者从内部和外部公司治理的角度对定向增发进行了研究，但是相比利益输送、利益支持问题来说，对公司治理问题研究却远远不够。为了更好地保护中小投资者利益，抑制某些大股东利益输送行为，促使上市公司健康发展，对定向增发股权结构进行分析非常重要。定向增发是一种股权再融资行为，增发之后上市公司股权结构发生明显变化，比如：两权分离度增加、机构投资者持股比例增加、股权制衡度增加。从这三个方面的股权结构来分析公司治理问题，为定向增发研究提供了一个新的视角。

(3) 詹森和麦克林 (Jensen and Meckling，1976) 认为股权结构对公司治理作用与效率研究取得了显著成果，在此之后，国内外学者在他们研究基础上作了进一步扩展，研究视角主要集中于公司业绩与公司决策行为。对于定向增发的研究，学者们研究了增发之后短期与长期股票业绩，很少有学者对定向增发公司决策行为进行研究，定向增发作为上市公司股权再融资的一种方式，与投资决策必然相互联系，而且，投资决策居于公司三大财务决策的核心地位，尤其应该予以关注。

2.2　盈余管理动因文献综述

不同的上市公司在不同条件下，盈余管理动机存在显著不同，综合国内外学者对盈余管理动机的研究，主要有资本市场动机、契约动机、监管动机三个方面。

2.2.1　资本市场动机

当今资本市场的发展日益壮大与成熟，使得企业会计信息所起的作用也越来越大，资本市场上的投资者、分析师等会计信息的使用者普遍利用会计信息来对上市公司股价做出判断，但是，由于投资者外部信息使用者与管理者之间存在信息不对称与代理问题，管理者为了使股价达到理想水平，可能会通过盈余管理操控盈余。

有学者分别就 IPO、配股与定向增发进行研究，认为部分上市公司在IPO、配股与定向增发之前会存在盈余管理行为。有学者就 IPO 过程中的盈余管理行为进行研究，认为某些企业为了募集更多资金，会在 IPO 前进行向上的盈余操控，提高公司股价，在 IPO 之后，由于盈余管理会发生反转，在未来二、三年间公司绩效将出现下滑 (Teoh et al.，1998)；与国外不同，中国证券监督管理部门对于上市公司 IPO 有特殊要求，要求公司在 IPO 前股本总额必须大于 3000 万元，最近三年连续盈利，部分上市公司为了满足这一标准会在 IPO 前进行向上的盈余操控 (张宗益等，2003)。

配股、公开发行与定向增发是我国上市公司股权再融资的主要方式，已有学者就配股与公开发行新股的盈余管理行为进行研究，认为监管部门对即将配股与公开发行新股的公司有业绩要求，部分上市公司为了获得配股与公开发行资格，会在定向增发之前进行盈余管理（Teoh et al.，1998；陆正飞等，2006；张祥建等，2006）。也有学者就定向增发之前的盈余管理行为进行研究，认为某些企业股票再发行过程中存在盈余管理行为，与业绩好的公司相比，业绩差的公司更可能通过盈余管理向上操控股价，这种行为会导致随后几年公司绩效下滑（Rangan，1998；Yoon et al.，2002）。

2.2.2　契约动机

上市公司的盈余管理行为可能是出于契约动机的需要，契约动机主要分为债务契约动机与管理层薪酬契约动机两个方面。债务契约动机是指当企业面临债务违约时，往往会通过向上操控盈余以避免债务违约的限制。有学者选取了债务违约的公司作为研究对象，通过与非债务违约公司作比较，研究发现债务违约的公司会对债务违约行为做出更好的预期，其往往会通过盈余管理行为向上操控盈余（Sweeney，1994）。

关于管理者薪酬与盈余管理的关系，可以通过委托代理理论予以解释，管理者与公司签订薪酬契约之后，管理者的薪酬会与公司绩效相关，某些管理者为了实现自身利益最大化，会通过盈余管理行为操控盈余。有学者就管理者薪酬与盈余管理行为进行研究，认为公司盈余数据处于薪酬契约约定指标之外的话，某些管理者倾向于进行向下的盈余操控；盈余数据处于薪酬契约约定指标之下的话，某些管理者倾向于进行向上的盈余操控。通过管理者薪酬契约与盈余管理关系研究，不仅发现公司盈余数据上下限与薪酬契约的关系，还有学者发现不同时间点上，管理者盈余管理的动机也存在显著差异。有学者就管理者任期结束与盈余管理进行研究，认为管理者在任期结束时，会存在盈余管理进行向上盈余操控，从而获取更多薪酬；还有学者就管理者任期与盈余管理进行研究，认为由于研发投资周期较长，风险较大，收效较慢，部分管理者在离职或卸任之前，往往会从自身利益出发，做出减少研发投资行为。

2.2.3　监管动机

监管动机又称政治成本动机，所得税就是企业承担的一种政治成本。在国外，企业为了减少政治成本，往往会进行盈余管理。有学者就美国申请进口减免税的公司为例，研究发现很多公司在申请进口减免税时存在明显向下的盈余操控行为，避免缴纳过多的税收（Jones et al.，1991）。有学者就因反垄断事件而被调查的 48 个企业为研究对象，分析其盈余管理行为，研究发现上述企业在被调查当年进行了向下的盈余操控（Cahan et al.，1992）；也有学者就美国 86 家违反联邦贸易反垄断法的公司为例，分析公司的盈余管理行为，研究发现上述公司为了保全自身利益，在被调查当年防止自身反垄断行为被暴露，存在向下操控盈余的动机（Makar et al.，1998）。

2.3　盈余管理测度文献综述

2.3.1　总体应计利润法

2.3.1.1　希利模型

应计利润分离法是大量学者所采用的度量盈余管理最有效的方法，大量文献把该方法作为计量盈余管理中最优先选择的工具，认为管理层为了资本市场动机，避免债务契约、政治成本，会从自身利益出发，通过对利润进行操控进行应计利润项目的盈余管理。希利等（Healy et al.，1985）最早采用总应计利润来度量上市公司盈余管理水平。希利模型比较简单，是认为任意会计期间都会发生系统性的盈余管理行为，因此，并没有对操纵性应计利润与非操纵性应计利润加以区别，直接以总应计利润代表非可操纵应计利润，参见式（2.1）。

$$\mathrm{NDA_i} = \frac{\sum \mathrm{TA_t}}{\mathrm{T}} \qquad (2.1)$$

其中，NDA 表示非操控性应计利润；TA 表示资产总额；t = 1，2，…；T 表示估计期的年数，i 表示特定事件发生的年份。

2.3.1.2　迪安杰洛模型

在此之后，学者们侧重于将总应计利润分为操纵性应计与非操纵性应计两部分，其中，操纵性应计是管理层自由裁量权的部分；而非操纵性应计或正常应计与公司经济因素有关。总体应计利润法的核心思想认为企业报告收益分为经营现金流与应计利润。其中，净现金流量表现为现金流的变化与会计选择关系不大或无关，管理层必须通过真实交易进行操控。操控的成本较高，很少有企业采取该方式操控盈余。而应计利润与权责发生制有关，管理层在这方面有较大的操控空间，操控方式多样且操控成本较低。但并不是所有应计利润都是管理层操控利润的产物，有一部分应计利润是管理层无法操控的，总体应计利润法的目的是从总体应计利润总额中分离出可操控应计利润，但可操控应计利润不易观察与测度，因此，先求出非可操控利润金额，再用总体应计利润减去非可操控利润部分就是可操控利润金额，即盈余管理指标。总体应计利润分离法下有众多模型，比如希利模型；迪安杰洛模型。

迪安杰洛模型（DeAngelo，1986）对希利模型进行了改进，参见式（2.2）。

$$NDA_t = TA_{t-1} \tag{2.2}$$

$$DA_t = TA_t - NDA_t \tag{2.3}$$

其中，TA 表示应计利润总额；NDA 表示非可操纵应计利润；DA 表示可操纵应计利润。该模型也称非操控性应计利润随机游走模型，该模型把上一年的应计利润总额视为当年的非可操控应计利润，用当年的应计利润总额减去当年的非可操控应计利润就是本年的应计利润总额。

2.3.1.3 琼斯模型

琼斯（Jones，1991）认为希利模型与迪安杰洛模型都没有考虑企业规模对非操控性应计利润的影响，随着固定资产规模扩大，应收账款、应付账款以及固定资产折旧金额等应计利润项目都会相应增加，非可操控应计利润是企业营业收入增加额和固定资产规模的函数，琼斯模型的思想可以用式（2.4）表示。

$$NDA_t = \beta_1 \times \frac{1}{A_{t-1}} + \beta_2 \times \frac{\Delta REV_t}{A_{t-1}} + \beta_3 \times \frac{PPE_t}{A_{t-1}} \tag{2.4}$$

其中，NDA_t 是经过第 t−1 期期末总资产调整后的非可操控应计利润；ΔREV_t 是第 t 期的营业收入与第 t−1 期营业收入的差额；PPE_t 表示第 t 期的固定资产价值；A_{t-1} 表示第 $t-1$ 期的总资产；β_1、β_2、β_3 表示式（2.4）的估值系数。该模型认为非可操纵应计主要受营业收入变动以及固定资产水平的影响。

2.3.1.4 修正的琼斯模型

德肖等（Dechow et al.，1995）对琼斯模型进行了改进，即修正的琼斯模型，认为管理人员往往通过商品赊销操纵会计应计，从而操控会计报表盈余，应从营业收入变动额中扣除应收账款变动额，因此，德肖提出了修正的琼斯模型，该模型参见式（2.5）。

$$\frac{NDA_t}{A_{t-1}} = \beta_1 \times \frac{1}{A_{t-1}} + \beta_2 \times \frac{\Delta REV_t - \Delta REC_t}{A_{t-1}} + \beta_3 \times \frac{PPE_t}{A_{t-1}} \quad (2.5)$$

其中，NDA_t 是经过第 $t-1$ 期期末总资产调整后的非可操控应计利润；ΔREV_t 表示第 t 期的营业收入与第 $t-1$ 期营业收入的差额；ΔREC_t 表示第 t 期的应收账款与第 $t-1$ 期应收账款的差额；PPE_t 表示第 t 期的固定资产价值；A_{t-1} 表示第 $t-1$ 期的总资产。

2.3.1.5 截面的琼斯模型

德丰等（DeFond et al.，1994）提出了截面的琼斯模型，该模型与琼斯模型相类似，只不过对于参数估计采用截面数据估计而不是用时间序列数据估计，截面的琼斯模型参见式（2.6）。

$$\frac{NDA_t}{A_{t-1}} = \beta_1 \times \frac{1}{A_{t-1}} + \beta_2 \times \frac{\Delta REV_t}{A_{t-1}} + \beta_3 \times \frac{PPE}{A_{t-1}} \quad (2.6)$$

其中，NDA_t 是经过第 $t-1$ 期期末总资产调整后的非可操控应计利润；ΔREV_t 表示第 t 期的营业收入与第 $t-1$ 期营业收入的差额；PPE_t 表示第 t 期的固定资产价值；A_{t-1} 表示第 $t-1$ 期的总资产。

之后，德肖等（Dechow et al.，2003）对上述修正的琼斯模型进行调整，认为赊销是正常的营销行为，应从应收账款变化额中扣除该部分值，其通过应收账款变化额对销售收入变化额的斜率予以反映；由于总应计存在自相关，应在模型中加入总应计滞后项。也有学者认为企业绩效与会计应计相关，应在模型中加入总资产收益率（ROA）指标。

2.3.2　具体应计利润法

具体应计利润法适用于某个或某类特殊应计项目，这类项目金额一般较大且需要更多的职业判断。由于该种特殊应计项目在企业总应计中所占比重较大，管理人员很有可能对该项目进行盈余操纵。有学者运用行业背景知识，通过对上述特殊应计项目进行具体分析，通过模型分析计算出操纵性成分，用以度量管理层的盈余管理行为。与总体应计利润法不同，具体应计利润法研究对象更为具体，通过合理的度量模型，能够减少盈余管理度量过程中的噪声干扰，但具体应计利润法不足之处在于，其关注某项或某类特殊应计项目，整体上会低估盈余管理水平。早期具体应计利润法往往运用于某个特殊行业，比如银行业贷款损失准备或保险业损失准备，其得出的结论很难普及到其他行业，但现在学者们已经拓展了具体应计利润法的应用范围，比如折旧政策选择、税收费用管理、加速收入确认等。

2.3.3　真实盈余管理

大量学者就应计盈余管理进行研究，但随着会计准则不断健全与完善，采用应计利润操纵利润的空间越来越小，部分上市公司转向了隐蔽性更强的真实盈余管理[1][2]。与应计盈余管理不同，应计盈余管理是通过对会计政策与会计估计方法进行利润操控的行为，而真实盈余管理是指偏离正常经营活动的管理者行为，真实盈余管理短期能够提高公司绩效，但从长远看会减少未来公司现金流量，进而会降低公司价值（Roychowdhury et al. , 2006）。应计盈余管理将总的应计利润区分为可操控应计与非可操控应计两部分，与之类似，在度量真实盈余管理水平时，同样可以将经营决策收益区分为正常经营决策收益与非正常经营决策收益两部分，因此，学者们从经营决策收益中分离出异常部分后就是真实盈余管理水平。

罗约夫德里（Roychowdhury，2006）将经营活动的现金流量净额（CFO）

---

① Roychowdhury S. Earnings management through real activities manipulation ［J］. Journal of Accounting and Economics，2006，42（3）：335 – 370.

② 谢德仁. 会计准则、资本市场监管规则与盈余管理之遏制：来自上市公司债务重组的经验证据［J］. 会计研究，2011（3）：19 – 26 + 94.

表示为销售收入以及销售收入变动额的线性函数，采用分年度、分行业回归计算出 CFO 标准值，用实际 CFO 减去标准值就是异常 CFO，即销售操控金额，参见式（2.7）。

$$\frac{CFO_t}{A_{t-1}} = \beta_0 + \beta_1 \times \frac{1}{A_{t-1}} + \beta_2 \times \frac{REV_t}{A_{t-1}} + \beta_3 \times \frac{\Delta REV_t}{A_{t-1}} + \varepsilon_i \qquad (2.7)$$

其中，CFO_t 表示 t 期经营活动的现金流量净额；REV_t 表示第 t 期的销售收入；ΔREV_t 表示第 t 期的销售收入减去第 t－1 期销售收入的差额；A_{t-1} 表示第 t－1 期的总资产。

企业生产成本（PROD）等于销售成本（SCOST）与年度存货变动（ΔINV）之和，其中，销售成本（SCOST）为销售收入（REV）的线性函数，参见式（2.8）。

$$\frac{SCOST_t}{A_{t-1}} = \alpha_0 + \alpha_1 \times \frac{1}{A_{t-1}} + \alpha_2 \times \frac{REV_t}{A_{t-1}} + \delta_i \qquad (2.8)$$

年度存货变动（ΔINV）参见式（2.9）。

$$\frac{\Delta INV_t}{A_{t-1}} = \lambda_0 + \lambda_1 \times \frac{1}{A_{t-1}} + \lambda_2 \times \frac{\Delta REV_t}{A_{t-1}} + \lambda_3 \times \frac{\Delta REV_{t-1}}{A_{t-1}} + \omega_i \qquad (2.9)$$

将式（2.8）和式（2.9）相加，就是企业生产成本函数，参见式（2.10），通过式（2.10）计算出企业标准生产成本，用企业实际生产成本减去标准生产成本就是企业异常生产成本，即成本操控。

$$\frac{PROD}{A_{t-1}} = \eta_0 + \eta_1 \times \frac{1}{A_{t-1}} + \eta_2 \times \frac{REV_t}{A_{t-1}} + \eta_3 \times \frac{\Delta REV_t}{A_{t-1}} + \eta_4 \times \frac{\Delta REV_{t-1}}{A_{t-1}} + \omega_i$$

$$(2.10)$$

其中，η_0 为模型的截距项；η_i 为模型的估计系数；ω_i 为模型的残差项。

可操控性费用（CONTC）用管理费用与销售费用之和表示，可操控性费用的函数关系参见式（2.11）。

$$\frac{CONTC}{A_{t-1}} = \delta_0 + \delta_1 \times \frac{1}{A_{t-1}} + \delta_2 \times \frac{REV_{t-1}}{A_{t-1}} + \varepsilon_i \qquad (2.11)$$

其中，δ_0 为截距项；δ_i 为估值系数，i＝1，2；ε_i 为残差项。

罗约夫德里（Roychowdhury，2006）将真实盈余管理划分为销售操控、成本操控与费用操控三类。销售操控表现为通过放宽信用条件或扩大折扣条件，促进商品销售，使得单位销售给公司带来的现金流量减少；成本操控表现为公司过量生产所带来的规模效应使得单位销售成本降低，公司生产成本增加；费用操控表现为减少公司的研发费、广告费等支出，使得酌量性费用减少。因此，公司将通过减少现金流量、过量生产、减少费用支出方式进行盈余操纵，增加企业利润。在度量盈余管理时，使用分季度分行业度量公司正常的经营现金净流量、正常生产成本与正常酌量性费用，实际值减去正常值为异常值，异常值是模型的残差项，本书分别用 UnCFO、UnPROD 和 UnDISC 代表异常经营现金净流量、异常生产成本和异常酌量性费用，分别表示销售操控、成本操控与费用操控下的盈余管理方式，上市公司可能会同时进行三类操控方式。考虑到某些公司可能同时进行三种方式的盈余管理，本书设定盈余管理度量的综合指标，参见式（2.12）。

$$TSM_t = (-1) \times UnCFO_t + UnPROD_t + (-1) \times UnDISC_t \qquad (2.12)$$

其中，TSM_t 表示公司 t 季度的真实的盈余管理综合指标。指标为负，代表公司进行负向的真实盈余管理；指标为正，代表公司进行正向的真实盈余管理；指标偏离零值越大，说明公司进行盈余管理程度越大。

2.3.4　盈余分布法

盈余分布法是通过分析盈余分布密度在某一阈值点处是否存在异常，从而判断管理层是否存在盈余管理动机。该观点认为在不存在盈余管理的条件下，企业盈余以及盈余变化在阈值点处应该呈现平滑分布，许多学者根据管理层的盈余管理动机确定相应阈值点，分析在阈值点处盈余的分布状态，从而判断盈余管理行为。如果在阈值点处呈现异常盈余分布状态，说明企业存在盈余管理行为，因此，阈值点处是否存在盈余管理行为取决于阈值点处盈余分布函数是否平滑。阈值点的确定主要取决于管理者盈余管理的动机。已有学者常采用零值点作为盈余管理的阈值点，确定该阈值点的依据是企业为了避免亏损，往往会进行向上盈余操控，提高报表盈余；或者为了避免交所得税，向下操控盈余。还有学者采用上年盈余作为阈值点，确定该阈值点依据是为了避免当年盈余下滑，而进行向上的盈余操控。还有学者采用分析师预测盈余作为盈余管理阈值点，确定该点依据是满足分析师预测盈余的需要。在阈值点处确定盈余管理动机常采用直方图与构造概率密度函数两种方法。

直方图可以直观地看出在阈值点处盈余的分布情况，从而判断管理层的盈余管理行为，但采用该方法不能指出盈余管理的频率与幅度；而构造概率密度函数方法是通过没有进行盈余管理的盈余分布特征，用于构造预期的盈余分布密度函数，根据实际盈余分布密度函数与预期盈余分布密度函数进行比较，得出盈余管理的频率与幅度。

2.4   盈余管理经济后果文献综述

公开发行、配股与定向增发是上市公司股权再融资的主要方式，有学者就股权再融资与盈余管理关系进行研究，认为部分上市公司在股权再融资之前存在盈余管理行为，这些公司在股权再融资之后，股票价格与收益都出现了下降[1][2]，即盈余管理是导致公司绩效下滑的重要原因，在此情况下，如果投资者不能够及时识别上市公司盈余管理行为，很可能会被蒙蔽，股票收益遭受损失。也有学者就美国上市公司股权再融资过程中的异常应计利润进行分析，认为股权再融资前的异常应计利润越高，股权再融资之后的长期股票收益率越低，说明投资者不能够识别某些上市公司股权再融资过程中的盈余管理行为，导致了在股权再融资前高价购买了该上市公司股票，之后盈余管理发生反转，导致公司业绩下降，股价下跌，投资者蒙受损失[3]。

有学者就配股过程中的盈余管理行为进行研究，认为部分上市公司在进行配股过程中存在盈余管理行为，导致了配股之后的公司绩效下降，如李志文等（2002）。有学者就异常应计利润与配股之后的经营绩效和股票收益进行研究，认为某些上市公司在配股前三年和当年都存在盈余管理行为，这会导致配股之后公司绩效与股票收益的下滑，配股前的异常应计利润越高，配股之后公司绩效与股票收益越低，说明在配股过程中存在部分大股东侵害中小股东利益的现象，盈余管理行为导致了投资者对股票价格的错误判断，使

① Teoh S H, Welch I, Wong T J. Earnings management and the under performenceof seasoned equity offerings [J]. Journal of Financial Economics, 1998, 50: 63 – 99.

② Rangan S. Earnings management and the performance of seasoned equity offerings [J]. Journal of Financial Economics, 1998, 50: 101 – 122.

③ DuCharme L L, Malatesta P H and Sefcik Stephan E. Earnings management, stock issues, and shareholder lawsuits [J]. Journal of Financial Economics, 2004, 71 (1): 27 – 76.

得广大中小投资者在配股前高价购买了股票，配股之后股价下跌，使投资者遭受损失，如蒂欧等（Teoh et al.，1998）；张祥建等（2006）。有学者就申请配股的公司作为研究对象，分析上市公司盈余管理行为，配股是否获得证券监管部门批准与配股前上市公司盈余管理行为存在显著正相关关系，配股前上市公司的盈余管理行为越多，其越可能获取配股资格，而且在获取配股资格的公司中，在配股前盈余操控力度越大，配股之后的公司绩效下降越明显，如原红旗（2003）。

少数学者对定向增发盈余管理的经济后果进行了研究，认为定向增发前的应计盈余管理对增发后股价的影响较大，定向增发前的盈余管理程度越高，增发之后的股价下降越为明显，如章卫东（2010）；也有学者就应计盈余管理与真实盈余管理和定向增发之后的公司绩效进行研究，认为应计盈余管理导致了公司短期业绩下滑，而真实盈余管理导致了公司长期业绩下滑，真实盈余管理对企业业绩损害较大，真实盈余管理是导致公司业绩受到损害的真正原因，如李增福等（2012）。

综上所述，以往学者就公开发行、配股与定向增发过程中的盈余管理行为进行研究，认为某些上市公司在公开发行、配股与定向增发过程中存在盈余管理行为，之后，学者们就公开发行、配股与定向增发中的盈余管理行为与公司绩效、股票收益进行研究，基本上得出较为一致的结论，认为从长期来看，盈余管理会导致公司绩效下滑，进而会降低股票市场价格，减少股东财富。

第3章 定向增发、盈余管理及其经济后果基础理论

企业获得定向增发的许可相对容易，但是为了使企业的财务报告更"漂亮"，以便吸引外界投资者的目光，促使他们认购股份、投入更多的资金，企业就不得不通过盈余操纵"美化"公司在增发前的业绩报告，来影响投资者对企业未来股票价值的判断，进而诱导投资者，最终促使他们对公司进行资金投入。定向增发作为一种非公开的股权再融资方式，增发过程中某些公司利用盈余管理加大了两者之间信息不对称与代理成本，其通过改变公司业绩影响股价，进而影响市场资源配置，严重干扰资本市场健康运行。本章在委托代理理论、信息不对称理论以及公司治理理论作为支撑的条件下，分析定向增发、盈余管理及其经济后果三者之间的关系。

3.1 委托代理理论

3.1.1 委托代理理论概述

委托代理理论[①]是契约理论最重要的发展之一。它是 20 世纪 60 年代末 70 年代初，一些经济学家因不满阿罗·德布鲁（Aroow-Debreu）体系中的企业"黑箱"理论，而深入研究企业内部信息不对称和激励问题发展起来的，创始人包括威尔逊（Wilson）、斯彭斯（Spence）等。委托代理理论的中心任务是研究在利益相冲突和信息不对称的环境下，委托人如何设计最优契约激

---

① 张维迎. 博弈论与信息经济学 ［M］. 上海：上海人民出版社，1996.

励代理人。经过多年的发展，委托代理理论由传统的双边委托代理理论（单一委托人、单一代理人、单一事务的委托代理），发展出多代理人理论（单一委托人、多个代理人、单一事务的委托代理）、共同代理理论（多委托人、单一代理人、单一事务的委托代理）和多任务代理理论（单一委托人、单一代理人、多项事务的委托代理）。委托代理理论的主流观点认为①，生产的专业化是委托代理关系产生的基础，但由于信息不对称以及委托人和代理人的效用函数不一致等原因，二者之间可能存在利益冲突，使得代理人具有偏离委托人利益的冲动。在这种情况下，如果缺乏有效的制度安排，代理人行为很可能最终损害委托人的利益。

3.1.2　委托代理理论的基本假设

委托代理理论遵循的是以"经济人"假设为核心的新古典经济学研究范式，并以下面两个基本假设②为前提。

（1）委托人和代理人之间利益相互冲突。委托代理理论中，委托人和代理人都是经济人，行为目标都是为了实现自身效用最大化。在委托代理关系中，代理人更多的努力或付出，就可能有更好的结果，而委托人最关心的是结果，代理人却不感兴趣；代理人最关心付出的努力，委托人却没有直接的兴趣。委托人的收益直接取决于代理人的成本（付出的努力），而代理人的收益就是委托人的成本（支付的报酬）。因而，委托人与代理人相互之间的利益是不一致的，甚至是相互冲突的。由于利益的相互冲突，代理人便可能利用委托人委托的资源决策权谋取自己的利益，即可能产生代理问题。因而，委托人与代理人之间需要建立某种机制（契约）以协调两者之间相互冲突的利益。

（2）委托人和代理人之间信息不对称。委托代理理论还假设委托人与代理人之间信息是不对称的。即在委托代理关系中，委托人并不能直接观察到代理人的努力工作程度，即使能够观察到，也不可能被第三方证实；而代理人自己却很清楚付出的努力水平。但委托代理理论认为代理结果是与代理人努力水平直接相关的，且具有可观察性和可证实性。由于委托人无法知道代理人的努力水平，代理人便可能利用自己拥有的信息优势，谋取自身效用最

---

① 王炳文. 从委托代理理论视角论继续深化国有企业改革 [J]. 求实，2014，6：45－49.

② Wilson R. The Structure of Incentives for Decentralization Under Uncertainty [J]. La Decision, 1963（171）.

大化，从而可能产生代理问题。代理人努力水平的不可观察性或不可证实性意味着代理人的努力水平不能被包含在契约条款中，因为契约即使包含了这一变量，如果出现违约，也没有第三者能判定代理人是否真的违约，从而无法实施。因此，委托人必须设计某种契约或机制，诱使代理人选择适合委托人利益的最优努力水平。在委托代理关系中，当利益相互冲突而信息对称时，委托人与代理人就能找到最优策略（契约），解决代理问题；当利益没有冲突时，即使信息不对称，代理问题也不存在。而当委托人与代理人的利益相互冲突且信息不对称时，代理人的"道德风险"随之而生，从自身利益最大化出发，利用信息优势损害委托人的利益，即产生代理问题。由于信息不对称和委托人代理人利益冲突的普遍性，所以代理人的道德风险屡见不鲜，代理问题普遍存在，委托代理理论不仅具有理论意义，更具有现实意义。

3.1.3 委托人在契约设计时的困难

从委托人的角度看，他追求自身效用最大化，同时知道代理人也追求自身效用最大化。然而，两者的效用最大化目标往往是不一致的。因此，委托人必须设计出一个代理人能够接受的契约，这一契约能够使代理人在追求自身效用最大化的同时，实现委托人的效用最大化。委托人在设计上述契约时的困难在于以下几点。

（1）效用目标不相同。资本所有者作为委托人拥有剩余索取权，他所追求的目标就是资本增殖和资本收益最大化，最终表现为对利润最大化目标的追求。而代理人的目标是多元化的，除了追求更高的货币收益外如更高的薪金、奖金、津贴等，还力图通过对非货币物品的追求实现尽可能多的非货币收益如经理人员的效用函数中还包括舒适豪华的办公条件、较大的经营规模和市场份额以及职业安全、事业成就、社会声望和权利地位等，因而委托人和代理人两者的效用目标函数是不完全一致的。作为追求自身利益最大化的经济人，代理人的目标利益与委托人的目标利益具有冲突性，所以如果没有适当的激励约束机制，代理人就有可能利用委托人的授权谋求更多的个人私利，使委托人的利润最大化目标难以实现。

（2）责任不对等。企业的代理人掌握着企业经营控制权，但不承担盈亏责任，一旦企业出现问题，代理人损失最多只是收入、名声和职位，不会遭受"血本无归"的实际责任风险。企业的所有人把财产经营控制权委托给代理人行使，失去了企业经营控制权，但最终承担盈亏责任。这种责任的不对等，极大地弱化了对代理人的制约，增大了决策失误的危险性。

（3）信息不对称。代理人直接控制并经营企业，具备专业技能与业务经营上的优势，其掌握的信息和个人经营行为是大量的、每时每刻的，从而形成很多隐蔽的"私人信息"和"私人行为"。委托人由于已经授权，不便也不可能过细干预，加之其专业知识相对贫乏，因而对企业代理人的经营禀赋、条件和努力程度等信息的了解是有限的，而且往往是表面上的，这样就形成两者之间的信息不对称。企业的经营绩效通常是由代理人行为、能力和一些不确定性因素共同决定的，委托人与代理人之间信息的不对称将导致委托人无法准确地辨别企业的经营绩效是由代理人工作的努力程度还是由一些代理人不能控制的因素所造成的，无法准确地判断代理人是否有能力且尽力追求股东的利益，因而也就无法对其实施有效的监督。

（4）契约是不完备的。所谓完备契约，是指合约面面俱到地规定当事人之间的权利义务以及未来可能出现的情况。但由于不确定性的存在，委托人不能通过签订一个完善的合同，有效约束代理人的行为，维护自己的利益不受代理人的侵犯。

考虑到委托人和代理人双方利益，有效防止出现委托代理问题，最优契约的设计必须满足三个条件：第一，代理人总是选择使自己的期望效用最大化的行为，任何委托人希望代理人采取的行动都只能通过代理人的效用最大化行为实现，这就是所谓激励相容约束；第二，代理人从接受合同中得到的期望效用不能小于不接受合同时能得到的最大期望效用即保留效用，这就是所谓参与约束；第三，按照这一契约，对于委托人在付给了代理人报酬后所获得的效用最大化，采用任何其他契约都不再会使委托人的效用提高。

3.1.4 基本逻辑与主要观点

刘有贵和蒋年云[①]对委托代理理论的基本逻辑进行了总结，指出委托代理理论是代理理论的扩展，遵循的基本逻辑同样是：委托人将其所拥有或控制资源的权利授予相应代理人，要求代理人提供与委托人利益一致的行动，

---

① 刘有贵，蒋年云. 委托代理理论评述 [J]. 学术界，2006，116（1）：69 - 78.

目的是实现自身效用的最大化；而对于代理人，其也有自身效用最大化的目标追求，因此，在与委托人信息不对称或利益不一致时，代理人行使委托人的资源决策权则可能偏向自身利益，这种偏向往往会损害委托人的利益，由此便产生了委托代理问题或委托代理成本。由于代理问题的存在，作为委托人就必须建立一套有效的制衡机制（契约）来规范、约束并激励代理人的行为，让代理人的努力程度和采取的行动，更好减少代理问题、降低代理成本、提高代理效率，更好符合委托人利益。刘有贵和蒋年云还总结了委托代理理论的主要观点，指出委托代理关系实际上是社会生产力的大发展和规模化大生产出现的结果。基本的道理是，社会分工不断细化，委托人由于知识、能力和精力的限制，无法全部自行行使权利，而随着社会的发展，代理人则更加专业化、市场化，拥有知识、能力、经验和精力等相对优势去做好某项专业工作。在委托代理关系之中，委托人和代理人都有自身的利益目标，这导致在委托人和代理人的行动中，都会有与各自利益目标相一致的效用函数。显然，由于委托人与代理人之间利益目标的不一致，会导致各自效用函数的不同，这些利益目标和效用函数的不一致，就导致了委托代理关系中委托代理成本的产生。在现实中，为防范代理人出现"不作为"和"偏离满意行动"的行为，通常要采取"胡萝卜＋大棒"的策略，即一方面用"胡萝卜"来激励代理人，一方面用"大棒"监督代理人权利行使。通过这种策略，可以促使代理人行为努力符合委托人的效用函数，委托人与代理人之间尽量实现共赢[1][2]。

3.1.5 委托代理理论在中国的发展

随着我国经济体制改革的深化和现代企业制度的建立，委托代理理论得以强化并发挥了行政手段不可替代的作用。

（1）张维迎委托代理研究。张维迎博士可被称为国内研究委托代理理论并应用于中国改革实践的代表人物之一。在他的著作《企业的企业家契约理论》（1995）[3] 中，他建立模型解释了企业内部最优委托权安排的决定因素，

---

① 陈钊. 信息与激励经济学 [M]. 上海：格致出版社、上海三联书店、上海人民出版社，2010.

② 让－雅克·拉丰等. 激励理论（第一卷）[M]. 陈志俊等译. 北京：中国人民大学出版社，2002.

③ 张维迎. 企业的企业家契约理论 [M]. 陈志俊等译. 上海：上海人民出版社，1995.

侧重研究了企业委托权的内生性。他认为资本所有者之所以成为委托人主要是因为资本能表示有关企业家能力的信息，即资本越大我们就可以认为资本所有者的能力越强。他还将现代委托代理理论应用于中国改革的实践，分析了改革是如何提高国有企业绩效等问题。他的两部著作，另一部为《博弈论与信息经济学》，为国内学者研究委托代理理论奠定了基础。

（2）HU 理论。胡祖光（2000）在研究企业内部委托代理问题时提出的确定委托代理基数的"联合确定基数法"，即"HU 理论"，正是为解决此难题而进行的一种制度创新尝试。

HU 理论是以经济人有限理性和信息不对称为前提，承认委托人与代理人处于不对称的企业信息状态，通过设计一种激励相容的剩余索取权分享机制，使代理人在这种制度安排中能够发生自动努力，达到委托人与代理人效用目标均衡。

HU 理论的基本内容是：委托人根据自己掌握的信息在期初提出要求数 D（完成利润的底数），并通过与代理人的协商事先确定代理人的权重系数 W（由于代理人更多地了解生产经营的相关信息，一般有 $0.5 \leqslant W \leqslant 1$），然后让代理人根据自己的实际能力提出一个自报数 S（$S \geqslant D$），于是委托人和代理人共同确定一个合同基数 $C = WS + (1 - W)D$，期末代理人完成基数利润，可以得到一定比例的奖励 P_0C，其中 P_0 为基数留利比（$0 \leqslant P_0 < 1$）。一方面由于信息不对称的存在，为了防止在签约前代理人隐瞒信息（如个人的实际能力水平），故意少报，合同同时规定一个少报惩罚系数 P_2（$0 < P_2 \leqslant 1$），如果期末代理人的实际净产出即完成的利润 A 大于自报数 S，则代理人必须上交"少报罚金"$(A - S)P_2$。另一方面由于委托人不能观测到代理人在签约后的努力程度，为了使得代理人能够在签约后努力工作，必须给予一定的激励，即使得代理人具有一定的剩余索取权，如果代理人的实际净产出超过合同基数 C，则超过部分的比例 P_1（$0 < P_1 \leqslant 1$）归代理人所有，不足的部分以同样比例由代理人补足，即代理人享有部分剩余索取权 $(A - C)P_1$。代理人的期末净收益为一个分段函数：

$$N = \begin{cases} P_1(A - C) + P_2(S - A) & （当 S < A 时） \\ P_1(A - C) & （当 S \geqslant A 时） \end{cases}$$

$$= \begin{cases} (P_2 - WP_1)S - (1 - W)P_1D + (P_1 - P_2)A & （当 S < A 时） \\ -WP_1S - (1 - W)P_1D + P_1A & （当 S \geqslant A 时） \end{cases}$$

经过严格的数学方法证明，参数只要满足如下关系：

$$P_1 > P_2 > WP_1$$

即：超额奖励系数 > 少报受罚系数 > 代理人权数 × 超额奖励系数，代理人一定会在期初报出一个他经过努力能实现的最大基数指标，即透漏自己的实际能力，这样，委托人也就没有必要在确定利润额时抬高基数，而只要提出一个保底数即可。

通过这一方法，可以改变委托人与代理人之间的不合作博弈关系，形成一种激励相容机制，委托人既获得了真实信息，同时也使相互之间的气氛变得融洽，委托人无须强压，代理人自会积极进取。大大降低谈判、监督等交易费用，并使基数确定过程变得简单友好。

"联合确定基数法"于 2011 年通过有关专家鉴定，在鉴定会上以中国社会科学经济研究所所长张卓元、中国经济信息学会会长乌家培为首的专家们认为："联合确定基数法"在理论上具有原创性，研究成果总体上处于国内领先水平，而且在可操作性上也处于世界先进水平。

3.2　信息不对称理论

信息不对称这一现象早在 20 世纪 70 年代便受到三位美国经济学家（乔治·阿克尔洛夫、约瑟夫·斯蒂格利茨、迈克尔·斯宾塞）的关注和研究，它为市场经济提供了一个新的视角。也正是因为三位经济学家对信息不对称理论的发展所做出的贡献，2001 年度的诺贝尔经济学奖被授予这三位经济学家，以表彰他们在"使用不对称信息进行市场分析"领域所做出的重要贡献。首先是阿克尔洛夫于其在哈佛大学期刊发表的论文《柠檬市场：质量的不确定性和市场机制》中，利用"柠檬模型"描述了一种现象，当产品的买卖双方对产品的真实情况掌握程度不一致时，往往是产品的卖方比产品的买方掌握更多的信息时，高质量的产品会逐渐退出市场的流通，真正留下来的其实是低质量的产品[①]。也正因为信息不对称的存在，导致市场产品的质量持续下降，最终会导致市场崩溃。阿克尔洛夫拉开了对信息不对称在商品市

---

① Akerlof G. A. The market for "lemons": quality uncertainty and the market mechanism [J]. The Quarterly Journal of Economics, 1970, 84 (3): 488 –500.

场应用的序幕，首次提出了逆向选择理论，为后来的信息不对称理论进一步研究奠定了基础。

斯蒂格利茨分析了保险市场上的道德风险问题，在保险市场上可能存在这样的情况：正常的情况是，投保人进行正常的投保以后，如果发生意外情况会受到保险公司的相应份额的赔偿款项[①]。但是保险公司并不清楚投保人的真正意图，如果投保者不按照正常规定履行合同或者说是采取某些手段故意遇险，往往会使保险公司承担正常概率之上的赔付率。这时的逆向选择来自保险公司事前不知道投保人的风险程度，从而使保险水平不能达到对称信息情况下的最优水平。当投保金额处于一般水平时，低风险类型的投保者投保后得到的效用可能低于他不参加保险时的效用，因而这类消费者会退出保险市场，只有高风险类型的消费者才会愿意投保。当低风险消费者退出后，如果保险金和赔偿金不变，保险公司将亏损。为了不出现亏损，保险公司将不得不提高保险金。这样，那些不大可能碰到事故的消费者认为支付这笔费用不值得，从而不再投保，高风险类型消费者就会把低风险类型消费者逐渐"驱逐"出保险市场。这就是保险市场的逆向选择问题。为了解决这一问题，保险公司可以通过提供不同类型的合同，将不同风险类型的投保人区分开，让投保者在高自赔率加低保险费和低自赔率加高保险费两种投保方式之间选择，以防止被保人的欺诈行为。此外，还分析了信贷市场的道德风险问题，并相应地提出了缺乏信息的交易方应当如何获取更多的信息。信贷市场的问题在于，由于借款人对公司财务风险非常了解，而银行等信贷机构却对其投资风险情况不了解，在银行不能通过有效途径了解借款人投资风险时，只能通过提高贷款利率来解决信息不对称问题，减少信息不对称的潜在成本，这样就会使低风险借款人退出信贷市场，从而使得市场贷款平均风险上升，那些愿意支付较高利息的借款人正是那些预期还款可能性低的借款人，这样最终会导致利率提高反而降低银行预期收益，银行宁愿在利率相对较低的程度上拒绝一部分贷款人要求，也不愿意在高利率情况下满足所有贷款人要求，于是信贷配给便出现了。

斯宾塞（Spence）则在其博士论文《劳动市场的信号》中，认为如果雇主不能对劳动力市场上高能力和低能力的劳动者进行区分，而是采用同等的

---

① Stiglitz J，Weiss A. Credit rationing in markets with imperfect information ［J］. The American Economic Review，1988，7（3）：393–410.

薪资水平来对待不同能力的劳动者，会打击能力强的人的工作积极性，进而不断地将这部分人"驱逐"出现有的劳动力市场，留下的是低工资的能力低的劳动者，可以想象低能力的劳动者所创造出的公司价值，直接影响经济社会的产出水平，影响市场资源配置效率。对人才市场存在用人单位与应聘者之间信息不对称的根源进行了深入的挖掘。

伴随着信息经济学的蓬勃发展，作为该学科领域中最重要的一个研究方向，信息不对称理论一直以来备受学术界的关注。根据不同的角度划分，不对称信息有着不同的类型：从不对称信息发生的时间来看，不对称性可能发生在行为人进行交易之前，也可能发生在交易之后，分别被称为事前不对称信息和事后不对称信息。事前的不对称可以统称为逆向选择模型，事后的不对称可以统称为道德风险模型。根据不对称信息的不同内容来划分，研究不可观测行动的模型被称为隐藏行动模型，研究不可观测知识的模型被称为隐藏信息模型或隐藏知识模型，前者是指参与人一方的行为对另一方来说具有不可预测性，后者是指参与人一方所具备的知识条件对另一方具有不可知性。我们将不对称信息对策中拥有信息优势的一方称为"代理人"，不具有信息优势的一方称为"委托人"。信息经济学的所有模型都可以在委托人—代理人模型的框架下分析。将信息不对称情形进行细分，得到五种不同的模型。

（1）逆向选择模型。逆向选择是由于信息不对称所造成的市场资源配置扭曲的现象，可能会导致市场运行低效率甚至是无效，也可能会导致市场失灵。市场交易的一方如果能够利用多于另一方的信息使自己受益而对方受损，信息劣势的一方便难以顺利地做出买卖决策，于是价格便随之扭曲，并失去了平衡供求、促成交易的作用，进而导致市场效率的降低。代理人知道自己的类型而委托人不知道，因而信息是不完全的。就好像在上市公司普遍存在的一个现象：在公司需要通过定向增发的方式募集资金之前，大股东和中小股东之间、大股东和机构投资者之间，大股东往往拥有着多于中小股东和机构投资者的内部信息，大股东利用内幕信息进行信息化交易，赚取利润，蒙蔽外部投资者，进一步提高信息不对称成本与逆向选择成本，导致股票流动性降低。通过进行向上的盈余操纵，提高公司利润，抬高股价，大幅提高机构投资者购买股票成本，通过增发募集更多资金，增厚大股东在上市公司财富。或者是进行向下的盈余操纵，降低大股东购入的股票的价格，从而最大程度地降低了大股东的购入成本，为之后股票存在一定幅度的上涨空间从而赚取差价收益奠定了一定的基础。但带来的只是公司业绩暂时的利好消息，股价也只是暂时性的上涨，不利于市场的健康发展。一个简单的例子是卖者和买者的关系：卖者（代理人）对产品的质量比买者（委托人）有更多的知识。

（2）信号传递模型。对信号传递模型做出较大贡献的是 2001 年度诺贝尔经济学奖得主斯宾塞，典型的例子是雇主与雇员的关系：雇员知道自己的能力，而雇主不知道，为了证明自己的能力，雇员向雇主提供接受教育水平的信号，雇主根据雇员受教育水平决定其工资高低。斯彭斯以劳动力市场为研究对象，发现劳动力市场普遍存在信息不对称的现象，即劳动者的劳动能力的高低和生产效率的差异。劳动者的劳动能力和劳动效率只有劳动者本人自己清楚，劳动者的雇主并不清楚和了解，因而分配给每个劳动者的报酬仍然是同等的水平[①]。这样的做法带来的结果就是，高生产效率的劳动者的边际劳动量高于边际产品的工资，低生产效率的劳动者的边际劳动产量低于平均的边际产品的工资。工作能力较强的雇员为了区分工资水平，就会向雇主传递一种信号，来"抗议"这种不公正的待遇，要求提高自己的工资水平，使得边际产量和边际报酬相匹配。教育程度向雇主传递有关雇员能力的信息，原因是，接受教育的成本与能力成反比例，不同能力的人是因受教育程度不同，或者说教育传递信号具有把雇员能力分离开的功能。斯宾塞的模型研究了将教育投资的程度作为一种可信的传递信息的工具。在他的模型里，教育本身并不提高一个人的能力，它纯粹是为了向雇主"示意"或"发出信号"表明自己是能力高的人。做同样程度的教育投资对能力低的人来说边际成本更高。斯宾塞证明：在这种情况下，虽有信息不对称，市场交易中具备信息的应聘者可通过教育投资程度来示意自己的能力，而雇主根据这一示意信号便可区别开不同能力的人。在他的模型里，假定教育程度对生产率没有影响，但是，厂商以教育程度为基础发放工资仍然有利可图，因为它能吸引更高能力的人。"自然"选择代理人的类型，代理人知道自己的类型，委托人不知道。为显示自己的所属类别，代理人选择某种信号；委托人观察到信号之后与代理人签订合同。还有一个常见的例子就是上市公司的过度分红行为。在西方的很多国家，政府对红利征税的税率比资本增值的税率要高，也就是意

---

① 吴恒煜. 信息不对称的市场：逆向选择、信息传递与信息甄别［J］. 商业研究，2002（23）：19－21.

味着股东为了避免高额的税金，更愿意不分红，赚取股价增长的差价收益。通常政府对红利征收两次税：一次对公司，一次对个人，而对于资本增值只对个人征收一次税。如果没有信息不对称问题，利润再投资比分红更符合股东利益，但很多公司仍然热衷于分红。根据信息不对称理论，公司的管理层当然比股民更清楚地知道公司的真实业绩。在这种情况下，业绩好的公司就采取多发红利的办法来向股民发出信号，以区别于业绩不好的公司，即后者发不出红利。证券市场对分红这一信号的回应是股价上升，从而补偿了股民因为分红交纳较高的税而蒙受的损失。

（3）信息甄别模型。"自然"选择代理人的类型；代理人知道自己的类型，委托人不知道；委托人提供多个合同供代理人选择，代理人根据自己的类型选择最适合自己的合同并根据合同选择行动。市场交易中没有私人信息的一方或是信息较少的一方，为了削弱不对称信息对自己的不利影响，提出通过一定合同的安排，缺乏信息的一方可以将另一方的真实信息甄别（筛选）出来，是为能够区别不同类型的交易对象而提出的一种交易方式、方法（或契约、合同），实现有效率的市场均衡。典型的例子是保险公司与投保方之间的关系：投保人知道自己的风险，保险公司不知道；保险公司为了减少故意遇险投保方的恶意行为所带来的损失，针对不同类型的潜在投保人制定了不同的保险合同，投保人根据自己的特征选择保险合同。信息甄别与信号传递不同之处在于，在信息甄别模型中，信息劣势者作为行为主体，主动去采取一系列措施来减少自己"被信息不对称"而带来的成本；在信号传递模型中，信息较多的一方为了让信息劣势方知晓或者是获取对等的信息，而向信息劣势方传递一定数量的信息。

（4）隐藏行动的道德风险模型。交易时信息是对称的；交易后，代理人选择行动如雇员选择工作努力还是不努力，"自然"选择"状态"；代理人的行动和自然状态一起决定某些可观测的结果，而不能直接观测到代理人的行动本身和自然状态本身。委托人的问题是设计一个激励合同以诱使代理人从自身利益出发选择对委托人最有利的行动。典型例子是雇主与雇员之间的关系：雇主不能观测到雇员是否努力工作，但可以观测到雇员的任务完成结果；雇员报酬与其完成任务情况有关。比如，公司的所有者委托专业的管理人员对公司的资产和人员进行管理，委托者在对经理人员有了信息对称的了解以后，两者之间建立了一定的契约关系，受合同制约。受托者接受所有者的委托，但是具体就如何管理公司的行为，合同并没有做出明确的规定说明，对于代理人的行为是积极的还是消极的，委托人无从得知，这个时候就会产生道德风险的问题。尽管代理人履行受托责任的过程无法判断，但是经营业绩可以通过有关的财务数据展现出来，对于公司资产的保值增值情况，通过指标测度，有效地检验代理人的努力程度。当然，在这个过程中，代理人可能会为了自己的利益，置公司的利益于低效益、低盈利的投资项目，损害公司的利益，公司所有者为了减少代理成本，减少信息不对称带来的损失，可以采取相应的监管约束机制，股东可以通过董事会任命公司财务主管人员，以形成对经理财务方面的监督，降低公司的自由现金流。

（5）隐藏信息的道德风险模型。信息经济学的研究对象是非对称信息下的最优交易契约。从非对称信息的内容角度看，非对称信息的内容可能是某些参与人的行动，也可能是某些参与人的知识。研究不可观测行动的模型被称为隐藏行动模型（hidden action model）。如隐藏行动的道路风险模型，交易时信息是对称的（因而是完全信息）；交易后，"自然"选择"状态"，代理人观测到"自然"的选择，然后选择行动；委托人观测到代理人行动，但不能观测到"自然"的选择。委托人的问题是设计一个激励合同以诱使代理人在给定自然状态下选择对委托人最有利的行动。典型例子是企业经理人员与销售人员之间的关系，销售人员是经常与客户接触的群体，因此，销售人员熟悉不同顾客的个人喜好特征，可以针对不同消费者制定不同的营销策略，较好地维系客户关系。然而，企业经理作为幕后管理人员，并不了解细分的客户特征。此时，企业的经理人员就需要考虑如何能留住优秀的销售人员，如何让销售人员更加尽职尽责地为公司服务，经理人员需要设计激励合同使销售人员针对不同顾客选择不同销售策略。一旦销售人员取得良好的销售业绩，部门经理就能较好地履行自己的职责，完成公司的销售目标，为公司带来一定的现金流入，促进公司的业绩增长，也是经理人员对委托人的一种履行义务和承诺的保证。

3.3　公 司 治 理

财务治理是公司治理的重要组成部分和核心内容，公司治理理论自然成为财务治理的基础理论。一般认为，公司治理核心是解决所有者和不同层次经营管理者之间在公司财产占有、使用、处置、剩余分配与监督控制方面形成的相互制衡关系的理论。作为一个经济组织，企业需要一个有效的制衡、协调、监督以及赏罚的制度结构、市场结构。股份公司的股东大会及其董事对经营者的任免、监督以及监事会的监督作用体现了公司的制度结构，来自债权人的监督以及来自资本市场的压力对管理者行为的影响体现了公司治理的市场结构。

公司治理理论是企业理论的重要组成部分，公司治理以现代企业为主要研究对象，以激励和监督为核心内容，公司治理不仅研究股东对经营者的约束与制衡作用，更强调如何通过完善公司治理机制来保证公司决策的科学性和有效性，从而有利于实现各方利益相关者的合法权益。现代企业制度的典型形式是公司制，公司治理理论的出现是财务治理理论的产生前提，财务治理理论的产生、发展和完善离不开公司治理理论的支撑。现代企业理论可称企业契约理论，认为企业是要素所有者之间交易产权的一种方式，由一系列契约的连接组成。公司治理理论是企业理论的延伸，企业理论为公司治理理论提供了直接的经济学解释，而企业所有权安排又是公司治理的本质核心，所以必须遵循企业理论—公司治理理论—财务治理理论这条逻辑主线来认识和研究财务治理。具体而言，国内外学者主要从以下三个方面对公司治理概念进行界定。

3.3.1　基于公司治理制度功能的定义

所谓公司治理制度功能，主要是基于股东、董事会以及审计委员会等利益相关者的角度，从公司治理的各个方面，包括公司的目的与行为，董事会与管理人员的功能、权利，审计委员会的作用以及控制权交易中董事、股东作用的发挥等进行解释。经济合作与发展组织公司治理准则认为，公司治理涉及公司的管理层、董事会、股东以及其他利益相关者之间的一系列关系的处理。公司治理通过对公司所追求的目标及其实现方式进行监督，为公司的运作提供控制机制，良好的公司治理应该为董事会和高管层提供恰当的激励机制去实现公司以及符合股东利益的目标，同时应发挥有效监督作用以合理利用公司资源。公司治理通常应该包括六个方面的内容，一是公司的内部机制，即所有者与经营者之间的关系处理；二是金融机构内外部的治理；三是金融市场的外部治理机制；四是市场对公司的外部治理机制，即资本市场上投资者或企业家与被投资企业之间的制约关系，包括兼并、收购的法规，上市规则，信息披露准则等；五是破产的治理机制，包括通过破产清算、并购重组等方式，在大股东与中小股东之间重新分配财产权利，改组企业所有权结构及管理层，改进公司治理；六是完善的市场竞争机制，是公司治理机制的有益补充。

孙永祥（2001）认为，公司治理是确保公司资金提供者权益的机制，公司治理通过制度的设计与执行，以提升策略管理效能，并监督管理者行为，确保外在投资者取得相应报酬，以及保障其他利益相关者的权益。

张维迎（1996）认为，狭义的公司治理是指有关公司的董事会功能、结构、股东权利等方面的制度安排。广义的公司治理是指与剩余索取权和剩余控制权分配相关的一系列制度安排。企业治理结构只是企业所有权安排的具体化，企业所有权是公司治理结构的抽象化概括。公司治理的目的在于解决两个基本问题：一是激励问题，二是经营者选择问题。

林毅夫等（1997）认为，公司治理结构是所有者对企业经营管理和绩效进行监督和控制的一种制度安排。公司治理结构中最基本的成分是通过竞争市场实现的间接控制或外部治理。

3.3.2 基于公司治理理论基础的定义

公司治理的理论基础主要包括委托—代理理论、产权理论和管家理论。

委托—代理理论认为，由于企业契约的不完备性，代理人经理层必然背离委托人股东的意志行事，由此引发了两者的利益冲突。因此，需要运用制衡机制来限制经理权利的滥用，通过激励使经理层为实现股东利益而努力工作。

产权理论认为，所有权规定了公司的边界，是公司控制权的基础，这些权利包括股东大会提名和任命董事的权利以及要求董事就企业资源的配置做出决策并给予解释的权利等，而公司日常运营权，则由董事会和经理层掌握。依照产权理论，公司治理的实质是产权关系或者控制关系。同时强调了产权结构在公司治理中的基础地位，将产权结构视为公司治理结构的基础，治理结构是产权结构的实现形式。

管家理论认为，股东大会将责任和权利委托给董事，同时要求董事行为忠诚，并能够为自己的行为负责。由于管家理论根植于《公司法》之上，以信托责任为基础，因此，公司治理被看作是信托责任关系。

3.3.3 基于公司治理潜在冲突的定义

公司治理的潜在冲突主要来自以下两个方面：公司治理和公司管理的冲突，所有权和控制权分离产生的冲突。

（1）公司治理和公司管理的冲突。特里克尔在出版的《公司治理》一书中，明确指出了公司治理与公司管理的区别。公司管理涉及的是公司内部业务的运作，包括生产、研发、融资、营销等，而公司治理涉及的并非管理活动自身，而是股东和董事会、高管层、规制者与审计员等利益相关者的关系，是董事及董事会对经理层的监督过程，公司管理则是管理人员向着确定目标的行为过程。

（2）所有权和控制权分离产生的冲突。公司所有权和经营权的分离，是现代企业公司治理问题产生的根源。股东与管理层之间利益冲突的焦点主要在于公司的控制权问题。管理层从自身利益出发进行决策、行为，董事会作为缓冲层既为管理层利益服务，又抗衡股东的要求，股东则通过其在资本市场的行为，控制着公司财产的使用，背离股东利益的管理者将在控制权市场上受到惩戒。

综上所述，虽然各个学派观点不尽相同，但是总体来看公司治理具有以下特点：（1）公司治理是用于处理公司不同利益主体之间的权利和责任结构，以达到企业效率经营的一整套制度安排。（2）公司治理效率依赖于公司内部的权利义务设置及其实现机制，其内容涉及董事会机制、管理层与董事会之间权利、义务的配置与实现，以及与此有关的聘选、监督等方面的制度安排。（3）并购是实现对经营者监督、控制的外部机制，通过竞争市场实现公司治理。

公司治理的原则包含着好几个要素：诚实、信任、正直、开放、表现导向、责任感及可靠性、互相尊重及对组织有承诺。最重要的是董事与管理阶层如何建立治理的典范，成为其他公司参与者可以依据的价值，并且能够有效地定期评估它的有效程度。特别是，高级行政人员表现得诚实、有道德，尤其是在面对利益冲突及披露财务报表的时候。

公司治理理论是构建公司治理结构、解决公司治理问题的理论基础。所谓公司治理问题，是指由于公司内部激励、约束与制衡机制失灵，外部治理市场无效，或是由于缺乏完善的有关公司治理的法律法规等产生的一系列问题，如内部人侵害股东利益、大股东侵害中小股东的利益、公司经营目标偏离股东价值最大化目标等。关于公司治理问题产生的原因，存在着四种主要的理论解释，其中被广泛接受并且对实践中公司治理机制的形成起主导作用的是委托代理理论，其他三种有关公司治理的理论分别为古典管家理论、现代管家理论和利益相关者理论，利益相关者理论近年来在英美国家也得到了一定程度的认可，成为委托代理理论的重要补充。

（1）委托代理理论。委托代理理论认为，公司治理问题是伴随着委托代理问题的出现而产生的。由于现代股份有限公司股权日益分散、经营管理的复杂性与专业化程度不断增加，公司的所有者——股东们通常不再直接作为公司的经营者，而是作为委托人将公司的经营权委托给职业经理人，职业经理人作为代理人接受股东的委托，代理他们经营企业，股东与经理层之间的委托代理关系由此产生。由于公司的所有者和经营者之间存在委托代理关系，因两者之间的利益不一致而产生代理成本，并可能最终导致公司经营成本增加的问题就被称为委托代理问题。委托代理问题及代理成本存在的条件包括：①委托人与代理人的利益不一致，由于代理人的利益可能与公司的利益不一致，代理人最大化自身利益的行为可能会损害公司的整体利益；②信息不对称，委托人无法完全掌握代理人所拥有的全部信息，因此委托人必须花费监督成本，如建立机构和雇用第三者对代理人进行监督，尽管如此，有时委托人还是难以评价代理人的技巧和努力程度；③不确定性，由于公司的业绩除了取决于代理人的能力及努力程度外，还受到许多其他外生的、难以预测的事件的影响，委托人通常很难单纯根据公司业绩对代理人进行奖惩，而且这样做对代理人也很不公平。

从上述委托代理问题及代理成本存在的条件中可以发现，委托代理关系的存在并不一定就会产生委托代理问题，如果作为代理人的股东能够掌握完全信息，并预测出将来所有可能发生的情况，他们就有可能通过制定一份完备的合同，详细地规定代理人的所有职责、权利与义务，并就将来可能发生的所有情况、可能产生的所有后果及解决措施在合同中做出相应的规定，从而完全消除因为委托代理关系的产生可能带来的所有问题。比如，一份完备的委托代理合同将包括在什么样的情况下经理人员将被撤换、在什么样的情况下公司将出售或购入资产、在什么样的情况下公司应该招收或解雇工人等。如果这样一份完备的委托代理合同存在的话，即使委托代理关系存在，也不会产生委托代理问题，我们也很难找到公司治理在其中应该扮演的角色。只有当初始的合同是不完备的，因此将来需要对一些在初始合同中没有做出规定的情况做出决策时，公司治理结构才会发挥作用，实际上，公司治理结构就是对这类情况进行决策的机制。

（2）古典管家理论。古典管家理论的形成，是以新古典经济学的理论为基础的。在新古典经济学中，企业是一个具有完全理性的经济人，市场是一个完全竞争的市场，信息和资本能够自由流动，企业处于完全竞争的环境中。在新古典经济学关于信息完全的基本假设下，尽管企业的所有者与经营者之间存在委托代理关系，但经营者没有可能违背委托人的意愿去管理企业，因此代理问题是不存在的，所有者和经营者之间是一种无私的信托关系，公司治理的模式也就不再重要。在此意义上，公司治理表现为股东主权至上，以信托为基础的股东与董事会、经理层之间的关系经营者会按照股东利益最大化的原则行事。由于现代公司所面临的市场，既不是一个完全竞争的市场，也不是信息充分完备的市场，因此古典管家理论显然不能解释现代市场经济条件下公司的治理行为。古典管家理论作为公司治理理论的一个最初萌芽，对于研究现代公司治理基本上不具有任何意义。

（3）现代管家理论。古典学家假设显然不符合现实，由于不完全信息是客观存在的，因而其错误的前提假设必然导致由此推断出的结果与现实存在巨大差距。代理理论虽然有助于部分解释所有权与经营权分离所造成的问题，但是现代心理学和组织行为方面的研究表明，代理理论的某些前提假设，特别是对经营者内在的机会主义和偷懒行为的假定是不合适的，人既有可能成为自利的代理人，也有可能成为无私的好管家。从心理学的角度来看，现实中人与人之间的差异是巨大的，每个人与其社区或环境之间都存在一种互动的控制关系，并随着这种互动关系的变化而变化，故人有时是竞争性的，有时又是合作性的，通常是兼而有之，许多实证分析的结果与代理理论截然相反。在此基础上，澳大利亚新南威尔士大学澳大利亚工商管理学院于 2001 年提出了一种与代理理论截然不同的理论——现代管家理论。该理论认为成就、荣誉和责任等是比物质利益更重要的激励公司经营者的因素，经营者出于对自身尊严、信仰以及内在工作满足的追求，会像善良的管家一样勤勉地为公司工作，成为公司的好"管家"。代理理论的拥戴者们根据人性先天"性恶论"的假设，先入为主地认定以独立的外部董事为主的独立董事会肯定会更好，因而极力倡导董事会的独立性。从制度设计的角度而言，以独立的外部董事为主组成的董事会是一种无效率的组织形式，因为这不符合掌握信息最全面的人决策最有效这一组织设计的基本原则。事实上，他们认为从整体上看，董事会是否有存在的必要都值得怀疑。部分实证分析支持了理论，很多研究发现董事会的独立性与公司的业绩并不呈显著的正相关关系。相反，一些以执行董事为主的公司的经营业绩反而高于董事会独立性强的公司。现代管家理论作为公司治理理论的一家之言虽然具有一定的理论和实证分析支持，但是在当今倡导公司民主及机构投资者占据主导地位的时代，这一理论被淹没在代理理论之中，较少引起人们的关注。

（4）利益相关者理论。英美公司治理机制的形成基本上是以古典管家理论为基础的，之后，委托代理理论逐渐成为构建公司治理机制的理论依据。无论是古典管家理论，还是委托代理理论，均以股东价值最大化为目标，然而，这种思想由于将公司更为广泛的利益相关者的利益排除在外而日益受到批评。现代企业理论认为，首先，现代公司是一个状态依赖的结合体。在公司正常经营的条件下，公司的所有权为股东所有，但是，一旦公司经营进入亏损或破产阶段，公司的所有权就为公司的债权人所有，由债权人决定公司是重组还是清算。更进一步地说，当公司的资产还不足以支付员工的工资时，员工就成为公司的实际控制人，有权对公司的资产处置做出决定。因此，不能将公司仅仅看成是由股东决定，应当让债权人和员工一起来参与公司的治理。其次，从价值形成的角度来看，公司的价值形成是由多种因素促成的；从投入角度来看，公司价值的最大化取决于公司与供应商和其他合作伙伴之间的稳定关系；从需求角度来看，消费者、经销商也是公司价值形成的重要因素，公司需要与消费者和经销商之间形成可信赖的关系，从而保持其产品的市场占有率和竞争力。因此，要实现公司的价值最大化，就必然要求在公司治理框架中有公司的供应商、经销商和消费者的参与。最后，在现代市场条件下，公司是一个责任主体，在一定程度上还必须承担社会责任，公司的价值不仅体现在股东的利益方面，也体现在公司的社会价值方面。由于公司概念的进一步丰富，出现了要求利益相关者共同参与公司治理的利益相关者理论。利益相关者理论认为，由于公司是不同要素提供者之间组成的一个系统，公司的目标应该是为所有要素提供者创造财富、增加价值，而不仅仅是为股东利益最大化服务。为了达到这个目标，应鼓励公司董事会具有更加广泛的代表性，董事会应包括公司的职工、主要供应商和客户、贷款银行和社区代表，要保证他们在董事会中的发言权。近年来，利益相关者理论在英美国家已经得到了一定程度的认可。

第4章 定向增发、盈余管理及其经济后果现状与问题

4.1 定向增发背景、现状与问题

4.1.1 定向增发背景

2005年4月29日，我国证券市场股权分置改革试点启动，为了保证股权分置改革的顺利进行，除债券之外，上海和深圳交易所暂停了所有融资活动。2006年5月8日，《上市公司证券发行管理办法》颁布实施，标志着我国上市公司股权再融资的开闸。也就是从2006年开始定向增发作为一种融资方式，登上历史舞台，并逐步成为我国上市公司股权再融资的主流。从法律意义上来说，定向增发也被称为"私募"，是面向少数特定的投资者发行证券的一种股权再融资方式。配股、公开发行新股、定向增发新股是中国上市公司股权再融资的主要方式。我国的股权再融资方式经历了由配股到公开增发新股，再到定向增发新股的转变。1993~2001年间配股是作为A股上市公司的股权再融资的主导，2001~2005年间公开发行取代了配股融资成为A股上市公司的主流方式，从2006年起定向增发成为我国上市公司融资的主流。实务界如此热衷于定向增发，但是理论界却显不足，理论研究明显滞后于实务，有必要对其进行文献梳理，提出未来研究方向，为实务界和监管部门提出更好的指导方案和政策建议。

4.1.2　定向增发现状与问题

4.1.2.1　定向增发优势的理论分析

（1）定向增发财务指标优势。与公开发行新股、配股相比，定向增发在财务指标方面具有优势，主要体现在：第一，在盈利方面，公开发行与配股对于盈利有要求，比如，公开发行股票必须最近三个会计年度加权平均净资产收益率不低于6%。而定向增发在财务指标方面没有特别要求，即使该公司净资产收益率为负，只要符合国家法律法规的规定，不随意侵占上市公司财富，不被会计师事务所出具保留意见的审计报告，就可以进行定向增发，这对于以往的盈利未能满足公开发行新股条件，但却面临着重要发展机会的公司，通过定向增发融资无疑是明智选择。第二，在偿债能力方面，定向增发也没有特别规定，降低了公司定向增发门槛。

（2）发行对象方面优势。定向增发向机构投资者增发股票的话，只要机构投资者愿意购买，定向增发就可以成功。

（3）融资规模优势。与公开发行新股、配股相比，证券监督管理部门对于定向增发融资规模并没有相应规定，融资数量主要取决于上市公司与投资者的协商，根据融资需求决定增发股票的数量与金额；而公开发行新股、配股却有相应的要求。

（4）定向增发锁定期规定。证券监管部门对定向增发有锁定期规定，定向增发如果是机构投资者购买的，其持有股票有一年的锁定期；如果是由大股东和关联股东购买，其持有股票有三年锁定期，这一锁定期规定，使得某些大股东或机构投资者能从上市公司长远利益考虑，从而有效地保护了中小股东的利益。

（5）定向增发审批成本优势。定向增发有一简三低的特性，一简就是审核程序简单；三低就是发行成本低、信息披露要求低以及发行人资格要求低，如果采用公开发行，审核程序比较复杂，时间也比较长，而且必须向社会公开披露信息，这些规定势必会影响公司发展。

（6）重组成本优势。对于上市公司资产注入与互换重组，一般需要两个步骤：第一是股权转让，就是与上市公司签订股票转让协定，取得上市公司股票，成为上市公司股东，获得控制权。第二是资产置换，就是将上市公司不良资产剥离出来，与收购方的优质资产进行互换，将优质资产与不良资产进行置换，难免会出现有失公允现象。如果采用定向增发可以避免交易不公允现象，购买方购买上市公司股票可以按照市价购买，这样股东持股成本相对比较公平；另外，在剥离公司不良资产时，上市公司可以按照公允价格将资产变现，出售给原有股东或者第三方，劣质资产高价转移现象在一定程度上得到控制。

4.1.2.2　定向增发优势的实践分析

从我国近十年的定向增发融资实践来看，上市公司定向增发有的是为了收购集团公司或关联公司资产，实现公司整体上市；有的是通过向机构投资者增发，获得资金，投资新项目。不管采用哪种方式，目的都是为了增厚上市公司财富，把公司做大做强。定向增发暗藏有多种题材：整体上市和战略性重组等，因此，定向增发对于上市公司业绩提高是非常有意义的。

（1）定向增发有利于公司财富增加。定向增发是上市公司在原有规模的基础上，通过发行一定数量的股票，获取资金，扩大公司规模，因此，通过该方式有利于增厚上市公司财富。

（2）定向增发有利于引进战略投资者。上市公司向机构投资者增发时，机构投资者的加入有利于改善公司治理结构。对于一个正在成长的上市公司来说，某些大股东一般不愿意放弃公司股权，公司要想做大做强必须引入国外战略投资者，这样国外战略投资者可以和大股东共享上市公司资源。国外战略投资者进入上市公司后，不仅可以为上市公司提供所需的资金，有效缓解上市公司面临的融资约束，而且还可以提供先进的管理经验与技术设备，从而有利于公司迅速发展。

（3）定向增发有利于并购的进行。股权转让并不能在定向增发过程中体现，相比其他融资方式，定向增发审核程序简单，增发时间比较短，并且可以方便地回避要约收购行为，操作上非常方便。

（4）定向增发有利于股市的良好发展。机构投资者购买上市公司股票的过程，实际上是一种双向选择过程，机构投资者会对上市公司财务状况、经营成果进行详细调查，而上市公司也会谨慎选择机构投资者，因此，这种双向选择交易情形下，价格相对比较公平。另外，机构投资者购买上市公司股票有一年的锁定期，这一规定使机构投资者能够从上市公司长远利益考虑，因此，定向增发更利于引进战略投资者；另外，定向增发也不会给二级市场带来压力，由于引进了战略投资者，向市场传达了公司良好发展的信息，使得股票价格逐渐上涨。

（5）定向增发有利于股东利益平衡。上市公司进行定向增发的对象一般不得多于 10 个投资者，增发价格一般不得低于市价的 90%；另外，定向增发有锁定期的规定，使得大股东在购买上市公司股票时，必须考虑从上市公司利益出发，因此，定向增发引进了一批具有长远战略的大股东，能够对原有大股东形成有效制衡。

4.1.2.3　定向增发存在问题

定向增发具有审核程序简单、成本低、信息披露要求低等优点，但是定向增发也存在很多问题。

（1）定向增发定价问题。我国上市公司存在定向增发高折价现象，定价机制不合理、不公正。定向增发是向特定投资者增发的，增发对象不能少于 10 个投资者，这就造成了投资者参与投资的机会不平等；另外，《上市公司证券发行管理办法》中对于定价有规定，要求发行价格不低于定价基准日前二十个交易日公司股票均价的 90%，对定向增发基准日并没有明确规定，由此导致了许多公司对于定价基准日的确定五花八门，这直接影响了定向增发操作规范，导致了定向增发定价的"九折失灵"；另外，基准日前二十个交易日的股价水平是增发定价的关键，大股东可能会为了自己的私利，操纵增发股票价格，进行利益输送。如果选择董事会公告日为定向增发基准日，那么大股东可能会在公告日前打压股价，其目的是使前二十个交易日的股价水平最低，一般来说，大股东操纵增发股票价格的方式主要有以下几种：第一，通过对外披露信息方式，引导公众购买或抛售股票，压低股票价格，表现为向二级市场发布公司成长不利的信息，误导投资者，由于上市公司管理者、大股东和战略投资者与其他投资者之间存在信息不对称，其他投资者对于上市公司发布的信息处于弱势地位，可能会受到上市公司信息披露影响，而抛售股票使得公司股票价格下跌。第二，战略投资者利用以前从市场上购买的上市公司股票，集中在定向增发前二十个交易日内抛售，从而打压股价。第三，在定向增发过程中，上市公司大股东在定向增发前进行盈余管理的主要目的是为了操控股价，将定向增发发行价格锁定在一个较低水平，当向控股股东进行定向增发时，上市公司会在定向增发前一年进行负向的盈余管理，当向机构投资者定向增发时，会在定向增发前一年进行正向的盈余管理，也就是说，对控股股东的定向增发发行价格要低于机构投资者。第四，定价基准日的确定和基准日前的股价成为发行价格的决定因素。上市公司大股东巧妙地利用这一政策，在定向增发过程中进行长时间的停牌操控，锁定较低发行价格，使得大股东节省了巨额购买定向增发股票的成本。

（2）劣质资产注入上市公司。从本质上来说，定向增发收购大股东资产本身就是双重关联交易，在信息不对称条件下，利用该种手段侵害中小股东利益现象很多。某些上市公司大股东通过相关资产认购增发股票，通过该形式实现母公司整体上市，从而有效避免了上市公司与母公司之间的关联交易。另外，通过资产证券化形式有利于盘活母公司的资产，母公司将自身流动性较差的资产注入上市公司换入流动性好的股票，优化了母公司资产结构。母公司注入资产类别必将对其他股东权益造成影响，如果母公司注入的资产质量比较高，盈利能力比较强，那么，注入资产之后，上市公司盈利能力会得到提高，其他股东财富也会得到提高；如果母公司注入资产的质量与上市公司相同，那么，注入资产之后，上市公司盈利能力将不会发生变化，其他股东权益也不会受到影响；如果母公司注入资产质量和盈利能力低于上市公司，注入资产之后，上市公司的盈利能力就会下降，上市公司业绩就会下滑，这必然会损害其他股东的利益。为了维护资本市场的公平和公正，更好保护中小投资者的利益，对于母公司注入劣质资产的行为应当不予核准或对该资产价值给予一定折扣，因此，定向增发时要重点提防母公司注入劣质资产的行为。

（3）特定对象行为动机问题。定向增发对象有三种：第一，是向大股东和关联股东增发，这类增发方式主要是通过注入资产方式实现整体上市；第二，是向机构投资者增发，其目的是为了引进新的机构投资者和战略股东；第三，向大股东和机构投资者增发。不管是采用资产认购还是现金购买上市公司股票，都有其特定的行为动机。对于母公司以资产认购上市公司股票而言，如果以资产认购上市公司股票，目的是为了实现整体上市，对其动机应该给予鼓励和支持；如果资产注入上市公司，目的是增加母公司对上市公司的控制权，对该动机应该给予肯定，但是应该避免"一股独大"给公司带来的负面影响；对于母公司以流动性较差、质量不高的资产注入上市公司来换取流动性强的股票，对该种行为动机应给予限制。

（4）其他利益输送现象。学者们对于定向增发的研究，主要焦点在于利益输送和利益支持问题，大部分学者都认为定向增发之后股权集中度提高，集中的股权结构下更多体现了大股东利益。定向增发方案的实施涉及上市公司相关利益方（原有大股东和关联股东、新股东、机构投资者和其他中小投资者等）财产的重新分配。理论上为大股东采用较低价格购买增发股票提供了便利。另外，定向增发与公开发行不同，定向增发如果是向原有大股东增发，增发完成以后，原有大股东股权增加，中小投资者股权会被稀释；定向增发过程中大股东还可能会通过高额分红、二级市场大量减持股票、关联交易、低效率投资等进行利益输送。

4.2　盈余管理背景、现状与问题

4.2.1　盈余管理背景

我国上市公司股权集中度比较高，集中股权结构下面临着大小股东之间的代理问题。定向增发作为一种非公开的股权再融资方式，增发过程中某些公司利用盈余管理加大了两者之间信息不对称程度与代理成本，其通过改变公司业绩影响股价，进而影响市场资源配置，严重干扰资本市场健康运行。盈余管理分为应计与真实两种方式，应计盈余管理是通过会计政策和会计估计变更与选择，粉饰与掩盖公司真实的经营利润；真实盈余管理是通过构造、调整或改变公司实际的经营、投资与筹资活动等来干预会计信息。两者最主要区别在于：真实盈余管理改变了公司实际经济活动而应计盈余管理却不能；真实盈余管理影响公司长期利润与价值，而应计盈余管理只是改变了公司利润在不同时间的分配比例，但利润总额并不发生变化。我们认为应计盈余管理只是公司财务政策的调整与变更，真实盈余管理更能体现大股东的利益输送行为，而且随着我国会计法律法规的健全和完善，大股东通过应计盈余管理操纵利润的成本与难度越来越大，部分大股东很可能会转向真实盈余管理。

4.2.2　我国盈余管理现状与问题

4.2.2.1　我国盈余管理形成的背景

盈余管理实际上并不增加或减少企业实际的盈利，但会改变企业实际盈利在不同的会计期间的反映和分布。也就是说，盈余管理影响的是会计数据尤其是会计中的报告盈利，而不是企业的实际盈利。我国上市公司进行盈余管理主要有以下三个动机。

（1）代理关系动机。由于代理关系进行盈余管理的动机主要来自两个方面：一方面来自企业管理层同股东之间的代理关系；另一方面来自企业与债权人的债务关系。企业的高管人员与股东之间是一种基于权利和酬劳的契约关系，企业高管的薪酬往往与企业的经营业绩挂钩；同时我国许多上市公司属于国有企业，国家作为上市公司的股东给企业高管带来的另一发展机会就是行政级别的晋升，但这些都是与企业的经营业绩直接挂钩，因此高管人员完全有动机通过盈余管理的手段粉饰重要的财务数据给董事会或者政府展现出一份较好经营业绩的报告以此达到他们的目的。因此为获取股东、债权人信任，更好实现自己的目的，某些管理者完全有动机进行盈余管理操纵。

（2）资本市场动机。上市公司出于资本市场动机进行盈余管理主要体现在两个方面：一是为了获取上市资格进行盈余管理粉饰财务报告，二是为了在上市后达到配股的要求，通过盈余管理调整重要的指标。根据我国《证券法》的规定，发行股票的上市公司必须具备有连续三年盈余的经营业绩，因此为了获取IPO资格以及保证股票发行的顺利进行，企业在首次公开发行时具有强烈的动机进行盈余管理。

（3）政府监管的动机。政府借助会计盈余对上市公司进行监管，这种监管激发了管理当局通过盈余管理来应对监管的动机。政府作为市场经济的重要组成部分，承担了经营规定的制定和对经营者经营规范的监管责任。因此，在证券市场中设置了许多规则作为政府监管的手段。上市公司自然会想方设法去迎合这些监管的规则，以达到自身利益的最大化。根据我国资本市场的规定，上市公司一旦连续两年亏损就会被特殊处理，如果继续亏损则将被强制退市，以达到保护投资者的目的。因此，上市公司会通过各种方式保证其股票在市场中正常的交易，资本市场中常见的"大清洗"现象、扭亏现象等均是上市公司为了避免被特殊处理或者退市而采用的盈余管理手段。

4.2.2.2 我国盈余管理现状与问题

首先，我们将通过理论模型对定向增发前后大股东财富变化进行分析。假定定向增发前上市公司发行股份总数为 N_0，控股大股东拥有上市公司股份比例为 A；当上市公司向机构投资者增发股票时，实际募集的总股份数量为 N_1。然后，设上市公司定向增发前的价格为 P_0，定向增发发行价格为 P_1。则定向增发之前上市公司总价值为：

$$VAL_0 = P_0 \times N_0$$

定向增发前大股东拥有上市公司的财富为：

$$DVAL_0 = A \times P_0 \times N_0$$

定向增发后上市公司总价值为：

$$VAL_1 = P_0 \times N_0 + P_1 \times N_1$$

定向增发之后大股东拥有上市公司的财富为：

$$DVAL_1 = \left[(A \times N_0)/(N_0 + N_1) \right] \times VAL_1 = \left[(A \times N_0)/(N_0 + N_1) \right] \times$$
$$(P_0 \times N_0 + P_1 \times N_1)$$

最后可得，上市公司大股东定向增发前后的财富变化为：

$$DVAL_1 - DVAL_0 = \left[(A \times N_0)/(N_0 + N_1) \right] \times (P_0 \times N_0 + P_1 \times N_1) - A \times P_0 \times N_0$$
$$= \left[N_0 \times N_1/(N_0 + N_1) \right] \times A \times (P_1 - P_0)$$

从上面可以看出，在其他条件不变的情况下，当 $P_1 > P_0$ 时，则 $DVAL_1 > DVAL_0$。即上市公司向机构投资者增发时，只有定向增发价格大于增发前价格，大股东财富才会增加，所以，上市公司在定向增发前有通过盈余管理行为提高股票价格的动机。

（1）向大股东增发时进行向下的盈余操纵。现有研究基于年度数据分析盈余管理，加上增发的"九折规则"，极容易引发针对机构投资者增发时高于股票公允价格和向原有大股东和关联股东增发时低于股票公允价格的利益输送问题。当向原有大股东定向增发新股时，由于增发价格以定价基准日前的股价为依据，在定价基准日前会引发部分大股东操控下的上市公司进行向下的盈余操纵，刻意隐瞒利润，打压股价，大幅降低大股东购买股票的成本，从而通过定向增发获得低风险的暴利机会，而广大中小股东利益受到严重损害。实践中也常看到"驰宏锌锗""国投中鲁"等上市公司低价增发股票所引发的广大中小股东法律维权事件发生。

（2）向机构投资者增发时进行向上的盈余操纵。与向原有大股东增发新股显著不同，当向机构投资者增发时，由于机构投资者作为外部投资者，在某些大股东操控下的上市公司会在基准日前进行向上的盈余操纵，提高公司利润，抬高股价，大幅提高机构投资者购买股票成本，通过增发募集更多资金，增厚大股东在上市公司财富。

可以看出，针对不同增发对象，上市公司操纵盈余方式明显不同，但无论哪种操纵方式都是某些大股东出于自身利益动机进行利益输送的手段之一。另外，随着会计法律法规日益健全，证券监管部门监督作用越来越强，公司只通过应计盈余管理方式可能会面临更大的风险，且实施成本比较高，为了自身利益，大股东可能会同时进行两种方式盈余管理。

第5章 定向增发、盈余管理及其经济后果的理论分析

研究定向增发、盈余管理及其经济后果，需要分析定向增发盈余管理形成过程和影响机理，分析过程如下：（1）上市公司可能在定向增发过程中通过盈余管理操控财务报表中的盈余信息，通过盈余信息进而作用于定向增发股票价格；另外，管理者薪酬契约也是以盈余信息作为重要依据，因此，理清定向增发中的盈余管理行为对会计信息的作用机理，对于深入理会盈余管理的经济后果具有非常重要的作用。（2）如果盈余信息能够对股票市场价格以及管理者薪酬契约产生影响，管理者可能会出于自利动机，在定向增发中在盈余管理的经济利益与潜在成本之间进行权衡比较，当上市公司盈余管理给管理者带来的经济利益大于潜在成本时，管理者有动机进行盈余操控。（3）管理者会在盈余管理的收益与潜在成本之间进行权衡，从而做出是否采取盈余管理行为的决策，但即便具备这种盈余管理的主观行为，如果缺乏进行盈余管理的客观条件，盈余管理同样也不可能发生，本部分将对盈余管理的客观条件进行分析。（4）在盈余管理前提、动因以及客观条件进行理论分析基础上，构建分析框架，分析定向增发过程中的盈余管理行为以及盈余管理的经济后果。

5.1 盈余管理产生的前提条件

定向增发企业通过盈余管理手段对盈余信息进行操控，这需要满足的前提条件是盈余信息是有用的。如果盈余信息无用，人们将不会对其进行计量与确认，如果需要深入理解定向增发盈余管理行为，必须分析管理者进行盈余管理的功效，正是由于这些功效而对企业盈余管理行为产生影响。本部分

从盈余信息对股票市场价格以及契约达成影响两方面分析盈余信息的功效。

5.1.1 盈余信息对股票市场价格的影响

上市公司盈余信息会对股票市场价格产生影响。一方面，股票市场价格可能会对盈余信息发布的好消息以及坏消息做出及时反应；另一方面，盈余信息也可能会通过计价模型与股票的价值相联系。

股票市场价格会对盈余信息做出及时反应。有学者采用事件研究法，就纽约交易所的261家上市公司按照盈余情况分为"好消息""坏消息"两组，分析盈余发布前后股票市场上股票的价格反应，认为上市公司盈余与股票价格之间存在正相关关系[①]。也有学者就盈余信息的功效进行研究，认为在资本市场不完全的条件下，没有任何一种会计方法能够对公司盈余做到无差别计量，公司盈余的功效是向投资者传达公司真实收益的信号，帮助投资者做出是否购买股票的决策。因此，股票市场上股票价格的概率分布可能发生三种变化：均值变化、方差变化、均值与方差同时改变。

股票价格会对财务报告的信息做出及时反应，其内在机理如何？有学者将公司盈余信息作为已实现现金流量的替代变量，通过资本资产定价模型与公司股票价格之间建立了内在联系[②]。也有学者提出了"三级关联假说"，对盈余信息的信号作用机理加以解释，即当期盈余与未来盈余、未来盈余与未来股利、未来股利与股票价格，认为在不完全资本市场中，企业相关利益方不可能准确预知未来可能发生的事件及其概率，只能根据历史信息对未来做出判断，因此，当期盈余与未来盈余相关联；未来盈余与未来股利也可以通过固定股利支付比例相联系，因此，未来盈余与未来股利相关联；股票价格是未来股利的现值，因此，股票价格与未来股利相关联，可以看出：上市公司当期盈余可以通过"当期盈余—未来盈余—未来股利—股票价格"这一关系链条与股票价格建立内在联系。

为了进一步分析盈余信息所具有的信息含量，学者们采用计量模型估计股票的内在价值，将股票内在价值与股票市场价格进行比较，从而判断盈余

---

① Ball R, Brown P. An empirical evaluation of accounting income numbers [J]. Journal of Accounting Research (autumn), 1968, 6 (2): 159–178.

② Watts R, Zimmerman J. Positive accounting theory [M]. Englewood Cliffs, NJ: Prentice-Hall, 1986.

信息的有用性。有学者建立模型将财务报表中的股东权益指标、未来盈余与股票的内在价值相联系，确立了会计数据在决定股票内在价值中的作用①。在此之后，费尔瑟姆等（Feltham et al.，1995）对奥尔森等（Ohlson et al.，1995）模型进行了改进，认为公司价值等于账面净资产与未来超额营业利润现值之和，其中，未来差额营业利润应等于当期营业利润减去期初经营活动净资产与无风险利率的乘积。

5.1.2　盈余信息与契约的建立

在现代企业制度下，企业相关契约的制定与达成都是建立在会计盈余信息基础上，盈余信息有助于减少管理层的逆向选择与道德风险。根据企业理论，通过资产市场进行交易成本较大，而以企业作为交易机构将大大减少交易成本。契约理论是建立在企业理论基础上的，根据契约理论，企业是一组契约的集合体，是不同要素所有者为了获取各自的报酬，以合同、契约的形式约定双方在企业中的权利与义务，形成一种利益混合体②。

契约关系中最重要的是委托代理问题。在委托方与受托方信息不对称的前提下，就可能产生逆向选择与道德风险。上市公司委托方一般是指投资者，受托方往往指管理者，逆向选择是事前委托方与受托方之间存在信息不对称，上市公司管理者较为了解上市公司实际情况，能够较为容易地获取公司私有信息，而投资者只能根据上市公告书、招股说明书等公开披露的数据获取会计信息，在此情形下，管理者为了自身利益，可能会将部分信息隐藏起来或者通过盈余管理对会计信息进行操控，这样上市公司提供的财务信息将变得不太可信，投资者出于风险厌恶的目的，愿意支付平均质量以下的价格，这样就会造成提供高质量信息的公司股票卖不出去，投资者买到的大多是劣质公司的股票，出现劣币驱逐良币现象。道德风险是事后委托方与受托方存在信息不对称，委托方与受托方在签订契约之后，受托方往往会利用自身信息优势，做出有利于自身利益而偏离股东价值最大化目标的机会主义行为，损害了股东利益，比如：某些上市公司管理者会利用信息不对称，违背股东意

---

① Ohlson J. A. Earnings, book values, and dividends in equity valuation [J]. Contemporary Accounting Research, 1995, 11 (2): 661 –687.

② Jensen M. C., Meckling W. H. Theory of the firm: Managerial behavior, agency cost and ownership structure [J]. Journal of Finance and Economics, 1976, 3 (4): 305 –360.

愿，进行在职享受、滥用交际费用等机会主义行为。有学者认为会计数据常被用以债务契约、管理者薪酬契约、公司章程等的制定与执行，会计在契约的签订以及监督这些契约的履行中都发挥了非常重要的作用，契约约定了交易双方的权利与义务，这些约定都是建立在会计数据的基础上。

可以看出：盈余信息不仅对股票市场价格产生影响，而且对企业相关利益方契约的制定与执行也发挥非常重要的作用，正是基于盈余信息能够影响股票市场价格，以及决定企业契约的制定与执行，管理者常常采用盈余管理操控盈余信息，从而实现自身利益最大化的目标。

5.2　盈余管理的动因分析

盈余信息功效理论认为盈余信息具有价值，一方面，盈余信息可能会对股票市场价格产生影响；另一方面，盈余信息决定了契约的制定与执行，能够发挥对管理者的监督作用。因此，管理层往往会通过盈余管理操控盈余，这一行为在给管理者带来自身私有利益的同时，可能会招致诉讼方面的风险。在此情况下，管理者会在未来期望收益与潜在成本之间进行权衡比较，从而做出决策。

5.2.1　期望收益

有学者就新股发行过程中的盈余管理的动因进行分析，认为在新股发行过程中企业通过盈余管理操控盈余的目的是：第一，通过盈余管理操控盈余可以获取上市资格，向全社会募集资金，获取更多融资渠道，有利于企业自身规模扩大与发展，同时也能够提升管理者的政治与职业声誉；第二，新股发行证券监管部门对于企业业绩有要求，要求企业连续三年持续盈利，为了达到这一要求，管理者往往会通过盈余管理操控盈余；第三，管理者通过盈余管理操控盈余，提高股票市场价格，筹集更多资金，从而实现股东利益最大化。

在股票市场上，取得上市资格与条件是一种资源，一旦拥有上市资源，就意味着可以向全社会融通资金，有利于企业迅速扩大规模；管理层也可以从中获得薪酬激励以及较好的政治与职业声誉。我国《证券发行与承销管理办法》《首次公开发行股票并上市管理办法》等相关法律规定，上市公司要想取得上市资格，需要满足一定的条件，发行股票前三年必须连续盈利，发行前的净资产不低于总资产的30%，无形资产不高于净资产的20%，股本也必须满足一定的限额标准，新股发行前对于财务指标的要求是上市公司进行盈余管理的动因之一，有些公司即使盈利情况不佳，但为了获取上市资格，管理层仍然存在通过向上盈余管理操控盈余，从而达到上市资格与条件。因为只要能够取得上市资格，管理者就能够得到薪酬奖励与股权激励，同时也有可能获得政治与职业声誉，从而获得自身利益的最大化。

股权分置改革之后，配股与公开发行新股的公司越来越少，定向增发成为上市公司融资的主流方式。定向增发是向特定投资者增发股票的一种方式，从定向增发对象的角度来看有三种发行方式：向大股东与关联股东发行、向机构投资者发行、既向大股东又向关联股东发行，上述发行方式可在一定程度上缓解了上市公司与投资者之间的信息不对称。定向增发对上市公司盈利方面没有特殊要求，即使业绩较差甚至亏损的公司也可以进行定向增发，定向增发中是否也存在盈余管理动机呢？如果有，盈余管理动机是什么？定向增发是上市公司某些大股东主导下的一种股权再融资方式，无论是向大股东与关联股东定向增发新股收购其资产，还是向机构投资者增发新股，都与大股东的利益直接相关。当上市公司向大股东与关联股东定向增发新股收购其资产时，定向增发新股定价越低，大股东通过资产换入股份数量也就越多，在此情况下，上市公司会在定向增发前进行向下的盈余管理操控盈余，打压股价，达到以较低发行价格换得更多股票数量的目的。

当向机构投资者增发时，定向增发发行价格越高，上市公司募集资金越多，上市公司每股净资产增厚越多。已有学者基于信息观[①]、计价观的盈余功用理论分析盈余信息对股票价格的影响，盈余信息能够向投资者传达有助于判断与估计公司真实业绩的信号，因此，在定向增发过程中，管理者有动机通过盈余管理对盈余信息进行操控，进而影响公司股票价格。股票价格直接影响上市公司募资金的数量，其计算公式为：定向增发募集资金金额 = 发行规模×发行市盈率×每股收益，其中，发行市盈率往往采用同行业市盈率的平均值；定向增发发行规模根据企业实际情况往往是既定的，在此情况

---

① Beaver W. H., Lambert R. A., Ryn S. The information content of security prices: A second look [J]. Journal of Accounting and Economics, 1987, 9 (2): 139–157.

下，定向增发公司为了募集更多资金金额会通过向上盈余管理操控盈余，调高公司收益，进而提高发行价格，募集更多资金，可以看出，上市公司在定向增发前进行盈余管理的目的是为了向股东进行利益输送。

5.2.2 潜在成本

定向增发过程中的盈余管理的潜在成本主要表现在以下两个方面：第一，惩罚与诉讼成本。为了防止上市公司盈余信息扭曲使资本市场资源配置效率低下的问题以及加强对投资者的保护，证券监管部门对于定向增发发行过程中的信息披露的完整性有严格要求，如果违反信息披露要求，就可能招致未来诉讼风险；另外，保荐机构、承销商以及审计部门等中介机构基于自身声誉以及法律诉讼风险的考虑，也会对上市公司的盈余管理行为进行监督，中介机构的审计与监督对企业盈余管理行为形成一定的约束机制。在此情况下，如果定向增发公司没有按照监管制度的要求对上市公司盈余信息进行准确与充分的信息披露，可能会带来诉讼风险，给公司声誉与长远发展带来影响。第二，机会成本。管理者过度的盈余管理行为可能会给企业带来短期利益，但从长期来看，可能不利于企业长远发展。盈余管理存在较高的机会成本，管理者操控盈余的力度与空间往往是受限的，其不可能无限制地操控盈余，对于盈余过多操控，可能使盈余不能长久维持，定向增发之后，上市公司业绩持续下滑现象说明了盈余管理的不可持续性，严重损害了广大中小投资者利益，沉重地打击了投资者的信心。盈余管理也会带来股票市场价格的长期低迷，影响企业长远的发展。这些都是定向增发公司盈余管理的潜在成本。

5.3 盈余管理的客观条件分析

盈余管理在给管理者带来自身私有利益的同时，可能会招致诉讼方面的风险，管理者会在未来期望收益与潜在成本之间进行权衡比较，从而做出决策。但是，即便管理者有主观盈余管理的动机，一方面，如果缺少盈余管理的客观条件，盈余管理同样不可能发生，盈余管理客观条件是盈余管理的机会。如果会计准则是完全与完整的，企业严格按照会计准则进行会计处理，不会存在盈余操控的可能性。另一方面，如果管理者有操控利润的空间，这种操控利润的行为能够为利益相关方所识别，管理者的盈余管理行为也将没有实际意义。

5.3.1　盈余管理的技术条件：会计准则

会计是一个信息系统，能够提供特定主体持续经营情况下的会计信息。目前会计核算方式有权责发生制与收付实现制两种，其中，收付实现制是以现金的收入与支出作为会计核算的依据，在此方法下，不存在会计人员的判断与选择空间。随着经济的发展，企业业务越来越复杂，权责发生制成为会计核算的主流方式，该种核算方法是以经济业务的权利与义务的发生作为交易确认的标准，为了正确、全面地反映特定主体在一定会计期间的经营业绩，不仅要反映企业现金流入与现金流出情况，而且应该依据递延、摊销等会计核算程序，将收入与费用、利得与损失相配比，这些程序必须通过会计准则予以规范。

公认会计原则是企业利益相关方都应该遵守的一份通用会计规则的公共契约。由于受到人的理性以及缔约成本的限制，企业不可能将所有的交易与事项在交易契约中予以约定。虽然实务中对应计、摊销等做了约定，但仍然存在大量主观判断与估计。也就是说公认会计原则天然具有不完全性，为了弥补这种不完全性，企业必须对会计准则制定权做出契约安排，这种契约安排包括通用会计准则制定权与剩余会计准则制定权两个方面，其中，剩余会计准则制定权是对通用会计准则未做规定的部分做了进一步补充，是对通用会计准则中具有较大选择空间的事项所做出的进一步的契约安排，由于契约的不完全性，管理层往往会出于自利动机，通过会计政策与会计估计变更对会计报表数据进行操控，因此，会计准则的不完全性给管理层操纵会计报表数据留下了空间，会计准则是盈余管理行为存在的客观条件。

5.3.2　盈余管理的现实条件：信息不对称

企业相关利益方所掌握的会计信息差异所导致的信息不对称是盈余管理产生的现实条件。信息不对称是指在市场经济活动中，企业相关利益一方拥有另一方所不具有的信息优势，上市公司中有两类信息不对称影响企业盈余管理行为，一类是所有者与经营者之间的信息不对称；另一类是经营者与外部投资者之间的信息不对称。在第一类代理问题中，所有者与经营者之间的信息不对称会造成逆向选择与道德风险两类问题。虽然，现实生活中企业可能通过制度安排抑制管理者的逆向选择与道德风险，但是制度能否有效发挥作用的判断依据是会计信息，而会计信息却是由掌握信息优势的管理者提供的，管理者由于直接干预企业的生产经营决策，对信息生成起着至关重要的作用，并且其具有很强的隐蔽性，而要完全消除这一不确定因素必须付出高额的成本，因此，管理者与所有者之间的信息不对称为管理者出于自身利益最大化进行盈余管理行为创造了现实的条件。在第二类代理问题中，企业管理者与外部投资者之间存在信息不对称。管理者拥有企业经营发展的全部信息，而外部投资者只能根据上市公司公开披露的会计信息对公司做出判断，上市公司所披露的会计信息可能会与公司实际信息存在一定的差异，因此，会计信息的差异使得外部投资者不能够识别管理者的盈余管理行为，信息不对称为管理者盈余管理行为创造了客观存在的现实条件。

5.4 定向增发、盈余管理及其经济后果的理论分析框架

与公开发行新股不同，定向增发对于上市公司业绩没有要求同样也存在盈余管理行为，定向增发过程中管理者进行盈余管理行为的潜在收益大于潜在成本是产生盈余管理的主要动因；部分管理者具有盈余管理的动因，如果缺乏盈余管理的主客观条件，盈余管理行为同样不可能发生。会计准则的不完全性是某些管理者进行盈余管理的客观条件；而信息不对称使得管理层的盈余管理行为很难被外部投资者或大股东所识别，几方面的共同作用导致了定向增发盈余管理行为的产生。企业盈余信息作为最为重要的内部信息，会对公司长远绩效、股价、股票流动性、长期股票收益产生影响。基于此，本章提出了定向增发、盈余管理及其经济后果的理论分析框架，参见图5.1。

5.4.1 定向增发盈余管理动因分析

5.4.1.1 向大股东增发时进行向下的盈余操纵

现有研究基于年度数据分析盈余管理，加上增发的"九折规则"，极

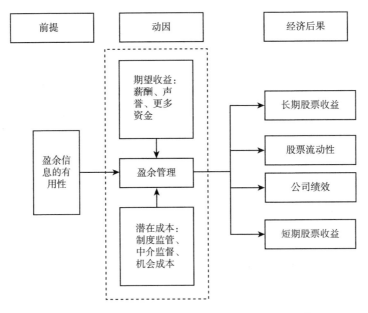

图 5.1 定向增发、盈余管理及其经济后果理论分析框架

容易引发针对机构投资者增发时高于股票公允价格和向原有大股东和关联股东增发时低于股票公允价格的利益输送问题。当向原有大股东定向增发新股时，由于增发价格以定价基准日前的股价为依据，在定价基准日前会引发大股东操控下的上市公司进行向下的盈余操纵，刻意隐瞒利润，打压股价，大幅降低大股东购买股票的成本，从而通过定向增发获得低风险的暴利机会，而广大中小股东利益受到严重损害。实践中也常看到"驰宏锌锗""国投中鲁"等上市公司因低价增发股票引发的广大中小股东法律维权事件发生。

5.4.1.2 向机构投资者增发时进行向上的盈余操纵

与向原有大股东增发新股显著不同，当向机构投资者增发时，由于机构投资者作为外部投资者，在某些大股东操控下的上市公司会在基准日前进行向上的盈余操纵，提高公司利润，抬高股价，大幅提高机构投资者购买股票成本，通过增发募集更多资金，增厚大股东在上市公司财富。针对不同增发对象，上市公司操纵盈余方式明显不同，但无论哪种操纵方式都是大股东出于自身利益动机进行利益输送的手段之一。

5.4.2 定向增发盈余管理的经济后果分析

我国上市公司定向增发之后股权更加集中，集中股权结构下更多体现大股东的意志。当向大股东定向增发时，某些上市公司会在定向增发前进行向下的盈余操控，打压股价，从而降低大股东购买股票的成本；而向机构投资者定向增发时，某些上市公司大股东会在定向增发前进行向上的盈余操控，提高股票价格，从而募集更多资金。盈余管理分为应计与真实两种方式，应计盈余管理是通过会计政策和会计估计变更与选择，粉饰与掩盖公司真实的经营利润；真实盈余管理是构造、调整或改变公司实际的经营、投资与筹资活动等干预会计信息。部分上市公司向大股东增发时，在定向增发基准日前的第二个季度就存在向下进行应计盈余管理和真实盈余管理的动机。基准日之后部分大股东为了保证定向增发的成功实施，转变为向上的盈余操纵。随着 2014 年 6 月新会计准则的颁布与实施，会计准则的完善，上市公司通过会计政策、会计估计等进行账面利润调整明显得到抑制。应计盈余管理操纵空间减少，同时真实盈余管理方式又很难为监管当局察觉，操纵更为方便，成本比较低，因此，部分上市公司很可能将盈余管理方式由应计盈余管理改变为更为隐蔽的真实盈余管理。

随着定向增发成为股权再融资的主流方式，上市公司的某些大股东为了达到自身利益最大化的目的，有动机通过盈余管理来进行利益输送。在定向增发过程中，某些管理者进行盈余管理行为的潜在收益大于潜在成本是产生盈余管理的主要动因，会计准则的不完全性是某些管理者进行盈余管理的客观条件，而信息不对称使得某些管理层的盈余管理行为很难被外部投资者或大股东所识别，几方面的共同作用导致了定向增发盈余管理行为的产生。而企业盈余信息作为最为重要的内部信息，会对公司长远绩效、股价、股票流动性、长期股票收益产生影响。因此，本书将从短期股票收益、长期股票收益、股票流动性和公司绩效四个方面来对定向增发盈余管理产生的经济后果进行分析。

从对短期股票收益影响的视角来看，学者们普遍认为，定向增发公司为了吸引更多的机构投资者，会在增发过程中对财务报表进行一定程度的"美化"。某些上市公司之所以在增发前有进行盈余管理的动机，是为了提高股票价格，募集更多资金。向机构投资者增发时，只有定向增发价格大于增发前价格，大股东财富才会增加，所以，部分上市公司可能在定向增发前有通过盈余管理行为提高股票价格的动机。而自上市公司董事会做出决议之日起，到股东大会通过、证监会批准，一般需要 6 至 12 个月的时间，也就是说控股股东对于机构投资者增发会选择在过去 6 至 12 个月内股价表现相对较好的时机进行。因此，上市公司盈余管理行为产生于董事会融资方案确定之日后，而在定向增发前的第二年，由于董事会还没有确定融资方案，故应该并不存在盈余管理行为。因此某些上市公司在定向增发前一年有进行盈余管理的动机，某些上市公司在定向增发的当年也有盈余管理动机，在定向增发的过程中，上市公司可能会向机构投资者传递一些无需公开的信息，并做出一定承诺，譬如：为了吸引更多的机构投资者，许诺增发后公司业绩会表现出增长趋势，为此其在增发过程中可能会"粉饰"和"美化"财务报表，使公司业绩达到理想水平，从而蒙蔽外部投资者。因此，定向增发当年某些上市公司仍然有盈余管理动机。增发之后的第一年继续粉饰报表以提高利润，表现为盈余管理与股票业绩并不显著为负，企业的短期股票价值很可能上升。

从对长期股票收益影响的视角来看，我国上市公司定向增发新股是大股东控制下的融资行为，某些大股东为了自身利益最大化，有动机通过盈余管理来进行利益输送，上市公司在定向增发前进行盈余管理为的是提高股票价格。股票价格越高，上市公司募集的资金越多，每股净资产增厚越多，大股东在定向增发新股中的财富增值效应就越大，上市公司大股东所收获的财富增值也就越多。但是根据盈余管理反转假说，从长期来看，盈余管理终将会在以后年度发生反转，导致公司股价下滑，长期股票收益下降。这主要是因为投资者在业绩较好的基础上进行增发，是投资者对定向增发新股过度乐观的修正，即投资者过度乐观假说，但他们没有辨别过度乐观的来源，定向增发前上市公司向上盈余操纵正是投资者过度乐观的来源，定向增发前向上盈余操纵极有可能会引起发行后长期股票收益下降。

从对股票流动性影响的视角来看，学者们认为定向增发之后公司业绩增长，这一良好信息的传达反映到市场，带动了投资者购买股票的热情，活跃了资本市场，从而带动股票成交量增加，股票流动性增加；定向增发引进机构投资者，机构投资者具有人才优势、技术优势、管理优势和信息优势，完全有资本和能力收集和利用上市公司信息，而广大中小股东在这方面处于劣势，可以凭借机构投资者了解上市公司信息，有效缓解上市公司与中小投资者之间的信息不对称，使得股票价格波动减小，股票交易量增加，股票流动性增加；除此之外，定向增发大小股东之间存在严重代理问题，机构投资者的进入能够加强对上市公司大股东的监督作用，有效缓解大小股东之间矛盾，增强中小股东参与公司的热情，股票交易量增加，股票流动性增加；大股东出于私利动机，通过定向增发短期内操纵应计利润，使公司业绩达理想水平，提高股票价格，吸引更多投资者，股票流动性增加；机构投资者加入上市公司之后，作为长期战略投资者，积极发挥对大股东的监督作用，有效改善公司治理水平，缓解了大小股东信息不对称与代理问题，减少股票价格波动与投资者买卖股票价差，提高股票市场流动性。而盈余管理是大股东主导下的管理者操纵会计报表盈余，大股东利用内幕信息进行信息化交易，赚取利润，蒙蔽中小投资者，加大了大小股东之间信息不对称程度，使得信息披露质量降低，加大了上市公司与外界的信息不对称程度，应该会使得股票流动性降低。

从对公司绩效影响的视角来看，定向增发主要面向特定少数的几个投资对象发行股票且对企业的业绩没有要求，相对来说，上市公司获得发行资格更容易，成本较低。但是，我国上市公司的大股东股份占比大，为了能够募集到更多的资金，实现股东自身财富最大化，就不得不通过盈余操纵将企业的财务报告做得更"漂亮"以便吸引外界投资者的目光，来影响投资者对企业未来股票价值的判断，进而诱导投资者，最终促使他们对公司进行资金投入。根据信息不对称理论，企业股东为了促使外部机构者对本公司进行融资，他们会通过相关手段粉饰公司业绩，虚增自己的经营水平，将编造的业绩报表传送给特定的机构投资者，诱使潜在投资者增强对公司的期望，以便能提高股价，提升未来盈利能力。在定向增发之后，为了使机构投资者不丧失对公司的信心，需要继续在短期内维持较好的业绩水平，努力经营以达到股东对公司的业绩期望，因此在短期内可能会使得企业的业绩上升。

综上所述，某些上市公司中的大股东为了达到自身利益最大化，吸引外部投资者积极对企业进行投资，提高上市公司股票价值，在企业进行定向增发的前一年和当年有通过盈余管理来进行利益输送的动机，通过盈余管理，企业的短期股票收益可能会上升，但是从长远来看，股票收益极有可能会下降。虽然定向增发对于企业的业绩没有要求，但是定向增发公司为了吸引更多的机构投资者，会在增发过程中"粉饰"和"美化"财务报表，使公司业绩达到理想水平，公司通过盈余操纵达到企业预期的利润目标，高利润可以向资本市场的利益相关者传达好的信息，表明公司的运行和前景很好，从而促进企业的发展，应该会使得企业短期业绩水平上涨，从而带动了投资者购买股票的热情，使得股票成交量增加，极有可能使得股票流动性增加。在定向增发过程中，管理者进行盈余管理行为的潜在收益大于潜在成本是产生盈余管理的主要动因，会计准则的不完全性是管理者进行盈余管理的客观条件，而信息不对称使得管理层的盈余管理行为很难被外部投资者或大股东所识别，几方面的共同作用导致了定向增发、盈余管理行为的产生。

5.5　小结

本章为理论分析部分。从上市公司盈余管理出现的前提——盈余信息对股票价格和契约制定的有用性入手，分析了盈余管理产生的主要动因——潜在收益大于潜在成本、盈余管理产生的客观条件——会计准则的不完全性、盈余管理行为产生的其他动因——信息不对称使得管理层的盈余管理行为很难被外部投资者或大股东所识别等，以此认为定向增发、盈余管理行为会影响公司长期股票收益、股票流动性、公司绩效和短期股票收益，初步论证了上市公司定向增发、盈余管理及其经济后果的分析路径，并在此基础之上形成了供后面参考研究的定向增发、盈余管理及其经济后果的理论分析框架。

第6章 定向增发与盈余管理方式的权衡选择

我国上市公司股权集中度比较高，集中股权结构下面临着大小股东之间的代理问题（王晓亮等，2014）。定向增发作为一种非公开的股权再融资方式，增发过程中盈余管理加大了两者之间信息不对称程度与代理成本，其通过改变公司业绩影响股价，进而影响市场资源配置，严重干扰资本市场健康运行。盈余管理分为应计与真实两种方式，应计盈余管理是通过会计政策和会计估计变更与选择，粉饰与掩盖公司真实的经营利润；真实盈余管理是构造、调整或改变公司实际的经营、投资与筹资活动等干预会计信息（李明辉等，2014）。两者最主要区别在于：真实盈余管理改变了公司实际经济活动而应计盈余管理却不能；真实盈余管理影响公司长期利润与价值，而应计盈余管理只是改变了公司利润在不同时间的分配比例，但利润总额并不发生变化。本章通过对大股东主导下定向增发过程中两种盈余管理方式的权衡与选择进行研究，有助于加强证券监管部门、中介机构对盈余管理行为的认识，深化对盈余管理行为的理解，以便为加强公司治理、完善投资者保护制度提供参考依据。

本章研究贡献在于：第一，既有的研究就定向增发前大股东应计盈余管理的利益输送行为进行研究，本章认为应计盈余管理只是公司财务政策的调整与变更，真实盈余管理更能体现大股东的利益输送行为；而且随着我国会计法律法规的健全完善，大股东通过应计盈余管理操纵利润的成本与难度越来越大，部分大股东很可能会转向真实盈余管理（袁知柱等，2014；曹国华等，2014）。第二，现有的研究基于年度数据分析盈余管理行为，本章基于定向增发整个过程通过季度数据能够更详细、具体、全面分析盈余管理的时间分布及定向增发基准日前后上市公司盈余管理方式变化和权衡选择动机。第三，许多学者关注了定向增发对盈余管理的影响，如章卫东（2010），但是却面临内生性问题的挑战，而且既有研究对于上市公司进行定向增发的自选择问题也少有探讨，本章考虑了内生性与自选择问题，重点考虑上市公司是否进行定向增发的样本，使用倾向得分匹配和双倍差分法估计定向增发的盈余管理问题。

6.1 理论分析与研究假设

我国上市公司股权再融资方式经历了配股、公开发行新股向定向增发新股的转变，目前，定向增发新股公司数量占股权再融资公司总数的 80% 以上。随着定向增发逐渐成为股权再融资的主流方式，股权再融资盈余管理问题已成为学术界关注的焦点。兰根（Rangan，1998）、杜查尔梅（DuCharme，2004）就配股与公开发行新股前的盈余管理问题进行研究，认为配股与公开发行新股前上市公司进行向上的盈余操纵，提高公司业绩，股票价格上升。陆宇建（2002）、田昆儒等（2014）认为政策性因素比如对利润与净资产的要求是促发上市公司盈余管理的主要原因，上市公司为了获得配股与公开发行新股的资格，在配股与增发前进行向上的盈余操纵。

与配股、公开发行新股不同，定向增发对上市公司业绩没有要求，即使亏损公司也可以获得融资资格，是否也存在盈余管理行为？赫（He，2011）就美国定向增发公司盈余管理进行研究，认为某些上市公司管理者常在定向增发之前进行向上的盈余操纵，投资者过度乐观情绪是盈余操纵的主要原因。章卫东（2010）认为盈余管理是大股东主导下的利益输送方式之一，定向增发前一年存在盈余管理动机，当向控股股东及其子公司定向增发新股收购其资产时，进行向下盈余操纵；当向机构投资者定向增发新股募集资金时，进行向上的盈余操纵。田昆儒等（2014）认为部分上市公司为了募集更多资金，在增发当年和前 年进行向上的盈余操纵。以上学者是基于应计盈余管理进行研究，科恩和查诺文（Cohen and Zarowin，2010）、李增福等（2011）结合了两种方式的盈余管理，认为有些上市公司在股权在融资过程中进行应计盈余管理与真实盈余管理，提高股票业绩，抬高股价，募集更多资金。可以看出：李增福等（2011）考虑了两种不同盈余管理方式，但是没有区别不同增发对象；章卫东（2010）、田昆儒等（2014）虽然考虑了定向增发的不同增发对象，但分析盈余管理时利用了年度数据。盈余管理对时间具有高度敏感性，我国上市公司在各个季度都存在盈余管理，但第四季度盈余管理行为操纵力度更大（陈武朝等，2011），采用季度数据更能够详细、具体、全面分析上市公司进行盈余管理的时间与动机。另外，上述学者在模型估计过程中没有考虑内生性与自选择问题使得实证检验结果的真实性与可靠性降低。

上市公司何时进行盈余管理？怎样进行盈余管理？需结合监管部门政策，分析增发整个过程，上市公司定向增发过程主要分为五个阶段，三个过程，参见图6.1。

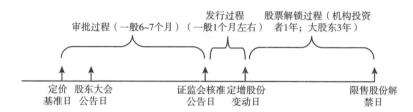

图6.1 上市公司定向增发新股过程

从图中可以看出：定向增发五个阶段是定价基准日、股东大会公告日、证监会核准公告日、定增股份变动日与限售股份解禁日；三个过程包括定向增发审批过程、定向增发发行过程与股票解锁过程。提高或降低定向增发新股发行价格是上市公司盈余管理的目的，股票发行价格确定是在定价基准日，在操作层面，定向增发新股发行价与市价相关，新股发行价确定取决于定价基准日确定以及市价折扣率选择。我国《上市公司证券发行管理办法》规定了定向增发发行价格的"九折规则"。由于定向增发的非公开特性，天然把广大中小股东排除在增发之外，加上增发的"九折规则"，极容易引发向机构投资者增发时高于股票公允价格和向原有大股东和关联股东增发时低于股票公允价格的利益输送问题。当向原有大股东定向增发新股时，由于增发价格以定价基准日前的股价为依据，在定价基准日前会引发大股东操控下的上市公司进行向下的盈余操纵，刻意隐瞒利润，打压股价，大幅降低大股东购买股票的成本，从而通过定向增发获得低风险的暴利机会，广大中小股东利益受到严重损害，实践中也常看到"驰宏锌锗""国投中鲁"等上市公司因低价增发股票引发的广大中小股东法律维权事件发生。与向原有大股东增发新股显著不同，当向机构投资者增发时，由于机构投资者作为外部投资者，在大股东操控下的上市公司会在基准日前进行向上的盈余操纵，提高公司利润，抬高股价，大幅提高机构投资者购买股票成本，通过增发募集更多资金，增厚大股东在上市公司财富。可以看出，针对不同增发对象，上市公司操纵盈余方式明显不同，但无论哪种操纵方式都是大股东出于自身利益动机进行利益输送的手段与工具之一。另外，随着会计法律法规日益健全，证券监管部门监督作用越来越强，公司只通过应计盈余管理方式可能会面临更大的风险，且实施成本比较高，为了自身利益，大股东可能会同时进行两种方式的盈余管理，在此基础上，提出假设 H6 – 1、H6 – 1a、H6 – 1b。

H6 – 1：上市公司在定向增发基准日前进行应计与真实盈余管理；

H6 – 1a：当定增对象为原有大股东时，在基准日前上市公司会进行向下的盈余操纵；

H6 – 1b：当定增对象为机构投资者时，在基准日前上市公司会进行向上的盈余操纵。

定向增发新股审批过程是从定价基准日（确定新股发行价格日）到证监会核准公告日（实际增发新股开始日），一般需要比较长的时间，大约为 6 ~ 7 个月①。此过程需要经过股东大会、发审委以及证券监管部门的审批，在长达半年时间内，定向增发新股价格、基准价格与上市公司发行新股前一个交易日收盘价之间存在明显的差异。从表 6.1 中可以看出 2015 年上半年上市公司定向增发新股定价概况：定向增发新股折价率均值为 38.15%，说明大部分上市公司折价发行股票，折价幅度比较大；发行价相对基准价比例均值为121.96%，说明定向增发发行价格相比定价基准日前二十个交易日股票平均价格高出 20% 以上，发行价相对于增发新股前一个交易日收盘价比例均值为61.85%，说明经过半年时间，股票发行价格相当于市价的 60% 以上，大部分上市公司在此期间股票价格发生明显上涨，上涨幅度为 53.45%。

表 6.1　　　　　　　　　上市公司定向增发新股定价概况

时间	名称	发行折价率（%）	发行价相对基准价比例（%）	发行价相对于增发新股前一个交易日收盘价比例（%）	基准价格与增发新股前一个交易日收盘价比例（%）
2015 年 1 ~ 6 月	定向增发新股公司	38.15	121.96	61.85	53.45

① 黄建中. 上市公司非公开发行的定价基准日问题探讨 [J]. 证券市场导报, 2007 (3): 5 – 41.

以半年前股票市场价格作为定向增发新股发行价格，实际上是让特定增发对象——机构投资者和大股东免费获得一项期权。如果在定向增发审批过程中，股票价格发生大幅度上涨，大股东与机构投资者会竞相购买股票，上市公司增发新股很可能获得成功；相反，如果股票价格明显降低，大股东与机构投资者将宁愿到二级市场上购买股票，也不愿意购买增发股票，上市公司将撤回向证监局募股融资申请，定向增发新股不能获得成功。因此，某些大股东为了保证定向增发的成功，会在审批过程中进行向上的盈余操纵，提高公司的业绩，抬高股票价格，使定向增发新股时股票市场价格远高于定价基准日价格。

应该进行何种方式的盈余管理？如何权衡选择盈余管理方式，取决于两种盈余管理方式给大股东带来的成本与收益。假定采用两种盈余管理方式都能达到相同利润操纵的目的，即给大股东带来收益相同情况下，主要取决于两种方式成本。成本指上市公司实施盈余管理所面临的诉讼风险与被监管成本，由外部投资者保护环境以及公司治理水平决定。现有文献为本研究提供理论方面的指导，罗约夫德里（Roychowdhury，2006）、谢德仁（2011）认为随着会计准则不断完善以及上市公司监管力度加强，企业盈余管理方式会从应计盈余管理转向真实盈余管理。科恩和艾耶莎（Cohen and Aiyesha，2008）、萨里等（Sari et al.，2010）就亚洲 7 个国家的资本市场环境进行比较研究发现：投资者保护水平越高的国家，上市公司会采用更加隐蔽的真实盈余管理逃避监管部门惩罚。丁方飞等人（2013）就盈余管理是否会被相关利益方识别进行研究，认为应计盈余管理很容易被识别，机构投资者与监管机构在进行投资和监管决策中会考虑上市公司应计盈余管理行为。尤其是近年来，我国法律法规以及会计准则、制度不断健全完善，投资者保护环境日益改善。2014 年 6 月，7 项新会计准则的修订、颁布与实施，使得上市公司通过应计盈余管理操纵利润的难度进一步加大，并且采用该种盈余管理方式将面临更大的诉讼风险与被监管成本，部分上市公司转向隐蔽性更强的真实盈余管理。因此，随着投资者保护环境的日益改善，会计准则的日益健全，上市公司转向真实盈余管理。在此基础上，本章提出假设 H6 - 2。

H6 - 2：增发新股审批过程中上市公司通过真实盈余管理向上操纵盈余。

6.2 数据来源及研究设计

本章研究步骤如下：第一，计算基准日在 2014 年第三季度定向增发公司的盈余管理。采用截面修正琼斯模型和参照罗约夫德里（Roychowdhury，2006）方法分别计算全部上市公司 2013 年第四季度到 2014 年第四季度的应计盈余管理与真实盈余管理，从中确定定向增发公司各季度的盈余管理数据。第二，寻找配对样本。采用倾向得分匹配方法为 2014 年第三季度的定向增发公司从非定向增发公司中寻找配对样本，然后从全部上市公司中确定配对样本各季度的盈余管理数据。第三，采用双倍差分法进行多元线性回归分析，分析定向增发基准日前后的盈余管理问题。

6.2.1　数据来源

本章定向增发公司增发过程中日期确定来源于万德（Wind）数据库，其他财务数据来源于色诺芬（CCER）数据库，在运用模型计算盈余管理时，剔除以下样本：第一，剔除金融行业上市公司样本；第二，剔除存在异常值或缺失值的样本，如发现某公司在某一个季度存在异常与缺失样本就把该公司从样本中剔除；第三，计算盈余管理，需要分季度分行业回归，如果某季度某行业样本数目少于 10 个，就不再对该行业进行回归计算。为了降低离群值对估计结果的影响，本章对关键变量进行了 1% ~ 99% 的 Winsor 缩尾处理。剔除之后总共有 2194 家上市公司，5 个季度的数据，共 10970 个样本。

本章对基准日在 2014 年第 3 季度的定向增发公司样本进行剔除：第一，剔除异常值或缺失值样本；第二，如果该公司在研究期间同时进行了配股或者公开发行新股，剔除该样本；第三，为定向增发公司寻找配对样本时，必须是在研究期间没有进行定向增发的公司中选择。最后确定定向增发公司样本数为 144 个，其中，只向大股东增发的样本 54 个，只向机构投资者增发的样本 90 个。非定向增发公司样本 144 个，共 288 个样本作为研究对象。

6.2.2　盈余管理程度的度量

对于应计盈余管理程度的度量，本章采用截面修正的琼斯模型，分季度分行业进行回归分析，回归采用的行业分类是《证监会行业分类指引》划分标准中，除金融行业外共 12 个大类。计算出各变量的参数，然后把参数代入模型，计算出非可操纵应计利润与可操纵应计利润，用可操纵应计利润作为应计盈余管理程度的度量指标，应计盈余管理用 DSM 表示。

对于真实盈余管理程度的度量，本章参照罗约夫德里（Roychowdhury, 2006）方法，将真实盈余管理划分为销售操控、成本操控与费用操控三类。销售操控表现为通过放宽信用条件或扩大折扣条件，促进商品销售，使得单位销售给公司带来的现金流量减少；成本操控表现为公司过量生产所带来的规模效应使得单位销售成本降低，公司生产成本增加；费用操控表现为减少公司的研发、广告费等支出，使得酌量性费用减少。因此，公司将通过减少现金流量、过度生产、减少费用支出方式进行盈余操纵，增加企业利润。在度量盈余管理时，分季度分行业度量公司正常的经营现金净流量、正常生产成本与正常酌量性费用，用实际值减去正常值为异常值，异常值是模型的残差项，本章分别用 UnCFO、UnPROD 和 UnDISC 代表异常经营现金净流量、异常生产成本和异常酌量性费用，分别表示销售操控、成本操控与费用操控下的盈余管理方式，上市公司可能会同时进行三类操控方式，因此设定了综合性指标，参见式（6.1）。

$$TSM_t = (-1) \times UnCFO_t + UnPROD_t + (-1) \times UnDISC_t \qquad (6.1)$$

其中，TSM_t 表示公司 t 季度的真实盈余管理综合指标。指标为负，说明公司进行了向下的盈余操纵；指标为正，代表公司进行了向上的盈余操纵；指标偏离零值越大，说明公司进行盈余管理程度越大。

6.2.3 倾向得分匹配法与双倍差分法

6.2.3.1 倾向得分匹配法[①]

以往学者为定向增发选取配对样本时是按照行业、年度和公司规模指标选取[②]，先按年度、行业选取，然后根据公司规模从非定向增发公司中选择离定向增发公司距离最短的一家公司作为配对样本。该种方法没有考虑到影响定向增发的其他公司特征变量，也无法克服自选择与内生性问题，本章采

[①] 郭申阳，马克·W.弗雷泽. 倾向值分析：统计方法与应用［M］. 重庆：重庆大学出版社，2012：1-223.

[②] 章卫东. 定向增发新股与盈余管理［J］. 管理世界，2010（1）：54-63.

用倾向得分匹配法寻找配对样本可以克服以上不足。

上市公司是否定向增发并不是随机分布的，而是由公司规模、财务杠杆、资本支出等公司特征变量决定的自选择过程，而且这些因素同时影响上市公司定向增发选择与盈余管理。所以，很难区分是上市公司定向增发引发了盈余管理还是进行盈余管理的公司更可能进行定向增发。为了准确了解定向增发对盈余管理的影响，本章构造了反事实，比如对于一个上市公司，在假设影响上市公司是否进行定向增发因素不变的情况下，盈余管理水平会有怎样的改变？假设一家上市公司同时进行定向增发，寻找与定向增发公司特征相类似样本，但该公司没有进行定向增发，然后，将两类样本进行比较，分析盈余管理的差异。

本章构建是否进行定向增发的 Logit 模型，同时把影响上市公司是否进行定向增发与影响盈余管理因素的协变量都包含进来，从而预测上市公司进行定向增发的概率得分，参见式（6.2）。

$$Logit(PPL=1) = \beta_0 + \beta_1 \ln(size) + \beta_2 LEV + \beta_3 CE + \beta_4 ind + \varepsilon \quad (6.2)$$

其中，因变量 PPL 表示是否进行定向增发的虚拟变量；自变量 ln（size）、LEV、CE 和 ind 分别代表公司规模、财务杠杆、资本支出和行业分类，这些自变量是上市公司决定定向增发前就已经确定的，不会受到是否进行定向增发的影响。计算出全部上市公司在增发季度是否进行增发的概率值后，利用最近邻匹配法，采用 1 配 1 的方式挑选出与定向增发公司匹配的样本。

6.2.3.2　双倍差分法①

双倍差分法常用于评估政策的净效果，在各个领域受到广泛使用，定向增发作为上市公司的一个重大事件，同样可以运用该方法评估其效应。本章在控制其他因素情况下，比较定向增发公司与非定向增发公司是否有明显的盈余管理现象。一般上市公司在半年之前就有进行定向增发的意图和打算，因此，假定定向增发基准日前的第三个季度（2013 年第四个季度）为事前组，用［0］表示；证明假设 H6 - 1 时，事后组是增发基准日前的第二季度（2014 年第一季度），用［1］表示；证明假设 H6 - 2 时，事后组还包括基准

---

①　万海远，李实. 户籍歧视对城乡收入差距的影响［J］. 经济研究，2013（9）：43 - 54.

日所在的季度和基准日后的第一个季度，即 2014 年第 1～4 个季度，用 [1，4] 表示。事前组中所有的上市公司都没有计划进行定向增发；事后组中假定定向增发的公司为处理组，非定向增发的公司为控制组，处理组中的类型是事前是非定向增发公司，事后进行了定向增发，控制组的类型是事前、事后都没有进行定向增发，根据以上的思路，本章构造了式（6.3）。

$$ATT_{DID} = E(SM_1^t - SM_0^t \mid PPL = 1) - E(SM_1^c - SM_0^c \mid PPL = 0) \qquad (6.3)$$

其中，PPL 表示是否定向增发的虚拟变量，1 代表上市公司进行了定向增发，0 代表没有进行定向增发，t 代表定向增发公司，c 代表非定向增发公司，SM_0 表示事前组的盈余管理，SM_1 表示事后组的盈余管理。等式右面两项差值分别是定向增发公司与非定向增发公司盈余管理的第一次差分，从而消除自身变化趋势；两项的再次差值就是定向增发这一重大事件对盈余管理的净效应。

6.2.4 基于双倍差分法的实证模型

本章通过倾向得分匹配法为定向增发公司选取配对样本后，构造了基于双倍差分法的实证模型，为了全面分析盈余管理水平，本章在模型中加了控制变量，参见式（6.4）。

$$SM = \beta_0 + \beta_1 \times PPL + \beta_2 \times TIME + \beta_3 \times PPL \times TIME + \beta_4 \times ROA + \beta_5 \times$$
$$ATU + \beta_5 \times LEV + \beta_6 \times \ln(size) + \beta_7 \times CE + \beta_8 \times GROW +$$
$$quar\_dummies + \varepsilon \qquad (6.4)$$

其中，因变量为 SM，表示盈余管理水平；自变量为 PPL、TIME 与 PPL × TIME，PPL 表示是否进行定向增发的虚拟变量，定向增发的公司取 1，非定向增发的公司取 0；TIME 是时间虚拟变量，事前组取 0，事后组取 1。系数 β_1 是定向增发与非定向增发公司不随时间变化所表现的盈余管理差异；β_2 是随时间变化所表现的盈余管理差异，β_3 是交乘项的系数，表示为相对于非定向增发而言，定向增发盈余管理所体现的净效果。控制变量包括：ROA、ATU、LEV、ln（size）、CE、GROW 和 quar_dummies，各变量对盈余管理影响预期如下。

ROA 表示资产净利润，公司业绩越好，越注重名誉与长期价值，出于会计稳健性考虑，进行盈余管理程度降低，本章预测 ROA 与 SM 负相关。

ATU 表示资产周转率，资产周转率越好，流动资金相应增多，公司进行利润操纵空间越大，本章预测 ATU 与 SM 正相关。

LEV 表示偿债率，罗付岩（2015）认为 LEV 越高，公司债务越多，面临着强制性契约的企业具有更大动机与压力进行盈余操纵，提高公司利润，避免违背债务约定；但沃茨（Watts，2003）认为债务越多，受到债务人的约束越大，公司会从会计稳健性角度考虑，减少对利润的操纵。因此，LEV 与 SM 的关系不确定，取决于两者作用的大小。

ln（size）表示公司规模，沃茨和齐默曼（Watts and Zimmerman，1990）认为规模越大，由于规模效应的存在，公司获得规模效益越容易；但公司治理难度加大，代理水平越严重，进行盈余管理动机越强；但相比小规模公司，公司规模越大，受到外部的关注与监督也会越多，盈余管理程度减少。因此，ln（size）与 SM 关系不确定。

CE 表示资本支出，弗朗西斯等（Francis et al.，1999）认为 CE 与 SM 负相关，资本支出增加，固定资产、无形资产与其他非流动资产增加，相应的折旧与摊销费用增加，公司有更小的利润操纵空间，利润总额减少，本章预测 CE 与 SM 负相关。

GROW 表示公司的成长性，罗付岩（2015）认为成长性越高的公司越有可能进行向上的盈余管理以避免业绩下降，本章预测 GROW 与 SM 正相关。另外，本章对 quar_dummies 季度进行了控制，以 2010 年为基准，若样本归属于当年，则 quar_dummies 为 1，否则为 0。定向增发对盈余管理影响相关变量说明参见表 6.2。

表 6.2   **定向增发盈余管理相关变量说明**

变量名称	变量符号	变量说明
因变量	SM	盈余管理，包括应计与真实的盈余管理
	DSM	应计盈余管理，用截面修正的琼斯模型表示
	TSM	真实盈余管理，参照罗约夫德里（Roychowdhury，2006）方法，用销售操控、成本操控与费用操控下综合指标表示
自变量	PPL	是否进行定向增发的虚拟变量，定向增发公司取 1，非定向增发公司取 0
	TIME	时间虚拟变量，事前组，取 0 即 [0]，事后组，取 1 即 [1，2] 或 [1，4]
	PPL × TIME	交乘项，评估政策效果即定向增发对盈余管理影响的净效应

续表

变量名称	变量符号	变量说明
控制变量	ROA	资产利润率，用净利润/总资产表示
	ATU	资产周转率，用营业收入/平均总资产表示
	LEV	负债率，用负债/资产表示
	ln（size）	公司规模，用总资产的自然对数表示
	CE	资本支出，用固定资产、无形资产与其他非流动资产总额/资产总额表示
	GROW	公司成长机会，用营业收入增长率表示

6.3　实证检验

6.3.1　倾向得分匹配质量统计检验

在得到上市公司进行定向增发的概率值后，需要进行平衡性检验，主要检验影响是否定向增发的三个变量和倾向得分值在定向增发公司与非定向增发公司之间是否存在显著差异。在条件外生假定前提下，两者之间应该没有显著差异，表6.3是倾向得分匹配单变量质量检验，可以看出与未匹配的样本相比，匹配上的样本 ln（size）、LEV 与 CE 指标标准差分别为3.51%、6.02%和4.1%，偏差分别降低了81.45%、78.64%和83.63%；从双 T 检验

表6.3　　　　　　　　　　倾向得分匹配单变量质量检验

变量	样本	标准差%	双 T 检验	
			t 值	p 值
ln（size）	未匹配	18.87	−1.68	0.092
	匹配上	3.51	0.16	0.857
LEV	未匹配	28.09	6.41	0
	匹配上	6.02	−0.21	0.879
CE	未匹配	25.05	4.63	0
	匹配上	4.1	0.6	0.569

p 值看，匹配之前样本之间存在明显差异，匹配之后定向增发公司与非定向增发公司各变量之间不存在显著差异，说明采用倾向得分匹配方法选择配对样本效果比较好。表 6.4 是倾向得分匹配整体模型检验，未匹配样本的 R^2 值为 0.232，匹配上样本的 R^2 值为 0.035，未匹配样本明显大于匹配样本，说明进行配对样本选择之后，两样本之间的差异减少，两样本匹配效果比较好；从 P 值看，配对样本选取之后，倾向得分概率分布不存在明显差异，也说明两样本匹配效果比较好。

表 6.4　　　　　　　　　　倾向得分匹配整体模型检验

整体评价	R^2	LRchi^2	P > chi^2
未匹配	0.232	325.96	0.001
匹配上	0.035	19.67	0.768

6.3.2　双倍差分单变量均值比较

本章分别采用截面修正的琼斯模型与罗约夫德里（Roychowdhury，2006）方法按季度计算 2013 年第四季度～2014 年第四季度全部上市公司应计盈余管理与真实盈余管理，从中确定定向增发公司与非定向增发公司的盈余管理。按照增发对象的不同，进行定向增发公司与非定向增发公司盈余管理均值比较，结果参见表 6.5；表中 ［0］代表 2013 年第四季度，即事前组；［1］代表基准日前的第二个季度，即 2014 年第一个季度事后组；［1，2］代表基准日前的第一和第二季度事后组，即 2014 年前两个季度；［1，3］代表前三个季度事后组；［1，4］代表全年事后组。［1－0］代表 2014 年第一季度事后组与事前组盈余管理的均值差；［1，2］－［0］代表基准日前两个季度事后组与事前组盈余管理的均值差，以此类推。双倍差分法第一次差分是事后组与事前组盈余管理的差分，第二次差分是定向增发与非定向增发公司盈余管理的差分。

向大股东增发时，向大股东定向增发样本与配对样本 DSM 双倍差分是定向增发的盈余管理净效果，从 ［1］和 ［1，2］看，二次差分 DSM 在 0.05 水平上存在显著差异，说明了向大股东定向增发时，上市公司在基准日前的第二个季度就存在向下进行应计盈余管理的动机。从 ［1，3］和 ［1，4］看，两样本 DSM 的两次差分都不存在显著差异，说明随着 2014 年 6 月新会

表6.5　　　　　　　　　　不同增发对象盈余管理双倍差分分析

指标	增发对象	一次差分			
		[1] − [0]	[1, 2] − [0]	[1, 3] − [0]	[1, 4] − [0]
DSM	向大股东增发	− 0. 0267 *	− 0. 0167 **	− 0. 0003	− 0. 0066
	配对样本	− 0. 0043	− 0. 0092	− 0. 019	− 0. 0152
	二次差分	− 0. 0224 **	− 0. 0075 **	0. 0187	0. 0086
TSM	向大股东增发	− 0. 1489 **	− 0. 3138 **	− 0. 0141 *	0. 0157 **
	配对样本	− 0. 0391	− 0. 0449	− 0. 0473	− 0. 0392
	二次差分	− 0. 1098 *	− 0. 2689 ***	0. 0332 *	0. 0549 **
DSM	向机构投资者增发	0. 0105 *	0. 0352 **	0. 0066	− 0. 0005
	配对样本	− 0. 016	− 0. 0124	− 0. 0064	− 0. 0035
	二次差分	0. 0265 *	0. 0476 **	0. 013	0. 003
TSM	向机构投资者增发	0. 1031 **	0. 2133 ***	0. 221 **	0. 315 *
	配对样本	− 0. 0287	− 0. 0397	− 0. 0454	− 0. 0436
	二次差分	0. 1318 **	0. 253 **	0. 2664 ***	0. 3586 ***

注：* 、 ** 、 *** 分别表示在0. 1、0. 05、0. 01 水平上显著。

计准则的颁布与实施，会计准则的完善，上市公司通过会计政策、会计估计等进行账面利润调整明显得到抑制。从 TSM 看：向大股东增发时，二次差分均值分别为 − 0. 1098、− 0. 2689、0. 0332、0. 0549，基准日前显著为负，基准日后显著为正，说明了有上市公司在定向增发基准日前的第二个季度存在向下的真实盈余管理动机，基准日后大股东为了保证定向增发的成功实施，转变为向上的盈余操纵，盈余管理方式也改变为更为隐蔽的真实盈余管理。

向机构投资者增发时，在基准日前 DSM 两次差分均值差分别为 0. 0265、0. 0476，TSM 两次差分分别为 0. 1318、0. 253，都显著为正，说明了上市公司为了募集更多资金，在基准日前，同时使用两种盈余管理方式进行向上盈余操纵，提高定向增发股票价格；从基准日所在季度和基准日之后季度看，DSM 两次差分不显著为正，TSM 在 0. 01 水平上显著为正，说明基准日之后，由于会计准则的颁布实施，应计盈余管理操纵空间减少，同时真实盈余管理方式又很难为监管当局察觉，操纵更为方便，成本比较低，因此，上市公司将盈余管理方式转为真实盈余管理。

6.3.3 基准日前盈余管理多元线性回归分析

为了全面分析定向增发对盈余管理影响，将控制变量加入模型进行多元线性回归分析，事前组确定为 2013 年第四季度，事后组为 2014 年第一季度，以此证明假设 H6-1、H6-1a、H6-1b。回归结果参见表 6.6。进行 VIF 测试，值小于5，说明各自变量之间没有多重共线性；R^2 值也比较大，说明自变量解释力比

表 6.6 　　　　　　定向增发基准日前的盈余管理多元回归分析

变量	向大股东增发		向机构投资者增发	
	DSM	TSM	DSM	TSM
β_0	0.0652 *** (3.425)	0.5038 *** (4.027)	0.2130 *** (3.5508)	0.2759 *** (3.0866)
TIME	-0.0573 * (-1.9084)	-0.1651 * (-1.721)	0.0370 * (1.8285)	0.0833 * (1.7398)
PPL	0.0321 * (1.87)	0.0705 * (1.786)	-0.0199 * (-1.8396)	-0.0392 * (-1.9131)
PPL × TIME	-0.0765 * (-1.9425)	-0.2907 ** (-2.0861)	0.0152 * 1.6209	0.0395 *** (2.8723)
ROA	-0.7172 *** (-3.3358)	-1.2888 * (-1.8763)	-0.1743 * (-1.8855)	-2.4025 *** (-6.2286)
ATU	0.1183 *** (3.3614)	0.0709 (0.631)	0.0862 *** (2.9243)	0.0397 *** (2.7286)
LEV	0.0770 * (2.0021)	0.0492 ** (2.400)	0.0856 ** (2.2682)	0.0269 ** (2.386)
ln（size）	-0.00039 (-0.0532)	0.0327 (1.3853)	-0.0061 (-0.941)	0.0210 (1.3758)
CE	-0.0024 * (-1.6012)	-0.0725 ** (-2.135)	-0.0414 ** (-2.4013)	-0.0705 ** (-2.2134)
GROW	0.0014 (0.1465)	0.0216 * (1.707)	0.0072 * (1.7344)	0.0132 * (1.6248)
N	216	216	360	360
R-squared	0.600	0.522	0.393	0.573
F-statistic	10.814	6.956	2.917	7.277
Prob（F-statistic）	0.000	0.000	0.004	0.000

注：*、**、***分别表示在 0.1、0.05、0.01 水平上显著，括号内为 T 值。

较强；F 值比较大且显著，说明模型设置比较合理。从变量回归结果看：当向大股东增发时，TIME 对 DSM 与 TSM 回归系数分别为 -0.0573，-0.1651，在 0.1 水平上显著为负，说明除定向增发之外的因素使得上市公司盈余管理在事件前后显著下降；PPL 对 DSM 与 TSM 回归系数分别为 0.0321、0.0705，在 0.1 水平上显著为正，说明除定向增发之外的因素使得定向增发公司盈余管理水平比非定向增发公司明显增加；PPL × TIME 对 DSM、TSM 回归系数分别为 -0.0765、-0.2907，在 0.1 水平上显著为负，说明定向增发事件对上市公司盈余管理影响净效应显著为负。当向机构投资者增发时，TIME 对 DSM 与 TSM 回归系数分别为 0.0370、0.0833，在 0.1 水平上显著为正，说明除定向增发之外的因素使得上市公司盈余管理在事件前后显著上升；PPL 对 DSM 与 TSM 回归系数分别 -0.0199、-0.0392，在 0.1 水平上显著为负，说明除定向增发之外的因素使得定向增发公司盈余管理水平比非定向增发公司明显减少；PPL × TIME 对 DSM、TSM 回归系数分别 0.0152、0.0395，分别在 0.1、0.01 水平上存在显著差异，说明了定向增发事件对上市公司盈余管理影响的净效应显著为正，与假设 H6 − 1、H6 − 1a、H6 − 1b 相符。上市公司定向增发时同时使用两种盈余管理方式进行盈余操纵，向原有大股东定向增发时，大股东会在确定增发价格前的半年内进行向下的盈余操纵，降低增发新股价格；向机构投资者增发时，进行向上的盈余操纵，提高股票价格，募集更多资金，增厚大股东财富。

从控制变量看：LEV 系数显著为正，说明公司债务越多，面临偿债压力越大，为了缓解与避免债务性契约约束，有更大动机进行盈余操纵，提高利润；公司规模与盈余管理回归系数不显著，一方面说明规模越大，公司治理难度越大，上市公司进行盈余管理动机越强；另一方面，规模越大，受到外界关注也越多，上市公司盈余管理水平会受到一定的抑制，在两种效应共同作用下，公司规模与盈余管理系数不显著。ROA、ATU、CE、GROW 回归系数符号与本章预期一致。

6.3.4 基准日后盈余管理多元线性回归分析

为了证明假设 H6 − 2，本章对基准日后盈余管理进行了多元回归分析，事前组确定为 2013 年第四季度，事后组为 2014 年第一到第四季度，将控制变量加入模型采用双倍差分法进行回归分析，以此证明假设 H6 − 2，回归结果参见

表6.7。进行 VIF 测试，值小于5，说明各自变量没有多重共线性；R^2比较大，说明各变量解释力比较强；F 值比较大且非常显著，说明模型拟合效果好。从回归结果看，无论是向大股东增发还是向机构投资者增发，PPL × TIME 与

表6.7 定向增发基准日后的盈余管理多元回归分析

变量	向大股东增发		向机构投资者增发	
	DSM	TSM	DSM	TSM
β_0	0. 2002 * (1. 7327)	− 0. 4561 (− 1. 3895)	0. 3847 *** (4. 1022)	− 0. 0919 (− 0. 5649)
TIME	− 0. 0930 (− 1. 0602)	− 0. 0929 ** (− 2. 1462)	0. 0006 (1. 1405)	0. 0624 ** (2. 3925)
PPL	− 0. 0406 ** (− 2. 2628)	0. 0635 * (1. 8182)	− 0. 0213 * (− 1. 6614)	− 0. 0352 * (− 1. 7074)
PPL × TIME	0. 0423 (1. 1184)	0. 0842 ** (2. 0507)	0. 0229 (1. 0273)	0. 0458 * (1. 7238)
ROA	0. 5122 *** (3. 3509)	2. 2577 *** (5. 0748)	0. 6882 *** (5. 5447)	1. 6017 *** (7. 4430)
ATU	0. 1638 *** (6. 8492)	0. 0497 * (1. 8212)	0. 0665 *** (3. 7998)	0. 0419 * (1. 8800)
LEV	0. 0614 ** (2. 1621)	0. 1092 * (1. 7585)	0. 1236 *** (4. 7858)	0. 0404 ** (1. 9006)
ln （size）	− 0. 0047 (− 0. 8432)	0. 0307 * (1. 9228)	− 0. 0161 *** (− 3. 6251)	0. 0091 (1. 1872)
CE	− 0. 0087 (− 0. 5981)	− 0. 0921 ** (− 2. 2055)	− 0. 0510 *** (− 4. 2979)	− 0. 0527 ** (− 2. 5598)
GROW	0. 0004 (1. 2712)	0. 0027 * (1. 7584)	0. 0134 *** (2. 6605)	0. 0067 * (1. 7735)
quar_dummies	控制	控制	控制	控制
N	540	540	900	900
R-squared	0. 393	0. 382	0. 407	0. 477
F-statistic	10. 291	8. 212	16. 434	24. 340
Prob （F-statistic）	0. 000	0. 000	0. 000	0. 000

注：*、**、*** 分别表示在0.1、0.05、0.01 水平上显著，括号内为 T 值。

DSM 回归系数不显著为正，与 TSM 回归系数分别为 0.0842、0.0458，分别在 0.05 与 0.1 水平上显著为正，由于定向增发基准日到定向增发开始一般需要 6 个月左右的时间，某些上市公司原有大股东为了保证增发的成功实施，在此期间进行了向上的盈余操纵，提高公司股价，使得定向增发发行价格远低于发行时股票的市场价格；另外，新会计准则的颁布实施，导致上市公司进行应计盈余管理操纵空间减少，转向更为隐蔽的真实盈余管理。

6.4   稳健性检验

为了证明结论是稳健的，事后组分别确定在 [1]、[1, 2]、[1, 3]、[1, 4] 情况下，根据式（6.4）进行多元回归分析，可以动态看出定向增发公司盈余管理变化，回归分析结果参见表 6.8，从 DSM 与 PPL × TIME 回归系数可以看出，[1]、[1, 2] 回归系数显著，但 [1, 3]、[1, 4] 回归系数不显著，说明了随着我国法律、法规的日益健全，尤其是新会计准则的颁布实施，通过应计盈余管理进行操纵受到一定限制，使得回归结果由显著变为不显著。

表 6.8   2014 年各季度定向增发盈余管理双倍差分系数检验

事后组	样本	DSM 与 PPL × TIME	TSM 与 PPL × TIME
[1]	向大股东增发	− 0.0765 * (− 1.9425)	− 0.2907 ** (− 2.0861)
	向机构投资者增发	0.0152 * (1.6209)	0.0395 *** (2.8723)
[1, 2]	向大股东增发	− 0.0458 ** (− 2.5138)	− 0.0874 *** (− 2.8643)
	向机构投资者增发	0.0190 ** (1.9871)	0.0500 ** (2.4135)
[1, 3]	向大股东增发	0.0561 (0.7842)	− 0.0632 * (− 1.7680)
	向机构投资者增发	0.0179 (0.7590)	0.0352 * (1.7835)
	全样本	0.0352 (0.6759)	0.0473 * (1.8347)

续表

事后组	样本	DSM 与 PPL × TIME	TSM 与 PPL × TIME
[1, 4]	向大股东增发	0.0423 (1.1184)	0.0842 ** (2.0507)
	向机构投资者增发	0.0229 (1.0273)	0.0458 * (1.7238)
	全样本	0.0294 (1.0951)	0.0579 * (1.8717)

注: *、**、*** 分别表示在 0.1、0.05、0.01 水平上显著,括号内为 T 值。

从 TSM 与 PPL × TIME 回归系数可以看出,在向大股东增发时,[1]、[1, 2] 系数分别为 -0.2907、-0.0874,分别在 0.1、0.01 水平上显著为负;在向机构投资者增发时,[1]、[1, 2] 系数分别为 0.0395、0.0500,分别在 0.01、0.05 水平上显著,说明了向大股东增发时,上市公司在基准日前的第二个季度进行了向下的应计盈余管理与真实盈余管理,这正与本章结论相符;从 [1, 3]、[1, 4] 回归结果看,向机构投资者增发时 TSM 与 PPL × TIME 回归系数显著为正,向大股东增发时回归系数在 [1, 3] 显著为负,在 [1, 4] 系数为 0.0842,在 0.05 水平上存在显著差异,说明定向增发基准日之后,上市公司采取了真实盈余管理方式向上操纵利润,目的是避免发行失败,这与本章结论相符。

6.5 研究结论与建议

本章以定向增发作为研究对象,分析定向增发不同阶段大股东操控下的上市公司盈余管理方式权衡与选择,主要采用倾向得分匹配方法寻找配对样本,利用双倍差分法进行回归分析,得出如下结论:有上市公司在定向增发基准日前进行了应计与真实的盈余管理;当向原有大股东定向增发新股时,上市公司在定向增发基准日前进行向下的盈余操纵;当向机构投资者定向增发新股时,在定向增发基准日前进行向上的盈余操纵。同时研究发现,上市公司在基准日之后,盈余管理方式发生改变,主要通过真实盈余管理方式向上操纵盈余。

股权高度集中是盈余管理的根本原因,定向增发在集中股权结构下主要体现大股东意志,大股东出于自利动机,通过盈余管理方式,操纵股价,进行利益输送。要想改变目前现状，需从以下方面做起：第一，深化混合所有制改革，优化股权结构。党的十八届三中全会提出我国要进行混合所有制改革，允许国有与民营企业相互参股，鼓励我国上市公司引入战略投资者，如今是混合所有制改革提出的第二年，必须制定相应政策，深化混合所有制改革，才能优化上市公司股权结构，改变我国股权结构"一股独大"现状。第二，本章基于定向增发整个过程详细分析了大股东操纵下盈余管理时间、方式及方向，有助于监管部门与审计机构加强对盈余管理行为的监管。另外，由于真实盈余管理更具有隐蔽性，很难为相关部门察觉，应当在不断完善相应法律、法规的同时，提高公司内部治理水平与完善内部控制制度，抑制真实盈余管理行为。第三，目前，很多上市公司将董事会公告日作为定向增发基准日并不妥当，由于董事会公告日距离增发发行日，一般需要半年多时间，基于董事会公告日确定的股票发行价格远远偏离增发日股票市价，这违背了新股发行定价市场化的原则，也方便了大股东通过盈余管理操纵股价进行利益输送，因此，应选择将距离股票发行最近的发行前董事会召开日确定为定价基准日。

第7章 定向增发、盈余管理与长期股票收益

自中国证券监督管理部门于2006年5月6日颁布《上市公司证券发行管理办法》起，定向增发逐渐成为上市公司股权再融资的主流方式。学者们普遍认为，一些上市公司在定向增发之后股权更加集中，大股东会采取大量减持股票、高额分红、关联交易等方式进行利益输送，侵害中小股东的利益。目前，学界对于定向增发盈余管理的研究甚少，且没有取得一致意见。那么，上市公司定向增发过程中是否存在盈余管理行为？如果存在，其动机是什么，又会带来什么后果？本章对定向增发盈余管理行为进行研究，一方面，能为证券监管部门完善相关政策规定提供有益参考，以此抑制大股东的利益输送行为，更好地保护中小股东。另一方面，由于机构投资者很难对上市公司的盈余管理问题做出准确判断，这就导致定向增发中的盈余管理行为难以被阻止。因此，本研究也有助于促进机构投资者更好地发挥公司治理作用。

本章在理论研究上的拓展主要体现在：第一，一些国外学者，如赫(He，2011)研究了不同融资方式的盈余管理与长期股票收益的关系，而国内学者则更多关注盈余管理与会计业绩的关系，如陆正飞和魏涛(2006)、王良成等(2010)。本章结合我国实际情况，深入研究了盈余管理与股票收益的关系。第二，洛克伦和里特尔(Loughran and Ritter，1997)、赫茨尔等(Hertzel et al.，2002)通过分析盈余管理与长期股票收益的关系后指出，定向增发之后上市公司的股票收益会下降，但该结论是否符合我国的实际还有待于进一步考证。本章在与非定向增发公司对比分析的基础上，探讨定向增发公司盈余管理与长期股票收益的关系，考察盈余管理对长期股票收益的影响。

7.1　理论分析与研究假设

我国监管部门对于 IPO、配股、公开增发新股的公司业绩（ROE）有明确的要求①，上市公司业绩必须达到一定标准后才能获得再融资资格，监管部门的政策性规定直接诱发上市公司的盈余管理行为。蒋义宏等人（1998）发现，上市公司在配股前会进行向上盈余操纵，目的是提高 ROE 指标以达到获取配股的资格。陈小悦（2000）、黄新建（2004）、陆正飞和魏涛（2006）也都得出类似的结论。但是定向增发新股条件比较宽松，对 ROE 指标没有要求，在这种条件下，上市公司是否存在盈余管理行为？如果存在，其动机又是什么？国内外学者就此开展了深入的研究，巴克利等（Barclay et al.，2007）、布伦南和弗兰克斯（Brennan and Franks，1997）、菲尔德和希恩（Field and Sheehan，2004）、吴（Wu，2004）均认为，定向增发存在盈余管理动机，机构投资者对上市公司没有起到监视作用，机构投资者的表现是消极的，增发新股之后公司价值会下降。章卫东（2010）通过对定向增发对象进行分类后研究发现：当向控股股东增发时，上市公司会在增发前一年进行负向盈余管理；当向机构投资者进行增发时，会在增发前一年进行正向盈余管理，也就是说，对控股股东进行定向增发的价格要低于机构投资者。郑琦（2009）在对定向增发发行对象进行分组后，分析了各组前后 11 个季度的盈余管理情况，结果发现：当向大股东发行股份时，发行前没有操纵利润；当向机构投资者发行时，增发前后都进行了盈余管理。朱红军等（2008）、李文兴等（2012）分别选取驰宏锌锗和北京银行为案例，得出上市公司通过盈余管理进行利益输送行为的动机。鉴于学者对定向增发盈余管理的研究还存在争议，本章在借鉴已有研究的基础上，结合我国实际，通过与非定向增发公司进行对比分析，深入研究了定向增发过程中的盈余管理行为。

定向增发是向特定的投资者增发股票的一种股权再融资方式，增发之后上市公司股权更加集中，集中股权结构下上市公司决策更多体现为大股东的

---

① 对于配股的要求：2001 年要求上市公司在配股前 3 年加权平均 ROE 平均不低于6%，2006 年取消了对配股 ROE 的要求。对于公开发行新股的要求：2006 年 5 月 8 日起实施的《上市公司证券发行管理办法》规定，上市公司在公开发行新股前 3 年加权平均 ROE 平均不低于6%，扣除非经常性损益后的净利润与扣除前的净利润相比，以低者作为加权平均净资产收益率的计算依据。

利益。定向增发发行对象主要包括大股东和机构投资者。大股东参与定向增发的主要目的在于维持控股地位、资产注入等；当向机构投资者增发时，上市公司在定向增发前有动机进行盈余管理以提高业绩，为的是提高股票价格。股票价格越高，上市公司募集到的资金越多，每股净资产增厚越多，大股东在定向增发新股中的财富增值效应也就越大。

在此，我们通过理论模型对定向增发前后大股东财富变化进行分析。

首先，假定向增发前上市公司发行股份总数为 N_0，控股大股东拥有上市公司股份比例为 A；当上市公司向机构投资者增发股票时，实际募集的总股份数量为 N_1。

然后，设上市公司定向增发前的价格为 P_0，定向增发发行价格为 P_1。则定向增发之前上市公司总价值为：

$$VAL_0 = P_0 \times N_0$$

定向增发前大股东拥有上市公司的财富为：

$$DVAL_0 = A \times P_0 \times N_0$$

定向增发后上市公司总价值为：

$$VAL_1 = P_0 \times N_0 + P_1 \times N_1$$

定向增发后大股东拥有上市公司的财富为：

$$DVAL_1 = \left[(A \times N_0) \div (N_0 + N_1) \right] \times VAL_1$$
$$= \left[(A \times N_0) \div (N_0 + N_1) \right] \times (P_0 \times N_0 + P_1 \times N_1)$$

最后，上市公司大股东定向增发前后的财富变化为：

$$DVAL_1 - DVAL_0 = \left[(A \times N_0) \div (N_0 + N_1) \right] \times (P_0 \times N_0 + P_1 \times N_1) - A \times P_0 \times N_0$$
$$= \left[N_0 \times N_1 \div (N_0 + N_1) \right] \times A \times (P_1 - P_0)$$

从上面可以看出，在其他条件不变的情况下，当 $P_1 > P_0$ 时，则 $DVAL_1 >$ $DVAL_0$。即上市公司向机构投资者增发时，只有定向增发价格大于增发前价格，大股东财富才会增加，所以，一些上市公司在定向增发前有通过盈余管理行为提高股票价格的动机。而自上市公司董事会做出决议之日起，到股东大会通过、证监会批准，一般需要 6~12 个月的时间，也就是说控股股东对机构投资者增发会选择在过去 6~12 个月内股价表现相对较好的时机进行。因此，上市公司盈余管理行为产生于董事会融资方案确定之日后，而在定向增发前的第二年，由于董事会还没有确定融资方案，故并不存在盈余管理行为。上市公司之所以在增发前一年有进行盈余管理的动机，是为了提高股票价格，募集更多资金。

此外，在定向增发的过程中，上市公司可能会向机构投资者传递一些无需公开的信息，并做出一定承诺，例如，为了吸引更多的机构投资者，许诺增发后公司业绩会表现出增长趋势，为此其在增发过程中可能会"粉饰"和"美化"财务报表，使公司业绩达到理想水平，从而蒙蔽外部投资者。因此，定向增发当年上市公司仍然有盈余管理动机。基于上述分析，提出以下几种假设。

H7－1：上市公司在定向增发前的第一年和当年有盈余管理动机。

对于盈余管理与长期股票收益的关系，蒂欧等（Teoh et al.，1998）指出，与首次公开发行可操纵应计相连的是发行之后的股票低收益，可操纵应计越高，发行之后的股票异常收益越低。对于定向增发、盈余管理与长期股票收益的关系，洛克伦和里特尔（Loughran and Ritter，1997）、赫茨尔等（Hertzel et al.，2002）、马尔金凯蒂等（Marcinkaityte et al.，2005）认为，相对于美国定向增发之后正的短期公告效应而言，在定向增发后两年或者更长时间内，公司股价将下滑。这主要是因为投资者在业绩较好基础上进行增发，是投资者对定向增发新股过度乐观的修正，即投资者过度乐观假说，但他们没有辨别过度乐观的来源。赫（He，2011）认为，定向增发前上市公司向上盈余操纵正是投资者过度乐观的来源，定向增发前向上盈余操纵将引起发行后长期股票收益下降。国内学者则主要关注盈余管理与会计业绩的关系，而对盈余管理与长期股票收益关系的研究鲜有涉及，如王良成等（2010）、陆正飞和魏涛（2006）等学者对公开发行和配股进行研究后认为，部分上市公司在公开发行和配股前的盈余管理将导致发行之后会计业绩下滑。

对于定向增发公司而言，其存在通过盈余管理进行利益输送的动机。根据盈余管理反转假说，上市公司提高业绩的盈余管理行为将在以后年度发生反转，导致上市公司长期股票收益下降。从短期来看，某些定向增发公司为了实现当时对机构投资者的业绩承诺，仍然会在增发之后的第一年继续粉饰报表以提高利润，表现为盈余管理与股票业绩并不显著为负；但从长期来看，盈余管理终将会在以后年度发生反转，导致长期股票收益下降。在此基础上，本章提出假设 H7－2。

H7－2：上市公司盈余管理行为将导致长期股票收益下降。

何丽梅和蔡宁（2009）研究了定向增发后 24 个月的长期股价表现，发现上市公司融资的非理性以及高折价，使得定向增发上市公司的长期持有收益率将出现恶化趋势。而邓路等（2011）认为，定向增发之后存在正的超额收益率，并且大于同行业匹配收益，从而否定了乐观主义假说，表明大股东对上市公司的支持。弗鲁克和吴（Wruck and Wu，2009）从代理理论出发提出监控假说，认为上市公司通过私募发行方式引入有动机和能力去监控发行公司管理层的积极投资者，从而可以降低经理人的代理成本，促使管理层改进公司业绩。相对于非定向增发公司而言，定向增发公司机构投资者持股比例明显增加，因为，当向机构投资者定向增发时，公司引进了新的机构投资者和战略投资者，机构投资者会主动参与上市公司治理以维护自身权益和获取长期投资收益，其会通过自身或者联合其他机构投资者等方式在股东大会、董事会上发挥其监督职能，这有利于缓解大小股东之间的代理问题，抑制大股东掏空行为，从而增厚上市公司财富，提高上市公司业绩。基于此，提出假设 H7 - 3。

H7 - 3：与非定向增发公司相比，定向增发公司盈余管理对长期股票收益的影响更小。

7.2　数 据 来 源 及 研 究 设 计

7.2.1　数据来源

本章选择 2008 年、2009 年定向增发公司作为研究对象，研究期间为 2006 ~ 2012 年。分三个步骤进行考察：第一，与非定向增发公司相比，定向增发公司在增发前的第一年、第二年和当年是否存在盈余管理动机；第二，盈余管理如何影响上市公司长期股票收益；第三，与非定向增发公司相比，定向增发公司盈余管理对长期股票收益的影响程度如何。

本章样本和财务数据来源于色诺芬（CCER）数据库，股票月度回报率来源于国泰安（CSMAR）数据库，样本进行了如下筛选：（1）剔除金融类上市公司，因为此类公司有特定的资产负债结构及经营现金流特征，盈余管理和其他类型公司之间存在显著差异；（2）剔除数据缺失或者异常的样本；

（3）剔除增发当年采用多种股权再融资方式的公司，因为如果某些上市公司在增发当年既进行公开发行又进行定向增发，或者既进行配股又进行定向增发，会受多种复杂因素干扰而影响实证结果。此外，如果公司在增发当年进行了多次定向增发，本章以首次定向增发为准。

7.2.2 盈余管理程度的估计

本章将增发当年定义为 0 年，增发前第一年定义为 -1 年，增发前第二年定义为 -2 年，对这三个年度可操纵应计利润进行研究。本章采用应计利润分离模型将总应计利润区分为非可操纵应计利润和可操纵应计利润。非可操纵应计利润是企业正常应计利润，可操纵应计利润是企业出于某种动机进行的盈余管理。对于可操纵应计利润的计算，德肖等（Dechow et al.，1995）、沙伯明（Subramanyam，1996）、巴托夫等（Bartov et al.，2000）通过对美国市场的研究，发现横截面修正的琼斯模型相比时间序列模型能够更好地估计可操纵应计利润。科塔里等（Kothari et al.，2005）在上述学者研究的基础上指出，在计算非可操纵应计利润时将上期资产收益率纳入模型中，能够更好地估计可操纵应计利润。本章采用修正的琼斯模型（考虑业绩）估计公司盈余管理。具体过程如下。

首先，计算总的应计值：

$$TA_{i,t} = (NI_{i,t} - CFO_{i,t})/A_{i,t-1} \tag{7.1}$$

其中，$TA_{i,t}$ 表示 i 公司在第 t 年的总的应计利润，$NI_{i,t}$ 表示 i 公司在第 t 年的净利润，$CFO_{i,t}$ 表示 i 公司在第 t 年经营活动产生的现金流量，$A_{i,t-1}$ 表示 i 公司在第 t -1 年末的总资产。

然后，计算非可操纵应计利润：

$$NDA_{i,t} = \beta_1(1/A_{i,t-1}) + \beta_2(\Delta REV_{i,t}/A_{i,t-1} - \Delta REC_{i,t}/A_{i,t-1}) + $$
$$\beta_3(PPE_{i,t}/A_{i,t-1}) + \beta_4 ROA_{i,t-1} \tag{7.2}$$

其中，$NDA_{i,t}$ 表示 i 公司第 t 年非可操纵应计利润，$\Delta REV_{i,t}$ 表示 i 公司第 t 年营业收入增加额，$\Delta REC_{i,t}$ 表示 i 公司第 t 年应收账款增加额，$PPE_{i,t}$ 表示 i 公司第 t 年末固定资产，代表公司资产规模，$ROA_{i,t-1}$ 表示 i 公司第 t -1 年末总资产报酬率，$A_{i,t-1}$ 表示 i 公司第 t -1 年末总资产。式（7.2）中的参数 β_1、β_2、β_3、β_4 是使用截面数据通过式（7.3）计算得到的，b_1、b_2、b_3 和 b_4 分别

是参数 β_1、β_2、β_3 和 β_4 的估计值。

$$TA_{i,t} = b_1(1/A_{i,t-1}) + b_2(\Delta REV_{i,t}/A_{i,t-1} - \Delta REC_{i,t}/A_{i,t-1}) +$$
$$b_3(PPE_{i,t}/A_{i,t-1}) + b_4 ROA_{i,t-1} + \varepsilon_{i,t} \qquad (7.3)$$

其中，$\varepsilon_{i,t}$ 是随机误差项。估计非可操纵应计利润之后，计算 i 公司在第 t 年的可操纵应计利润 $DA_{i,t}$。

最后，计算可操纵应计利润：

$$DA_{i,t} = TA_{i,t} - NDA_{i,t} \qquad (7.4)$$

政治成本和债务违约成本是影响上市公司盈余管理的两个主要因素[①]。政治成本用公司规模表示：一方面，规模越大，大股东可能从上市公司或者其他股东处获取的利益越多，大股东盈余管理动机越大；另一方面，规模越大，受到外界关注也越多，上市公司越可能向公众提供更多信息，因此公司进行盈余管理的成本越高。债务违约成本用财务杠杆表示，面临强制性条款契约企业具有较高的可操纵性应计利润，财务杠杆越大，负债越高，公司进行向上盈余操纵的动机越强；另外，债务契约带来的会计稳健性，会使负债比率与盈余管理负相关。本章根据公司规模和财务杠杆这两个因素为定向增发公司寻找配对样本，并与配对样本的可操纵应计利润做比较，证明定向增发公司存在盈余管理行为。

7.2.3　通过 Euclidean 距离方法选择配对样本

本章为 2008 年、2009 年各家定向增发公司寻找配对样本，选择配对样本步骤如下：第一步，从定向增发公司所在年度、行业中的非定向增发公司中选择；第二步，按照总资产和资产负债率两个指标，采用 Euclidean 距离方法求出每一家定向增发公司与所对应的非定向增发公司距离值，最小值为定向增发公司所对应的配对样本。Euclidean 距离计算见式（7.5）。

$$D^2 = \sum_{i=1}^{2}(X_i - Y_i)^2 \qquad (7.5)$$

其中，D^2 为定向增发公司与所对应的非定向增发公司距离值，X_1 和 X_2 分别

---

① Watts, R. L., Zimmerman, J. L. Positive Accounting Theory: A Ten Year Perspective [J]. Accounting Review, 1990, 65 (1): 131 – 156.

代表定向增发公司的总资产和资产负债率，Y_1 和 Y_2 分别代表非定向增发公司的总资产和资产负债率。计算 D^2，取其最小值作为定向增发公司配对样本。

7.2.4 长期股票收益计算

对于长期股票收益度量，国内外学者常采用两个比较经典的指标：长期累计超额收益率（LCAR）和购买并持有异常收益率（BHAR）。

为消除市场等宏观因素对股票收益率的影响，本章采用购买并持有超额收益度量股票收益，通过比较上市公司股票持有收益与市场持有收益，避免实证结果受到外在干扰。另外，巴伯和里昂（Barber and Lyon，1997）的研究表明，在计算长期超额收益率时，应采用购买并持有异常收益率（BHAR）而非累计超额收益率（LCAR）方法。原因如下：第一，同累计超额收益率相比，购买并持有异常收益率在计算期内受股票波动影响较小，可以减少计算长期绩效时的偏差；第二，基于累计超额收益率（LCAR）的证实程度与投资价值有时不一致，运用购买并持有异常收益率能够更好地度量投资价值。因此，很多国内外学者都将该指标运用于再融资和其他事件的长期绩效度量中。如果购买并持有异常收益率大于零，说明上市公司收益率高于市场收益率，定向增发后股东财富增加；如果购买并持有异常收益率小于零，则说明定向增发公司收益率低于市场收益率，定向增发后股东财富减少。在计算购买并持有异常收益率（BHAR）时，通常不使用日收益率，而使用月收益率。计算定向增发之后 [1，T] 月的 BHAR 见式 (7.6)、式 (7.7)。

$$BHR_{i,t} = \prod_{t=1}^{T} \left[1 + R_{i,t}\right] - 1 \qquad (7.6)$$

$$BHAR_{i,t} = \prod_{t=1}^{T} (1 + R_{i,t}) - \prod_{t=1}^{T} (1 + R_{m,t}) \qquad (7.7)$$

其中，$R_{i,t}$ 是股票 i 在 t 月的实际收益率，选用考虑现金红利再投资的月个股回报率；$R_{m,t}$ 是同期对照组每个月的收益率，对照组选用市场月度收益率指标，其中沪市取上证综合 A 股月指数，深市取深圳综合 A 股月指数，t = 1 表示定向增发之后第一个年度的第一个月，$BHR_{i,t}$、$BHAR_{i,t}$ 分别表示定向增发之后第一个年度的第一个月到第 T 个月的购买并持有收益率和购买并持有异常收益率。假设所有实施定向增发公司组成一个投资组合并且权重相等，那

么 [1, T] 期间投资组合平均 BHAR 的具体计算公式如下：

$$BHAR = \frac{1}{n} \sum_{i=1}^{n} BHAR_{i,t} = \frac{1}{n} \sum_{i=1}^{n} \left[\prod_{t=1}^{T} (1 + R_{i,t}) - \prod_{t=1}^{T} (1 + R_{m,t}) \right]$$

$$(7.8)$$

其中，n 为样本公司的数量，BHAR12 表示定向增发之后的第一个年度购买并持有异常收益率，BHAR24 表示定向增发之后的第二个年度购买并持有异常收益率。

在后面的稳健性检验中，本章用 LCAR 作为替代指标衡量长期累计超额收益率，其计算过程如下：

$$AR_{i,t} = R_{i,t} - R_{m,t} \rightarrow LCAR_i = \sum_{t=1}^{T} AR_{i,t} \rightarrow \overline{LCAR} = \frac{1}{n} \sum_{i=1}^{n} LCAR_i \quad (7.9)$$

其中，$AR_{i,t}$、$R_{i,t}$ 分别为股票 i 在 t 月超额收益率和实际收益率，$R_{m,t}$ 为 t 月市场收益率，t = 1 表示定向增发之后第一个年度的第一个月；n 表示样本公司的数量，$LCAR_i$ 表示 i 公司在定向增发之后第一个年度的第 1 个月到第 T 个月长期累计超额收益率，$\overline{LCAR}$ 为全部定向增发公司在时间窗口 [1, T] 内的长期累计超额收益率的平均值。

7.2.5　回归模型的建立

本章构建的多元回归模型式（7.10）用于分析定向增发公司在 −1 年和 0 年进行的盈余管理，以此证明假设 1。回归模型式（7.11）用以证明假设 H7 − 2 和假设 H7 − 3。变量设计及描述见表 7.1。

$$DA = \beta_0 + \beta_1 AC + \beta_2 \ln(size) + \beta_3 LEV + \beta_4 ROE + \varepsilon \quad (7.10)$$

$$BHAR = \beta_0 + \beta_1 AC + \beta_2 \overline{DA_{t-1}} + \beta_3 AC \times \overline{DA_{t-1}} + \beta_4 BM_{t-1} + \beta_5 ROE_{t-1} +$$
$$\beta_5 LEV_{t-1} + \beta_6 LN(size)_{t-1} + \beta_7 \sum YEAR_{t-1} + \beta_8 \sum INDUSTRY_{t-1} + \varepsilon$$

$$(7.11)$$

在式（7.10）中，因变量为 DA，自变量为 AC，控制变量为 ln（size）、LEV、ROE，分别代表公司规模，用总资产的自然对数表示；财务杠杆，用资产负债率表示；净资产收益率，用净资产除以资产总额表示。在式（7.11）中，因变量为 BHAR，自变量为 $\overline{DA}$、AC 和 AC × $\overline{DA}$，控制变量描述如下：BM 用发行前一年的公司市值与净资产比值来表示，代表公司成长性指标，赫茨尔等（Hertzel et al.，2002）指出，投资者对于增发公司的发展潜力过于乐观，认为成长性对长期股价存在显著的负效应，提出时机窗口理论给予解释，本章预测 BM 与 BHAR 负相关；ROE 用净利润除以净资产表示，代表公司的盈利能力，ROE 越大，公司盈利能力越强，市场对该股票认同度就高，股票收益率越高，本章预测 ROE 与 BHAR 正相关；资产负债率（LEV），用来度量财务杠杆的一个度量指标，班达里（Bhandari，1988）提出财务杠杆和股票收益呈正相关关系，认为高负债权益比（由负债的账面价值与权益的市场价值之比来表示）所对应的收益要远远大于市场所预测的收益，本章预测 LEV 与 BHAR 正相关。公司规模 ln（size）用总资产的自然对数表示，赵益华（2006）以 1994～2004 年中国所有上市公司为样本，在剔除风险因素后，发现公司规模与异常收益率呈负相关，具有统计上的显著性。说明中国股市存在小规模效应，中国股票市场不是半强势有效的，本章预测 ln（size）与 BHAR 负相关。另外，年度、行业不同可能会使上市公司长期股票收益产生很大差异，所以，本章对年度和行业进行了控制，选取除金融类行业之外共 11 个行业，设置 10 个虚拟变量。

表 7.1 变量设计及描述

变量名称	变量符号	变量描述
因变量	BHAR	购买和持有异常收益率（作为长期市场绩效的替代变量）
	LCAR	长期累计超额收益率（作为长期市场绩效的替代变量）
自变量	$\overline{DA}$	可操纵应计利润（作为盈余管理的替代变量），用定向增发当年和前一年盈余管理的平均值来表示
	AC	哑变量，如是定向增发 AC=1；否则 AC=0
	$AC \times \overline{DA}$	哑变量与盈余管理的交互项
控制变量	ln（size）$_{t-1}$	发行前一年的总资产的自然对数［信息不对称假说的代理变量（Blazenko，1987）］，控制公司规模的影响
	LEV$_{t-1}$	发行前一年的资产负债率，［作为公司质量的重要指标（Jensen and Meckling，1976）］，控制财务杠杆的影响
	BM$_{t-1}$	发行前一年的市净率（作为公司成长性的替代变量），用公司市值除以净资产表示
	ROE$_{t-1}$	发行前一年的净资产收益率（反映公司业绩财务指标），用净利润除以净资产表示

7.3　实 证 检 验

7.3.1　定向增发公司与非定向增发公司盈余管理比较分析

为了证明假设 H7 – 1，本章首先采用前述的 Euclidean 距离方法，从非定向增发公司中按年度、行业、总资产、资产负债率为 2008 年、2009 年实施定向增发的公司寻找配对样本。然后，根据修正的琼斯模型（考虑业绩）来估计定向增发新股公司与配对样本的可操纵应计利润。

度量可操纵应计利润时，需要计算式（7.3）的参数。本章分别采用 2008 年、2009 年定向增发新股公司所在行业全部上市公司的截面数据对式（7.3）进行 OLS 回归，以求得参数值，这个过程每年进行一次。通过计算，可得 2008 年、2009 年定向增发公司在增发的 0 年、– 1 年和 – 2 年可操纵应计利润以及与之配对公司（非定向增发公司）可操纵应计利润。

本章采用配对样本参数 T 检验，对定向增发公司与非定向增发公司可操纵应计利润进行均值比较，结果见表 7.2。从中可见：在 – 2 年对定向增发公司与非定向增发公司可操纵应计利润进行配对样本均值比较，P 值为 0.847，说明两者并不存在显著差异；在 0 年定向增发公司可操纵应计利润均值为 0.0432，非定向增发公司可操纵应计利润平均值为 – 0.0086，进行配对样本均值比较，P 值为 0.002，在 0.01 水平上存在显著差异；在 – 1 年定向增发公司可操纵应计利润均值 0.0036，非定向增发公司可操纵应计利润均值为 – 0.0249，进行配对样本均值比较，P 值为 0.064，在 0.1 水平上存在显著差异。在 – 1 年和 0 年，定向增发公司可操纵应计利润平均值均为正数，表明公司在增发当年和前一年进行了向上盈余操纵，假设 H7 – 1 得以验证。

表 7.3 为定向增发公司和非定向增发公司的可操纵应计利润回归分析结果。从中可以看出，AC 的系数在 – 2 年为负但不显著，而 – 1 年和 0 年在 0.1 水平上显著为正，说明在增发 – 2 年上市公司并不存在盈余管理行为，而在 – 1 年、0 年进行了盈余管理，进一步证实假设 H7 – 1。对于控制变量而言：在 – 1 年、– 2 年，ln（size）系数显著为正，说明上市公司规模越大，大股东从中小股东处获取的利益越多，因此，大股东进行盈余管理的动机也就越强；

表7.2 定向增发公司和非定向增发公司可操纵应计利润

变量	-2 年				-1 年				0 年			
	平均值	标准差	最小值	最大值	平均值	标准差	最小值	最大值	平均值	标准差	最小值	最大值
定向增发公司 DA	-0.0255	0.2019	-0.92	1.27	0.0036	0.1555	-0.44	0.59	0.0432	0.2161	-0.64	1.01
非定向增发公司 DA	-0.0216	0.1246	-0.41	0.72	-0.0249	0.1207	-0.78	0.26	-0.0086	0.1439	-0.54	0.84
Test of difference	t = -0.194				t = 1.865				t = 3.072			
	p = 0.847				p = 0.064				p = 0.002			

在 -1 年 LEV 系数显著为负，说明债务契约带来的会计稳健性，使得 LEV 与可操纵应计利润负相关；ROE 与 DA 的回归系数显著为正，说明公司盈利能力越好，上市公司越可能进行盈余操纵。

表7.3 定向增发公司和非定向增发公司的可操纵应计利润回归分析

变量	-2 年	-1 年	0 年
C	-0.47397 ** (-2.46748)	-0.29531 * (-1.77691)	0.15395 0.75209
AC	-0.00533 (-0.29917)	0.03017 * (1.84668)	0.03590 * (1.88021)
LEV	0.07573 (1.51904)	-0.07671 * (-1.70631)	0.09515 (1.42348)
ln (size)	0.01851 ** (2.02818)	0.01356 * (1.71736)	-0.00994 (-0.99394)
ROE	0.35545 * (1.75610)	0.29355 * (1.87448)	0.38152 ** (2.25006)
N	252	284	314
R-squared	0.045	0.048	0.033
Adjusted R-squared	0.029	0.035	0.021
F-statistic	2.883 **	3.548 ***	2.642 **
Prob (F-statistic)	0.023	0.008	0.034

注：*** 、** 、* 分别表示在 1%、5% 和 10% 的水平上显著，括号内为计算的 T 值。

7.3.2　定向增发公司盈余管理对长期股票收益影响

为了证明盈余管理对长期股票收益的影响，本章对各变量进行描述性统计，结果见表 7.4。从中可见，对 BHAR12、BHAR24、BHAR36 而言，最小值均为负数，最大值为正数，说明公司之间购买和持有异常收益率差异比较大，但均值都是正数，分别为 0.2998、0.3626、0.2059。总体来说，定向增发与非定向增发公司的长期股票收益比较好。$\overline{DA}$ 的均值和中位数分别为 0.0042 和 −0.0048，$AC \times \overline{DA}$ 的均值和中位数分别为 0.0127 和 0，$AC \times \overline{DA}$ 的均值和中位数要明显高于 $\overline{DA}$，整体来说全部样本公司（定向增发公司与非定向增发公司）进行了向上的盈余操纵，与非定向增发公司相比，定向增发公司的盈余操纵动机更强。此外，从控制变量来看，虽然 BM、ROE、LEV、ln（size）这四个指标的最大值与最小值都存在很大差异，但并不存在明显的极端值。

表 7.4　　　　　　　　　　描述性统计结果

变量	均值	标准差	最小值	25 分位数	中位数	75 分位数	最大值
BHAR12	0.2998	0.5996	− 0.7542	− 0.0792	0.1555	0.5379	3.1817
BHAR24	0.3626	0.9109	− 1.3107	− 0.1336	0.0425	0.5896	6.0041
BHAR36	0.2059	0.6340	− 0.9652	− 0.1809	0.0283	0.4258	3.4064
AC	0.5090	0.5008	0.0000	0.0000	1.0000	1.0000	1.0000
$\overline{DA}$	0.0042	0.1058	− 0.3298	− 0.0509	− 0.0048	0.0493	0.5188
$AC \times \overline{DA}$	0.0127	0.0887	− 0.3262	0.0000	0.0000	0.0177	0.5188
BM	3.2532	2.1448	0.5771	1.7922	2.6855	4.0290	15.7107
ROE	0.0428	0.0525	− 0.2473	0.0194	0.0388	0.0628	0.3321
LEV	0.4983	0.1603	0.0686	0.3858	0.4979	0.6239	0.8789
ln（size）	21.9692	1.0708	18.6665	21.2218	21.7718	22.5214	25.3332

对式（7.11）进行回归分析的结果见表 7.5。从中可知：$\overline{DA}$ 与 BHAR12 的回归系数为 − 0.50900，但不显著，而与 BHAR24 和 BHAR36 的回归系数分别为 − 1.66700 和 − 1.25884，在 0.1 水平上显著，说明上市公司为了鼓励机构投资者购买股票，会做出增发之后业绩呈增长趋势的承诺，增发之后的第一年，上市公司为了实现当时承诺，仍然会粉饰报表提高利润，最终表现

为$\overline{DA}$与 BHAR12 不显著为负，但是上市公司盈余管理会在以后年度发生反转，导致上市公司业绩下滑，长期股票收益下降，所以$\overline{DA}$与 BHAR24、BHAR36 显著负相关，这证明了假设 H7 – 2；$\overline{DA} \times AC$ 与 BHAR12 的回归系数为正但不显著，与 BHAR24、BHAR36 回归系数分别为 1.88321 和 1.49139，且在0.1 水平上显著。$\overline{DA} \times AC$ 的系数大于$\overline{DA}$的系数，说明与非定向增发公司相比，定向增发引入了战略投资者，改善了公司治理，在股票市场上收到良好反应，使得上市公司股票业绩得到提升，与盈余管理导致长期股票业绩下滑的负面效应相抵，定向增发体现为正面效应。ROE 的系数为负，但不显著，说明会计收益与长期股票收益并不存在显著关系。LEV 与BHAR 的回归系数分别在0.01、0.05 水平上显著为正，说明负债具有对上市公司的监督作用。BM 与 BHAR 的回归系数在0.01 水平上显著为负，说明投资者对上市公司过度乐观情绪在定向增发之后得到了修正；ln（size）与BHAR 的回归系数在0.01 水平上显著为负，说明上市公司存在小规模效应。

表7.5   **可操纵应计利润与长期股票收益回归分析**

变量	BHAR12	BHAR24	BHAR36
常数项	3.49635 *** （3.80000）	4.46220 *** （3.31366）	3.8168 *** （3.91824）
AC	0.07655 （1.07585）	– 0.11800 （– 1.13700）	– 0.04271 （– 0.56703）
$\overline{DA}$	– 0.50900 （– 0.77000）	– 1.66700 * （– 1.72400）	– 1.25884 * （– 1.8000）
$\overline{DA} \times AC$	0.49136 （0.64107）	1.88321 * （1.67873）	1.49139 * （1.83784）
BM	– 0.06800 *** （– 3.35600）	– 0.08400 *** （– 2.83200）	– 0.08986 *** （– 4.18854）
ROE	– 0.52500 （– 0.75700）	– 0.50000 （– 0.49300）	– 0.11800 （– 0.16000）
LEV	1.02724 *** （3.76052）	0.90894 ** （2.27345）	0.60136 ** （2.07931）
ln（size）	– 0.17500 *** （– 4.01100）	– 0.20400 *** （– 3.19800）	– 0.16600 *** （– 3.59100）

变量	BHAR12	BHAR24	BHAR36
YEAR	控制	控制	控制
INDUSTRY	控制	控制	控制
N	277	277	277
R-squared	0.177	0.236	0.175
Adjusted R-squared	0.120	0.183	0.118
F-statistic	3.088 ***	4.493 ***	3.04507 ***
Prob（F-statistic）	0	0	0

注：***、**、*分别表示在1%、5%和10%的显著性水平上显著，括号内为计算的 T 值。

7.4　稳健性检验

为了验证前述结论的稳健性，本章开展了如下工作①：第一，分别对 2008 年和 2009 年定向增发公司可操纵应计利润进行多因素分析，结果再次证实假设 H7 - 1 是成立的。第二，采用长期累计超额收益率 LCAR 作为因变量来度量长期股票收益，自变量为 $\overline{DA}$、AC 和 $\overline{DA}$ × AC，回归结果也与假设 H7 - 2、假设 H7 - 3 相符。综上可得，本研究所得出的结论是可靠的。

7.5　研究结论与建议

本章结合我国的实际情况，对定向增发公司在发行股票过程中是否进行盈余管理，以及盈余管理对长期股票收益的影响进行研究。首先，为 2008 年、2009 年实施定向增发的公司寻找配对样本，与配对样本进行均值比较并开展多变量回归模型检验，发现定向增发公司在增发当年和前一年进行了盈余管理，说明我国上市公司定向增发新股是大股东控制下的融资行为，某些大股东为了自身利益最大化，有动机通过盈余管理来提高上市公司业绩，使上市公司股价达到大股东所要求的合理水平，以收获财富增值。然后，对盈

---

① 限于篇幅，本章不再详细列示稳健性检验的结果，有兴趣的读者可以向作者索取。

余管理与定向增发后的长期股票收益进行回归分析，结果表明，盈余管理会导致长期股票收益下降；与非定向增发公司相比，定向增发公司盈余管理对长期股票收益的影响更小。

本章的政策启示及建议如下：第一，相关部门要加强对上市公司定向增发新股的监管和引导，以提高会计信息质量，完善上市公司治理结构。第二，政策主管部门应当建立健全上市公司定向增发的相关法律规定，积极鼓励机构投资者参与上市公司股票购买，为机构投资者参与公司治理创造良好环境，有效避免大股东"掏空"上市公司，降低对中小投资者利益的侵害。第三，政策主管部门应该制定相关政策，鼓励上市公司向集团公司及其关联股东定向增发新股实现整体上市，使集团公司与上市公司的产业链更加紧密，减少关联交易，隔断集团公司对上市公司进行利益输送的渠道，从而提高上市公司的业绩，增厚股东财富。

定向增发对长期股票收益的正面影响远远高于其盈余管理带来的负面影响，未来的研究需要从定向增发对长期股票收益的正面影响方面着手，例如：考察上市公司在募集资金之后，资金投向哪里？募集资金用途如何？投资效率如何？公司治理有何变化？从这些角度开展对长期股票收益的影响研究，而不是单纯基于利益输送的视角，这样有助于加深对这一领域的理解。

第8章　定向增发、盈余管理与股票流动性

定向增发是一种股权再融资方式，目前进行定向增发的上市公司数量已经远远超出了配股与公开发行新股，其中定向增发盈余管理已是学者们讨论的焦点。希利和瓦伦（Healy and Wahlen，1999）认为盈余管理是上市公司采用一定方法改变财务报表数据，掩盖真实利润，误导外部投资者对公司业绩的理解。可见盈余管理影响上市公司真实盈余和信息披露质量，进而影响股票市场微观结构，使投资者行为最终会在股票交易价格与交易量上得到反映。有学者研究认为，配股、公开发行新股前上市公司会进行向上的盈余操纵，定向增发公司是否也存在盈余管理行为？如存在，是否会对上市公司股票流动性产生影响？产生怎样的影响？这是本章亟待解决的问题。

本章对定向增发盈余管理的研究，可为政策主管部门提供指导和建议，促使监管部门对盈余管理行为加强监管，提高上市公司治理水平，缓解信息不对称及代理成本，促使其健康发展；对股票流动性影响的研究有助于对保护投资者收益、提高公司价值、完善我国资本市场提供经验和理论依据。

本章在文献上做了以下贡献：第一，国内外对于定向增发盈余管理研究，主要研究盈余管理经济后果，也就是对股票收益的影响，例如马西库亚蒂等（Marciukaityte et al.，2005）、章卫东等（2010）、李增福等（2011），并未涉及盈余管理对股票流动性的影响，本章丰富了盈余管理和股票流动性相关基础理论和经验证据。第二，国内外学者基于整个市场研究股票流动性，衡量市场资源配置效率，未涉及定向增发股票流动性；对定向增发经济后果学者们研究了短期与长期宣告效应，本章完善了定向增发和股票流动性的研究文献。

8.1　文献回顾及研究假设

我国证券监督管理委员会对上市公司配股和公开发行新股前的业绩有要

求，促使上市公司在融资之前进行了盈余操纵。例如蒂欧等（Teoh et al.，1998）、陆正飞和魏涛（2006）、张祥建和郭岚（2006）对配股和公开发行新股过程中盈余管理行为进行研究，发现某些上市公司为了获得再融资资格，达到"圈钱"的目的，通过提高净资产收益率（ROE）指标，在配股和公开发行新股前进行了向上的盈余操纵。定向增发融资条件比较宽松，对 ROE 指标没有要求，即使业绩平平甚至是亏损公司也能定向增发，定向增发中是否也存在盈余管理行为？国外学者菲尔德和希恩（Field and Sheehan，2004）、吴（Wu，2004）等认为定向增发过程中存在着盈余管理行为，机构投资者并没有发挥监督作用，机构投资者表现是消极的。

定向增发集中股权结构下更多体现为大股东政策意图，当向机构投资者发行时，大股东为了获得更大投资收益或利益输送，当期会通过盈余操纵提高股票发行价格，募集更多资金；增发前为了吸引机构投资者购买股票，上市公司大股东也可能会做出业绩增发承诺，向机构投资者提供公司未来良好发展前景的信息；增发之后，大股东为了实现当时业绩承诺，在之后的一段时期，上市公司仍然有向上盈余操纵的动机。以下是大股东定向增发前后财富变化的模型。

首先，假设某上市公司股票发行数量为 M，大股东所占股份比例为 T，向机构投资者定向增发募集的股票数量为 M_1；

其次，设增发前股票价格为 A，定向增发股票价格为 A_1；则增发前大股东财富为：

$$DWEA = A \times M \times T$$

增发后大股东财富为：

$$DWEA_1 = \frac{M \times T}{M + M_1} \times (A \times M + A_1 \times M_1)$$

最后，大股东财富变化为：

$$DWEA_1 - DWEA = \frac{T \times M \times M_1}{M + M_1} \times (A_1 - A)$$

从大股东财富变化可以看出，在其他因素不变的前提下，当 $A_1 > A$ 时，大股东财富变化为正值，即向机构投资者增发时的价格大于增发之前的价格，大股东财富才会增加。所以，大股东为使自身财富增加，向机构投资者增发时会通过向上盈余操纵提高股票价格，在此基础上，本章提出假设 H8 – 1。

H8 - 1：上市公司在定向增发前的第一年和当年有盈余管理动机。

资本市场存在基础是股票具有流动性，股票具有流动性是股票市场活力代表也是投资者积极参与股票交易和投资者信心体现。定向增发这一事件从短期来说，更多向市场传达了正面信息。比如弗鲁克（Wruck，1989）提出监控假说，认为当向机构投资者定向增发新股时，机构投资者的加入能够发挥应有监督作用，改善上市公司治理结构，在一定程度上缓解中小股东与大股东之间的信息不对称和代理问题，从而提高上市公司业绩。邓路等人（2011）对定向增发之后股票业绩进行研究，认为上市公司增发之后股票收益率明显上升，并且明显高于同行业其他公司，从而否定乐观主义假说。

第一，学者们就定向增发效应问题进行了研究，认为定向增发之后公司业绩增长，这一良好信息的传达很快反映到市场，带动了投资者购买股票的热情，活跃了资本市场，从而带动股票成交量增加，股票流动性增加。第二，定向增发引进机构投资者，机构投资者具有人才优势、技术优势、管理优势和信息优势，完全有资本和能力收集和利用上市公司信息，而广大中小投资者在这方面处于劣势，可以凭借机构投资者了解上市公司信息，有效缓解上市公司与中小投资者之间的信息不对称，使得股票价格波动减少，股票交易量增加，股票流动性增加。第三，定向增发大小股东之间存在严重代理问题，机构投资者能够加强对上市公司大股东的监督作用，有效缓解了大小股东之间矛盾，增强中小股东参与公司管理的热情，股票交易量增加，股票流动性增加。综合上述观点，本章提出假设 H8 - 2。

H8 - 2：与非定向增发公司相比，定向增发公司股票流动性更好。

在我国股权集中情况下，上市公司大小股东之间存在严重信息不对称，第一大股东处于信息优势的地位，其持股比例远高于其余股东，利用对上市公司控制权主导上市公司财务及经营决策。中小股东持股比例低，获取信息渠道闭塞，只能根据上市公司公开披露的财务数据做出判断，其参与经营决策作用有限。盈余管理是大股东主导下的管理者操纵会计报表盈余，从而误导投资者对企业真实业绩的理解，大股东利用内幕信息进行信息化交易，赚取利润，蒙蔽中小投资者，加大了大小股东之间信息不对称程度，降低了股票流动性。阿西奥格鲁和尚塔拉姆（Ascioglu and Shantaram，2012）[1] 就纽约

①　Ascioglu, A., Shantaram, P. H. Earnings Management and Market Liquidity [J]. Review of Quantitative Finance and Accounting, 2012, 38 (2)：257 - 274.

股票交易所（NYSE）全部上市公司进行研究，认为盈余管理会降低会计信息披露质量，提高信息不对称程度，导致股票市场流动性降低。韩国文等（2012）[①] 以深圳 A 股市场为研究对象，通过单变量和多变量分析，认为盈余管理会降低股票市场流动性。盈余管理程度大的公司股票市场流动性也越低。

国内外学者就整个市场研究了盈余管理和股票流动性关系，对定向增发的研究未涉及。定向增发是大股东主导下的股权再融资方式，为了募集更多的资金，某些大股东会在定向增发之前的第一年或当年进行向上盈余操纵，抬高股票价格，提高机构投资者购买股票的成本，达到对上市公司资金的占有，为进一步掏空上市公司做准备，与非定向增发公司相比，大股东在定向增发过程中进行盈余管理的动机会更强；而盈余管理降低了上市公司信息披露质量，增加了投资者买卖股票的价差，使盈余管理与股票流动性负相关。因此，定向增发公司增强了盈余管理对股票流动性的影响，在此基础上，本章提出假设 H8 – 3。

H8 – 3：定向增发加大了盈余管理对股票流动性下降程度的影响。

8.2　数据来源及研究设计

8.2.1　样本选择与数据来源

本章财务数据来源于色诺芬（CCER）数据库，以上市公司定向增发发行日为准确定增发年度，剔除如下样本：（1）金融类上市公司。（2）在 2006 ~ 2012 年进行多种股权再融资方式的公司。（3）在 2006 ~ 2012 年如上市公司多次进行定向增发，以首次为准。（4）寻找配对样本时，Euclidean 距离值比较大，所在行业没有合适样本可选，为使匹配样本更准确。（5）在计算股票流动性指标时，股票交易天数低于 200 天。（6）剔除数据缺失或者异常的样本。配对样本是从非定向增发公司中选择，最后确定定向增发公司 2006 年 22 家、2007 年 30 家、2008 年 33 家、2009 年 45 家、2010 年 46 家、2011 年

---

　　① 韩国文，谢帆，陆菊春. 盈余管理和市场流动性的关系——基于深圳 A 股市场的实证研究 [J]. 北京理工大学学报，2012，（5）：19 – 24.

81 家、2012 年 81 家，共 338 家，非定向增发公司 338 家，总共 676 家公司作为研究对象。

8.2.2　盈余管理程度的估计

本章以 2006～2012 年定向增发公司作为研究对象，增发新股当年定义为 0 年，前一年与前两年分别定义为 -1 年、-2 年，计算三个年度可操纵应计利润。总应计利润分为可操纵应计利润和非可操纵应计利润。巴托夫等（Bartov et al.，2000）基于美国市场，通过横截面琼斯模型与时间序列模型对比，发现横截面琼斯模型度量盈余管理更具可靠性；科塔里等（Kothari et al.，2005）把资产收益率加入到应计利润的计算模型中，并且证明更可靠估计。因此，本章对盈余管理度量采用考虑资产收益率的截面琼斯模型。

影响上市公司盈余管理主要有两个因素：政治成本、债务违约成本[①]。政治成本用公司规模表示，公司规模越大，大股东可能会从公司获得更多收益，进行盈余管理可能性越大；公司规模越大，上市公司受到外界关注越多，加大了盈余管理成本，驱使其披露更多高质量会计信息。可以看出公司规模和盈余管理存在一定联系。债务违约成本可以用公司财务杠杆表示，高负债公司往往会进行向上盈余操纵，面临强制性契约的公司盈余操纵力度也比较大，因此，财务杠杆与盈余管理也存在联系。本章寻找配对样本时考虑上述两个因素，通过 Euclidean 距离方法选择配对样本。

8.2.3　Euclidean 距离方法

本章采用 Euclidean 距离方法为 2006～2012 年的定向增发公司寻找配对样本，分行业、分年度、总资产、资产负债率匹配后寻找配对样本。Euclidean 距离计算公式如下。

$$D^2 = \sum_{i=1}^{2} (X_i - Y_i)^2 \qquad (8.1)$$

---

① Watts, R. L., Zimmerman, J. L. Positive Accounting Theory: A Ten Year Perspective [J]. Accounting Review, 1990, 65 (1): 131 – 156.

其中，D^2 为定向增发公司 A 与配对公司 B 的距离。X_i 为定向增发公司 A 的匹配向量。Y_i 为配对公司 B 的匹配向量。通过公式计算出的 D^2 的最小值作为定向增发公司的配对样本。

8.2.4 股票流动性的度量

有多种方法度量股票流动性，一些学者采用高频数据[1][2]；有的学者从多种角度通过因子分析构造股票流动性指标[3]；还有学者则采用非高频数据度量[4]。对于股票流动性的度量是一个重大课题，国外度量股票流动性指标是从宽度、深度、即时性、弹性四个方面来度量，这些指标大多不适合于我国资本市场，而且股票流动性指标具有多个维度，不能够直接观察或者直接用单一的指标来度量，必须综合进行分析。

本章主要研究定向增发之后一年的长期股票流动性，因此采用换手率和 Hui-Heubel 流动性比率非高频交易指标更能准确反映长期股票流动性。换手率（turnover rate）的计算如下：

$$TUR_{i,y} = \frac{1}{TRAD_{i,t}} \sum_{t=1}^{TRAD_{i,y}} \frac{TRV_{i,y,d}}{NUS_{i,y,d}} \qquad (8.2)$$

换手率（TUR）值越大，股票流动性越好。其中，i 代表某一种股票，y 代表第 y 年，d 代表第 y 年的第 d 日，TRAD 代表交易天数，TRV 代表成交量，NUS 代表流通股数。该指标只反映了股票成交数量，但没有反映股票交易对价格的影响。

另一个度量流动性的指标是 Hui-Heubel 流动性比率，该指标考虑了公司规模的影响，能够反映价格对交易额的敏感度，其计算如下：

$$LNL = \frac{(PR_{max} - PR_{min})/PR_{min}}{PVOL/(NUS \times P)} = \frac{PA}{PVOL/(NUS \times P)} = \frac{PA}{PTurnover} \qquad (8.3)$$

---

① 陈辉，顾乃康，万小勇. 股票流动性、股权分置改革与公司价值 [J]. 管理科学，2011 (3)：43-55.

② 魏明海，雷倩华. 公司治理与股票流动性 [J]，中山大学学报，2011 (6)：181-191.

③ 胡啸兵，何旭静，张成虎. 中国股票市场流动性与收益率相关分析——基于 Copula-GARCH 模型的实证研究 [J]. 大连理工大学学报，2012 (2)：49-53.

④ 韩国文，谢帆，陆菊春. 盈余管理和市场流动性的关系——基于深圳 A 股市场的实证研究 [J]. 北京理工大学学报，2012 (5)：19-24.

LNL 值越大，股票流动性越差。PVOL 代表每日股票成交额，NUS 代表流通股数，PR_{min} 代表某日最低股票交易价格，PR_{max} 代表某日最高股票交易价格，本章对 LNL 指标取自然对数以表示该比率，同时考虑了交易价格与交易量，能对股票流动性做出综合评价。

8.2.5 变量的选取

本章把定向增发年度定义为第 0 年，在此计算 −2 年、−1 年、0 年增发公司的可操纵应计利润，分析定向增发公司在进行盈余操纵的年度，以此来证实假设 H8 −1。本章构建了多变量回归模型，即式（8.4）。

$$DIS_t = \beta_0 + \beta_1 AC + \beta_2 \ln(size)_{t-1} + \beta_3 LEV_{t-1} + \beta_4 TOP1 + \varepsilon \quad (8.4)$$

其中，t 代表第 t 年，因变量为 DIS，自变量为 AC，控制变量为 $\ln(size)_{t-1}$（公司规模）、LEV_{t-1}（财务杠杆）、TOP1（第一大股东持股比例）。

对于假设 H8 −2、假设 H8 −3 的实证检验，因变量为公司股票流动性指标：TUR 和 LNL，自变量为 $\overline{DIS}$、哑变量 AC、$\overline{DIS}$ 与 AC 的交互项。控制变量为交易特征向量、公司特征向量。变量说明见表 8.1。

表 8.1   **变量说明**

名称	符号	变量描述
因变量	TURN	表示换手率，该值与股票流动性正相关
因变量	LNL	Hui-Heubel 流动性比率，该值越大，股票流动性越低，用 ln（LNL）表示
自变量	$\overline{DIS_{i,t-1}}$	股票 i 在 t −1 期的盈余管理，用定向增发当年和前一年盈余管理的平均值来表示
自变量	AC	哑变量，定向增发取 1，非定向增发取 0
自变量	$AC \times \overline{DIS_{i,t-1}}$	哑变量与盈余管理交互项
交易特征向量	ln（V）	交易量变量，使用年成交量的自然对数衡量
交易特征向量	ln（P）	成交价变量，用日收盘价的年度均值自然对数衡量
交易特征向量	ln（W）	波动性变量，用年度内日收益率的标准差的自然对数衡量
公司特征向量	ln（AT）	公司规模变量，用公司资产的自然对数表示
公司特征向量	MB	成长机会变量，用公司账面市值比表示
公司特征向量	LEV	财务杠杆变量，用资产负债率表示

交易特征变量：用价格、波动性、交易量表示。随着价格的上升，买卖股票过程中产生的部分费用会上升，买卖价差扩大，股票流动性降低；波动性加大，投资者对未来股价预期判断差别较大，加大了股票买卖价差，股票流动性降低，预测波动性与股票流动性负相关；交易量代表股票交易频繁程度，交易量越大投资者在不同股票之间组合越容易，风险也越低，股票买卖价差减小，预期交易量与股票流动性正相关。

公司特征变量：用公司规模、成长机会和财务杠杆来表示。本章用总资产自然对数 ln（AT）来衡量公司规模，默顿（Merton，1987）认为规模越大，受到外界关注越多，为满足外界相关各方的要求，公司会进行更多信息披露，从而降低信息不对称程度，提高股票流动性，预测 LNASSET 与股票流动性正相关；用账面市值比（MB）来衡量成长机会，阿加瓦尔（Agarwal，2007）认为高成长的公司会受到更多关注，股票流动性增加，预测 MB 与股票流动性正相关；本章用资产负债率来衡量公司财务杠杆，债务能够降低管理者与投资者之间的信息不对称程度，使得知情交易者与非知情交易者的信息不对称程度降低，股票流动性增加，预测 LEV 与股票流动性正相关。回归模型如下。

$$\text{TURN}_t = \beta_0 + \beta_1 \text{AC} + \beta_2 \overline{\text{DIS}}_{i,t-1} + \beta_3 \text{AC} \times \overline{\text{DIS}}_{i,t-1} + \beta_4 \ln(V) + \beta_5 \ln(P) +$$
$$\beta_6 \text{in}(W) + \beta_7 \text{LEV} + \beta_8 \ln(\text{AT}) + \beta_9 \text{MB} + \varepsilon \quad (8.5)$$

$$\text{LNL} = \beta_0 + \beta_1 \text{AC} + \beta_2 \overline{\text{DIS}}_{i,t-1} + \beta_3 \text{AC} \times \overline{\text{DIS}}_{i,t-1} + \beta_4 \ln(V) + \beta_5 \ln(P) +$$
$$\beta_6 \ln(W) + \beta_7 \text{LEV} + \beta_8 \ln(\text{AT}) + \beta_9 \text{MB} + \varepsilon \quad (8.6)$$

8.3 实证分析

8.3.1 定向增发公司与配对样本盈余管理比较

8.3.1.1 变量的描述性统计

本章采用 Euclidean 距离方法，将距离最短作为定向增发公司配对样本，计算定向增发公司和配对样本可操纵应计利润。在计算式（8.2）、式（8.3）

参数时，本章分年度对 2006～2012 年全部深、沪 A 股上市公司分行业利用横截面琼斯模型进行 OLS 回归分析，求得参数值 α_0、α_1、α_2、α_3、α_4，这个过程每年进行一次，经过式（8.1）、式（8.2）、式（8.3）、式（8.4）计算，求得 0 年、－1 年、－2 年定向增发公司和配对样本（非定向增发公司）的可操纵应计利润后进行比较。表 8.2 是两类公司可操纵应计利润对比分析表。

表 8.2　　　　　　　定向增发公司和非定向增发公司可操纵应计利润

变量	－2 年				－1 年				0 年			
	均值	最大值	最小值	标准	均值	最大值	最小值	标准	均值	最大值	最小值	标准
定向增发公司 DIS	－0.0239	1.1800	－0.8300	0.2021	0.0027	0.5000	－0.3500	0.1546	0.0423	1.0200	－0.5500	0.2152
非定向增发公司 DIS	－0.0207	0.6300	－0.3200	0.1237	－0.024	0.1700	－0.6900	0.1198	－0.0068	0.7500	－0.4500	0.1430
差值显著性检验	t = －0.1850				t = 1.8560				t = 3.0630			
	p = 0.8580				p = 0.0450				p = 0.0020			

表 8.2 采用配对样本均值比较，从表中看出：在 －1 年定向增发公司 DIS 均值为 0.0027，非定向增发公司为 －0.0240，t 值为 1.8560，在 5% 水平上高度显著，在 0 年定向增发公司 DIS 均值为 0.0423，非定向增发公司 DIS 均值为 －0.0068，在 1% 水平上高度显著，在 －2 年均值比较不显著，说明在 －1 年和 0 年定向增发公司存在向上盈余管理的动机，初步证实了假设 H8－1。

8.3.1.2　定向增发公司盈余管理回归分析

以上是盈余管理的单变量比较，但 ln（size）、LEV、TOP1 都是影响盈余管理的因素，本章对其进行控制，采用式（8.4）进行回归分析，见表 8.3。

表 8.3　　　　　　　定向增发公司盈余管理回归分析

变量	－2 年	－1 年	0 年
AC	－0.0005 （－0.0257）	0.0315 * （1.9002）	0.0500 ** （2.4026）
ln（size）	0.0146 （1.4204）	0.0073 （0.9399）	0.0026 （0.2379）

续表

变量	-2 年	-1 年	0 年
LEV	0.0157 (0.3844)	-0.0149 (-0.3866)	-0.0693 (-1.0462)
TOP1	-0.1070 (-1.4554)	-0.0803 (-1.37843)	0.0305 (0.4487)
C	-0.3071 (-1.4165)	-0.14692 (-0.90768)	-0.0412 (-0.1866)
N	676	676	676
R^2	0.2531	0.2680	0.3136
F	3.8720 ***	3.3325 ***	3.9237 ***
P	0.0020	0.0030	0.0020

注：*** 、** 、* 分别代表在1%、5%、10%水平上显著；括号内为 T 值。

可以看出，F 值都在 0.01 水平上显著，说明该模型设置是合理的，AC 的系数在 -2 年并不显著为负，但在 -1 年和 0 年 AC 系数分别为 0.0315 和 0.0500，在 0.1 和 0.05 水平上显著为正，这进一步证实了假设 H8 - 1。说明我国大多数上市公司股权集中度比较高，公司经营决策也更多体现大股东意图，大股东为了更多占有上市公司财富，在定向增发之前通过向上盈余操纵提高股票价格，吸引机构投资者，募集更多资金。控制变量 ln（size）、LEV、TOP1 系数不显著，因为其中任何一个变量对可操纵应计利润影响都有正反两方面效应，综合反映变量系数不显著，这与本章预期一致。

8.3.2 盈余管理对股票流动性影响的回归结果

8.3.2.1 相关性分析

为了证明盈余管理对股票流动性的影响，本章进行各变量相关性分析，结果见表 8.4。

从表 8.4 可以看出：TURN 与 LNL 相关系数为 -0.8900，相关程度比较高，并且两个指标度量股票流动性方向相反。TURN、LNL 与 $\overline{\text{DIS}}$ 回归系数分别为 -0.0400、0.0200，在 0.1 水平上显著，说明上市公司通过盈余管理提高信息不对称程度，降低股票流动性；TURN、LNL 与 AC 回归系数分别为 0.1000、

表 8.4

相关性分析

变量	TURN	LNL	$\overline{\text{DIS}}$	AC	$AC \times \overline{I}$	ln（V）	ln（P）	ln（W）	LEV	ln（AT）	MB
TURN	1										
LNL	-0.8900***	1									
$\overline{\text{DIS}}$	-0.0400*	0.0200*	1								
AC	0.1000*	-0.0700*	0.1700***	1							
$AC \times \overline{I}$	-0.1000**	0.0500*	0.8000***	0.1100*	1						
ln（V）	0.1900***	-0.1700***	0.0100	0.0100	-0.0300	1					
ln（P）	0.1200**	-0.1200**	0.0100	0.1500**	0.0200	-0.4600***	1				
ln（W）	0.6500***	-0.5300***	0.0100	0.0700	0.0500	0.1700***	0.0900*	1			
LEV	-0.0400	0.0800	-0.0100	0.0600	0.0400	0.0800	-0.0600	0.0100	1		
ln（AT）	-0.3600***	0.3600***	0.0500	0.1800***	-0.0200	0.5000***	-0.0100	-0.2300***	0.4200***	1	
MB	0.1700***	-0.0500	0.0400	-0.0100	-0.0500	0.3000***	-0.4900***	-0.3500***	0.0000	0.4300***	1

注：***、**、* 代表在 1%、5% 和 10% 水平上显著。

-0.0700，在 0.1 水平上显著，说明与非定向增发公司相比，定向增发提高了股票流动性。TURN、LNL 与 AC × $\overline{\text{DIS}}$ 回归系数分别为 -0.1000、0.0500，说明上市公司在定向增发过程中加大了盈余管理对股票流动性下降的影响程度。TURN、LNL 与 ln（V）回归系数分别为 0.1900、-0.1700，在 0.01 水平上显著，说明股票交易量越多，股票市场就越活跃，市场深度增加，股票流动性增加；TURN、LNL 与 ln（P）、ln（W）回归结果与预期相反，可能是由于我国证券市场是竞价交易市场，而国外市场是市商交易市场的之一不同所致。TURN、LNL 与 ln（AT）回归系数分别为 -0.3600、0.3600，在 0.01 水平上显著，说明公司规模越大，受到市场投资者关注越多，股票交易也越活跃。TURN 与 MB 回归系数为 0.1700，在 0.01 水平上显著，LNL 与 MB 回归系数不显著为负，说明投资者看好公司成长性好的股票，竞相购买股票，股票交易量增加，股票流动性增加。本章进行共线性统计，VIF（方差膨胀因子）值均小于 5，说明不存在多重共线性问题。

8.3.2.2 多元回归分析

为了证明假设 H8 - 2、H8 - 3，本章就盈余管理对股票流动性影响进行回归分析，结果见表 8.5。

表 8.5　　　　　　　　　　　　股票流动性的回归分析结果

股票流动性 指标	TURN_t		LNL	
	模型 1	模型 2	模型 3	模型 4
$\overline{\text{DIS}}_{i,t-1}$	-0.0186 * (-1.7864)	-0.0064 * (-1.7100)	0.3313 * (1.7251)	0.1196 * (1.6999)
AC	0.0038 * (1.7859)	0.0060 *** (4.1223)	-0.0773 ** (-1.9950)	-0.16276 *** (-3.5956)
AC × $\overline{\text{DIS}}_i$	-0.0364 ** (1.9605)	-0.0184 * (1.7093)	0.6026 * (-1.7567)	0.2816 ** (-1.9966)
ln（V）	—	0.0101 *** (6.4172)	—	-0.3735 *** (-7.6186)
ln（P）	—	0.0038 * (1.8264)	—	-0.2741 *** (-4.2444)
ln（W）	—	0.0452 *** (9.5713)	—	-0.9528 *** (6.4933)

续表

股票流动性 指标	TURN$_t$		LNL	
	模型 1	模型 2	模型 3	模型 4
LEV	—	0.0201 *** (3.8308)	—	−0.7237 *** (−4.4367)
ln（AT）	—	−0.0108 *** (−8.7061)	—	0.4058 *** (10.5632)
MB	—	0.0261 *** (3.7375)	—	−1.4606 *** (−6.7477)
常数项	0.0310 *** (5.0756)	0.0294 *** (15.5450)	0.7284 *** (6.1954)	0.2752 *** (6.4658)
N	676	676	676	676
R^2	0.2250	0.5939	0.2100	0.5320
F	7.3550	44.5250	9.9050	34.6510

注：***、**、* 分别代表在 1%、5%、10% 水平上显著；括号内为 T 值。

从表 8.5 中可以看出：在模型 1、模型 2 中 AC 与 TURN 的回归系数分别是 0.0038、0.0060，分别在 0.1、0.01 水平上显著为正；在模型 3、4 中 AC 与 LNL 回归系数分别是 −0.0773、−0.1628，在 0.01 水平上显著为负，这恰好证明了假设 H8 - 2，说明大股东出于私利动机，通过定向增发短期内操纵应计利润，使公司业绩达到理想水平，提高股票价格，吸引更多投资者，股票流动性增加；机构投资者加入上市公司之后，作为长期战略投资者，积极发挥对大股东的监督作用，有效改善公司治理水平，缓解了大小股东信息不对称与代理问题，减少股票价格波动与投资者买卖股票价差，提高股票市场流动性。$\overline{\text{DIS}}$与 TURN 回归系数分别为 −0.0186、−0.0064，$\overline{\text{DIS}}$与 LNL 回归系数分别为 0.3313、0.1196，在 0.1 水平上高度显著，说明公司进行盈余操纵，使得信息披露质量降低，加大了上市公司与外界的信息不对称程度，股票流动性降低。AC × $\overline{\text{DIS}}$与 TURN 回归系数分别为 −0.0364、−0.0184，AC × $\overline{\text{DIS}}$与 LNL 回归系数分别为 0.6026、0.2816，在 0.1、0.05 水平上高度显著，说明为了募集更多资金，公司在定向增发过程中进行向上盈余操纵，提高股票发行价格，即定向增发加大盈余管理对股票流动性的影响。

从 TURN、LNL 与交易特征向量回归结果分析：TURN、LNL 与 ln（V）回归结果和本章预期相一致，说明交易越频繁，投资者进行股票交易组合越容易，风险降低，股票流动性增加。TURN、LNL 与 ln（P）回归结果与本章预期相反，股票价格上升，并不能使股票交易量减少，说明我国证券市场与国外相比有着很大差异，市场上更多投资者主要进行短期投机而不是出于长远打算。TURN、LNL 与 ln（W）的回归结果与本章预期相反，说明我国股票市场交易者，更多是从事股票投机交易，而不是进行长远投资，"追涨杀跌""羊群效应"现象比较普遍，虽然股票波动比较大，风险大，但仍然有大量投资者交易股票。

在考虑了公司特征向量因素后，ln（AT）与 TURN 回归结果显著为正，与 LNL 显著为负，说明公司规模越大，受到外界关注越多，迫使公司主动公开更多信息，降低外界获取信息的成本，提高股票流动性；MB 与 TURN 回归系数显著为正，与 LNL 回归系数显著为负，说明高成长的公司受到更多投资者的关注，股票流动性增加；LEV 与 TURN 回归系数显著为正，LEV 与 LNL 回归系数显著为负，说明财务杠杆降低了信息不对称程度，股票流动性增加。

8.4　稳健性检验

为了保证结论可靠，本章进行如下检验：第一，分别对 2006～2012 年各年的定向增发公司进行分析，通过与配对样本进行均值比较之后，分别进行多因素回归分析，回归结果与假设 H8 - 1 一致。第二，本章采用了有效流速（EL）指标来表示股票流动性，参见式（8.7）。

$$EFV_t = \frac{V_t/NUS_t}{AM_t} = \frac{TURN_t}{(PR_{max} - PR_{min})/PR_{t-1}} \tag{8.7}$$

其中，EFV 表示有效流速，该值越大，股票流动性越强；AM 表示振幅，该值代表股票价格波动幅度，该值越大，股价波动性越大，说明投资者对于市场中股票价格判断存在明显差异，信息不对称程度越高，买卖报价价差扩大，股票流动性降低；V 表示成交量；NUS 表示流通股数量；PR 表示价格；TURN 表示换手率，该指标从数量上度量股票流动性，成交量越大，股票流动性越强；EFV 表示 1 单位股票价格波动能够引起成交量的变化，该指标从成交量与价格方面综合反映股票流动性，即从市场深度与宽度两个方面度量，

综合反映了股票流动性影响。因变量采用 EFV；自变量采用 $\overline{DIS}_{i,t-1}$、AC、
AC × $\overline{DIS}_{i,t-1}$；控制变量采用交易特征变量：ln（V）、ln（P）与 ln（W），
公司特征变量采用 LEV、ln（AT）与 MB，之后进行回归分析，回归结果与
上述实证结果没有显著差异，再次证明假设 H8 - 2、H8 - 3 是正确的。

8.5　研 究 结 论 与 建 议

本章对定向增发过程中是否存在盈余管理进行研究，通过配对样本均值
比较，以及多因素综合分析，表明了某些定向增发公司在增发前一年和当年
进行了向上盈余操纵。就盈余管理行为与股票流动性关系进行回归分析，实
证结果表明：定向增发公司股票流动性明显高于非定向增发公司；盈余管理
降低了股票流动性，定向增发加大了对股票流动性的影响。这一发现补充了
定向增发时与盈余管理相关的研究。在实践中，该研究可以为相关的政策主
管部门提供参考、指导与建议，便于其加强监管，完善上市公司的治理结构，
进一步抑制定向增发过程中的盈余管理行为，促使上市公司健康稳步发展。

政策建议：第一，机构投资者具有先进管理经验与技术，有能力解读与
理解上市公司财务与经营情况，有利于引导广大中小投资者对信息的正确理
解，减少大小股东之间的信息不对称程度，提高股票流动性。因此，证券监
督管理部门应该制定相关政策，鼓励机构投资者参与股票购买，以便加强公
司治理，改善我国上市公司"一股独大"现象，从而优化股权结构，提高上
市公司信息披露质量，提高股票流动性。第二，盈余管理使外部中小投资者
与上市公司信息不对称程度增加，降低股票流动性。为了加强对盈余管理行
为的监督，证券监管部门不仅要加强财务会计信息披露监管，而且要加强非
财务信息监管，除应披露上市公司会计政策等影响企业盈余的信息之外，还
应对缺乏会计原则与基础会计处理事项，比如会计人员职业判断原则与基础
等做出充分披露，以充分反映交易事项的本质。

第9章　定向增发、盈余管理与公司绩效研究

　　股权融资方式多种多样，有配股、公开发行、定向增发，定向增发与前两种方式不同，它主要面向特定少数的几个投资对象发行股票。而且，定向增发也没有业绩的要求。相对来说，上市公司获得发行资格更容易，成本较低，使得这种方式也已成为大多数上市企业发行新股的主要选择。然而，虽然企业获得定向增发的许可相对容易，但是为了使企业的财务报告更"漂亮"，以便吸引外界投资者的目光，促使他们认购股份、投入更多的资金，企业就不得不通过盈余操纵美化公司在增发前的业绩报告，来影响投资者对企业未来股票价值的判断，进而诱导投资者，最终促使他们对公司进行资金投入。本章从应计盈余管理方式进行考虑，这种方式是指企业主要通过对会计政策、方法的更改等手段，来改变企业净利润在不同会计期间的分布（魏明海，2000），但是，这种方式只是将不同的会计账目进行调整，所以，它并不会改变公司的实际经营利润。不过，近年来，随着我国日趋完善的监管制度，以及相关会计法律制度和会计准则的陆续出台，同时机构投资者识别盈余管理的意识和能力也在提升，而且企业通过应计盈余管理操纵公司业绩的成本和风险也在逐渐加大，于是，很多企业会选择使用真实盈余管理来操纵利润（Zang，2006）。但是，不容置疑的是，应计盈余管理方式为企业在做高利润的过程中，也在会计估计变更、会计政策变更、政府补助调节盈亏等方面也提供了更多的空间和选择。那么，在来自外部的压力下，究竟应计盈余管理的存在性如何，就是本章研究的目标。

　　本章在理论上的主要研究贡献：其一，基于目前国内在盈余管理对公司绩效的影响这方面的文献较少，尤其从应计盈余管理的角度探讨其对公司绩效的影响的研究，则更是缺乏。因此，本章的研究成果，能够填补当前该类研究的空白；其二，对于本章所研究的成果，将对上市公司在信息披露和完善市场信息方面提供帮助，同时也为监管机构及投资者提供更多的建议；其

三，对于盈余管理对未来公司绩效的研究结论，本章与大多学者研究不同，因此，本章的研究能够为大家提供新颖的观点和不同的研究视角。

9.1 理论分析与研究假设

关于定向增发过程中的盈余管理，已有众多学者对其进行探讨。而且，在实际经营中，管理者对该问题的关注也在不断加大。国内外已有众多文献都表示应计盈余管理确实存在。较早之前，国外学者如蒂欧等（Teoh et al.，1998）、罗干（Rongan，1998）就提出观点：企业股东为了促使外部机构者对本公司进行融资，他们会通过相关手段粉饰公司业绩，以便能提高股价，提升未来盈利能力。关于为什么进行盈余管理，希瓦库马（Shivakumar，2000）的观点不同，他认为盈余管理是公司出于适应市场变化考虑后的结果，并非其主观意愿。不过，大多数研究学者的观点还是与蒂欧等（Teoh et al.，1998）和罗干（Rongan，1998）的观点相似，他们都认为，公司在增发新股前所进行的盈余操纵与增发后公司业绩下滑高度相关。诸如章卫东（2010）、李增福（2012）和王福胜（2014）等。相比之下，国内对此的研究略晚，具有代表性的是章卫东（2010）和李增福（2012）的研究，章卫东（2010）是从应计项目盈余管理的角度来分析盈余操纵对股票发行后公司业绩的影响，他分别从大股东和机构投资者两方面来研究，他认为，企业向大股东及机构投资者定向增发时，会分别进行向下和向上的盈余管理。而李增福（2012）分别阐述了应计盈余管理和真实盈余管理两种方式对企业绩效的影响，得出结论：应计盈余管理的结果是企业短期内业绩下跌。而且，郑琦（2009）的观点也与章卫东的略有不同，不同之处在于——公司进行盈余管理只针对机构投资者。总体而言，大多数学者表明盈余管理的普遍存在。例如土晓亮（2014）、魏明海（2000）等学者。但是对于业绩是否上升，学者们的观点不尽相同。基于学者对上市公司定向增发过程的盈余管理研究存在争议，为了进一步验证，本章将借鉴前人已有的研究成果，通过分析股票增发前公司盈余管理的力度和增发后经营的盈利水平，研究出盈余管理是如何影响公司业绩水平以及其影响程度。我国上市公司的大股东股份占比大，因此如果定向增发能够顺利实行，那么大股东就能谋到更多的利益，募集到的资金更多，企业便能在社会上得到更多的认可，最终大股东的利益也就更加丰厚，企业大股东持有的股票的资产就越雄厚，因此，在这种动机的驱动下，某些公司就更愿意虚报自己的经营水平，进行利益输送，将编造的业绩报表传送给特定的机构投资者，诱使潜在投资者增强对公司的期望。而且，根据信息不对称理论，在定向增发过程中，机构投资者不可能做到对增发企业经营状况和财务报表真实了解，又不能轻易地识别定向增发企业的盈余操纵行为，所以他们只能通过对上市企业对外披露的财务报告进行判断，以此来决定是否认购股份、对增发企业进行融资。在委托代理理论下，公司控股股东对管理者会有业绩要求，杜兴强（2007）认为，高层管理者为了获取更丰厚的报酬，会想方设法提高短期会计盈余，达到股东委托给他们的利润目标。因此，盈余管理是实现财富增值效应的一种有效方式。据此分析，本章提出假设 H9 - 1。

H9 - 1：我国上市公司在定向增发过程中会通过应计盈余管理来调整账面业绩。

蒂欧等（Teoh et al.，1998）认为，使用盈余操纵的手段增加利润，实际上是改变不同收入或费用实际发生的时间，例如：公司将未来的利润确认为当期，或者将当期的费用挪至后期。一方面，虽然增发前期公司披露的财务报告并不代表公司实际的经营水平，但是根据监管部门的规定，为了保持股票发行，避免被监管部门"摘牌"，上市公司在增发新股后就面临着要继续维持利润的压力，不能让利润发生"反转"下滑。另一方面，盈余管理造成未来业绩下滑的可能性并非是绝对的，86.3% 的高管认为，公司通过盈余操纵达到企业预期的利润目标是有益的，高利润可以向资本市场的利益相关者传达好的信息，表明公司的运行和前景很好，从而促进企业的发展。格尼（Gunny，2010）在 2010 年也明确表示过以上观点。因此，增发后继续维持较好的业绩水平，是为了使大股东和机构投资者不丧失对公司的信心、努力经营达到股东对公司业绩期望的必要选择。据此，本章提出假设 H9 - 2。

H9 - 2：应计盈余管理和未来一年内的业绩呈正相关。

9.2　数据来源及研究设计

9.2.1　样本选择与数据来源

2005 年后，许多公司开始将股权融资的方式转变为定向增发。本章将对定向增发企业的应计盈余管理进行研究,分析公司增发新股当年及前两年的盈余管理情况及其对增发后一年的业绩影响程度。为了获取最新的和相对完整的数据,本章将选取2013年进行定向增发的A股上市公司为初选样本,样本期间为2011~2014年。首先,针对初选样本的281家公司,为保证研究结果的有效性和研究过程的规范严谨,以下样本将被剔除:(1)由于金融行业经营范围、资产结构和计量标准等与其他行业上市公司不同,因此金融行业数据不具有参考性,故将其剔除不予考虑,该过程剔除4家公司;(2)剔除当年又进行IPO、配股和可转债的样本;(3)剔除当年同一企业多次进行增发的后几次样本,仅保留最早一次的数据,这样共剔除32家;(4)剔除数据缺失、异常的上市公司,若是某一年或某一季度数据异常或缺失,也将其剔除,经过筛选共剔除15家。经过以上剔除过程后,最终的样本数据为231家。数据来源于万德(Wind)数据库。具体的行业分布情况见表9.1。

表9.1 2013年定向增发公司的行业分布

行业名称	CSRC 分类	数量
农、林、牧、渔业	A	3
采矿业	B	6
制造业	C	150
电力、热力、燃气及水生产和供应业	D	16
建筑业	E	6
批发和零售业	F	8
交通运输、仓储和邮政业	G	7
住宿和餐饮业	H	1
信息传输、软件和信息技术服务业	I	18
房地产业	K	2
租赁和商务服务业	L	5
科学研究和技术服务业	M	2
水利、环境和公共设施管理业	N	2
文化、体育和娱乐业	R	5
总计	—	231

注:全部数据来源于万德(Wind)数据库。

为了证明假设 H9 – 1,本章将采用比较定向增发公司和非定向增发公司的应计盈余管理的方式，为了摒除行业和公司规模的影响，将会选取在研究期间未进行过 IPO、配股、公开发行可转债的同行业、上年年末资产最为接近的本年度非定向增发公司作为配对样本。配对样本的选取程序按照如下步骤：（1）对于这三年全部上市公司中的非定向增发公司，首先也按照上述样本筛选的原则进行；（2）分别确定 2011～2013 年这三年内定向增发公司的所属行业和上年年末总资产；（3）优先在本行业中选取与本企业上年年末总资产最接近的企业作为其配对样本。当然，经过这三个步骤选取后，不能保证所有的公司都能选取到合适的配对样本。而且，要说明的是，必须分年度选取配对样本。因此，三年的配对样本将是不一样的。按此步骤，2011 年有211 家公司找到了配对样本，2012 年有 210 家找到了配对样本，2013 年有203 家找到了配对样本，其他公司的配对样本的寻找则只需考虑上年年末资产最接近的要求即可。本章应计盈余管理的测度步骤如下：第一，分年度、分行业对三年全部上市公司进行 OLS 回归，求出各自的变量系数；第二，将系数带入对应年度行业的定向增发样本模型中（修正的琼斯模型）；第三，同时也将系数带入对应的配对样本中；第四，分别计算出样本和配对样本各年度、各行业的可操纵应计利润，即应计盈余管理。

9.2.2 应计盈余管理程度的测度

（1）可操控性利润的计算。对应计盈余管理测量模型的选取，学者们采用的都不尽相同。但是，相比较之后发现，大多数学者比较认同的是修正的琼斯模型[1]，因其误差小、拟合程度好。因此，为了使研究结果更加精确，本章也将采用该模型。在此模型中，总应计利润由可操纵应计利润（DA）和非可操纵应计利润（NDA）构成。通过模型回归，最终求出的 DA 用来衡量应计盈余管理。（2）应计盈余管理与公司绩效的模型构建。在研究应计盈余管理影响公司未来一年业绩的过程中，本章将参考相关文献，针对本章的具体情况，准确地找到适合的自变量、因变量和控制变量。需要说明的是，本章引入的控制变量有两种：定量和定性，它们共同影响着公司的经营业绩。定性变量包括公司生命周期、成立时间和会计师事务所类型，其参照虚拟变

---

① Dechow P M, Richard G S, and Sweeney A P. Detecting earnings management [J]. Accounting Review, 1995, 70 (2): 193-225.

量作为控制变量。在未来业绩方面，本章将定向增发后一年的业绩分别与增发当年的 DA、增发前一年的 DA 以及这两年共同的 DA 进行回归，用以验证前面的研究假设 H9 - 2，回归模型将依照如下公式进行：

$$ROA = \eta_0 + \eta_1 DA(-1) + \eta_2 \ln size + \eta_3 FA + \eta_4 Lage + \eta_5 Bigfou + \eta_6 cycle + \eta_7 CFO + \eta_8 Salegro \tag{9.1}$$

$$ROA = \eta_0 + \eta_1 DA(0) + \eta_2 \ln size + \eta_3 FA + \eta_4 Lage + \eta_5 Bigfour + \eta_6 cycle + \eta_7 CFO + \eta_8 Salegro \tag{9.2}$$

$$ROA = \eta_0 + \eta_1 DA(-1) + \eta_2 DA(0) + \eta_3 \ln size + \eta_4 FA + \eta_5 Lage + \eta_6 Bigfour + \eta_7 cycle + \eta_8 CFO + \eta_9 Salegro \tag{9.3}$$

上述公式的各个变量的具体含义见表 9.2。

表 9.2　　　　　　　　　　　公式变量及具体含义

变量	变量符号	变量名称	具体含义
被解释变量	ROA	资产收益率	净利润/平均资产总额，平均资产总额为年初资产总额和年末资产总额的平均值
解释变量	DA（-1）	盈余管理	增发前一年的可操控性利润
	DA（0）		增发当年的可操控性利润
控制变量	ln（size）	公司规模	年末资产总额的自然对数
	FA	固定资产百分比	年末固定资产/年末资产总额
	Lage	成立时间	成立时间 +1 的自然对数
	Bigfour	会计师事务所类型	虚拟变量，如果审计年度报告的事务所属于国际四大会计师事务所，则取 1，否则取 0
	Cycle	生命周期	以（Dickinson，2011）提出的以现金流量的三项指标为分类依据划分企业类型的生命周期理论，属于成熟期的取 1，否则取 0
	CFO	资产经营现金流	经营活动现金净流量/年末资产总额
	Salegro	销售收入增长率	（本年销售收入 - 去年销售收入）/去年销售收入

在分析当年和前一年的盈余管理对公司定向增发后一年绩效影响的过程中，本章进行了三次回归：前一年可操控应计利润和当年可操控应计利润分别与其他变量进行回归，以及这两年的共同可操控应计利润与其他变量一起进行回归，两年共同进行回归是为了增强结果的可靠性。

9.3 实证分析

9.3.1 定向增发公司进行应计盈余管理存在性的实证检验

由于本章对定向增发当年及前两年是否有盈余管理操纵进行了检验，为方便起见，特将时间进行重新编定：2011 年、2012 年和 2013 年分别为 −2 年、−1 年和 0 年，表示定向增发前两年、前一年和增发当年。在表 9.3 中，定向增发与其配对样本盈余管理的对比可分为两部分：（1）通过七个指标（平均值、标准差、最小值、四分位点）对两者进行初步比较；（2）对两者的差异通过均值、t 值和中位数进行统计检验。

表 9.3　　　　　　　　　定向增发样本和配对样本的指标对比

变量	−2 年		−1 年		0 年	
	样本	配对样本	样本	配对样本	样本	配对样本
Obs	231	231	231	231	231	231
平均值	− 0.0009	0.0088	0.0074	− 0.0080	0.0451	− 0.0058
标准差	0.1270	0.1269	0.1438	0.0920	0.2316	0.0970
MIN	− 0.5856	− 0.9464	− 0.4393	− 0.5587	− 0.9592	− 0.6383
P25	− 0.0587	− 0.0544	− 0.0414	− 0.0540	− 0.0356	− 0.0387
P50	− 0.0048	0.0033	0.0020	− 0.0051	0.0096	− 0.0074
P75	0.0543	0.0623	0.0411	0.0379	0.0669	0.0350
MAX	0.8320	0.5881	1.8522	0.4288	1.8203	0.5630
均值	0.7855		0.0806 *		0.0015 **	
t 值	0.7927		0.0860 *		0.0011 **	
中位数	0.0482		0.0652 *		0.0350 *	

注：（1）***、**、* 分别表示在 0.01、0.05 和 0.1 水平上显著；（2）均值采用 T 检验，中位数采用非参数 Wilcoxon-Z 检验。

资料来源：Wind 数据库。

上述结果显示，在从 −2 年到 0 年的变化中，样本的平均值、中位数、最小值的总体趋势由负值变为正值，标准差也在变大，表明样本与配对样本的 DA 差距逐渐凸显，证明样本 DA 的非正常性。表下方显示的三个指标均值、t 值和中位数，有效地说明了样本公司和控制样本的可操纵应计利润的差异的显著性水平。从数值直观看到，在 - 2 年里，无论从均值还是中位数来看，样本与配对样本的可操纵应计利润差异为 0.7855，但并不显著；在 - 1 年里，定向增发样本与配对样本的均值分别为 0.0074、 - 0.0080，而且这两者差异的均值 0.0806 在 0.1 水平上显著；在中位数方面，样本与配对样本的中位数分别为 0.0020 和 - 0.0051，两者差异的中位数 0.0652 是在 0.1 水平上的高度显著；在 0 年，样本和控制样本的均值为 0.0451、 - 0.0058，两者差异的均值 0.0015 在 0.05 水平上显著，两者中位数分别为 0.0096、 - 0.0074，两者差异的中位数 0.0350 是在 0.05 的水平上高度显著。通过这两年的数据分析，有效地说明了定向增发在前一年及当年内 DA 存在异常升高，即假设 H9 - 1 得到初步验证。

9.3.2　盈余管理对未来经营业绩相关的实证分析

9.3.2.1　相关性分析

从表 9.4 中可以看出，DA（0）与 DA（ - 1）的相关系数为 0.393，DA（0）与 cfo 的相关系数为 0.338，Fa 与 cfo 的相关系数为 0.377，除了这三组变量的相关系数绝对值大于 0.3 外，其余的系数绝对值均小于 0.3。其中，自变量 DA（ - 1）、DA（0）和 ROA 的相关系数为 0.052、0.100，表明盈余管理对之后一年的影响是正向的。控制变量 ln（size）、Fa、Lage、Big4、cycle、cfo、sale 和因变量 ROA 的系数为 0.039、 - 0.146、0.059、 - 0.040、 - 0.177、0.256 和 0.108，但都不显著。自变量 DA（ - 1）、DA（0）和控制变量 ln（size）、Fa、Lage、Bigfour、cycle、salegro 的相关系数均小于 0.3，其中只有 DA（ - 1）和 DA（0）、cfo 和 DA（ - 1）、sale 和 DA（ - 1）这三组的系数显著，说明定向增发前一年和增发当年的盈余操纵越大，增发后一年的现金流量和销售量越大。之后，又通过了共线性统计，VIF 及其平均数均小于 2，这表明变量间的相关性很弱，由此可以排除多重共线性的可能性。

表 9.4　　　　　　　　　　　各变量的 pearson 系数

变量	ROA	DA (-1)	DA (0)	ln (size)	Fa	Lage	Bigfour	cycle	cfo	salegro
ROA	1									
Da (-1)	0.0521	1								
Da (0)	0.1005	0.393	1							
ln (size)	0.0394	-0.022	0.0314	1						
Fa	-0.1459	-0.08	-0.064	0.2305	1					
Lage	0.059	-0.062	-0.097	-0.0489	-0.1099	1				
Bigfour	-0.0402	-0.056	-0.0484	0.2904	0.0387	0.1476	1			
cycle	-0.1772	-0.019	-0.0406	-0.01	-0.0432	0.0433	0.0791	1		
cfo	0.2561	-0.156	0.3383	0.1139	0.3765	0.0463	-0.0369	-0.0009	1	
salegro	0.1079	0.2139	0.2186	-0.0816	-0.074	0.0085	-0.0345	0.1848	-0.181	1

资料来源：Wind 数据库。

9.3.2.2　多元回归结果与分析

表 9.5 为盈余管理业绩回归的汇总结果，为对比直观简洁，特将所有结果编制在一张表中。式（9.1）、式（9.2）、式（9.3）的回归结果分别用 Ⅰ、Ⅱ、Ⅲ表示，三者分别表示增发前一年的盈余管理、增发当年的盈余管理以及这两年的盈余管理与增发后一年的业绩、其他控制变量进行回归，也就是要与 2014 年的业绩进行回归，即进行了三次回归。从下表的结果中看，可操纵应计利润Ⅰ和Ⅲ中的增发前一年的系数为正，说明前一年的盈余管理和未来一年的业绩是正相关的，但 P 值均不显著。增发当年（Ⅱ和Ⅲ）的系数为正且均显著，其分别为 0.005 和 0.003，均是在 0.01 水平上的高度显著，这说明定向增发当年的应计盈余管理可以导致增发后一年的业绩上升。总体而言，无论是其单独与业绩回归还是两年 DA 一起与业绩回归，其结果是一致的。因此，在这三次回归分析中，只有Ⅱ和Ⅲ中 DA（0）呈现高度显著。所以，最终本章有理由认为：当年的盈余管理对未来一年内公司的绩效有正向影响，对其他变量而言，其显著性也均得以在当年业绩回归中体现。从而，本部分证明了假设 9-2。

表9.5 盈余管理对公司绩效影响的回归结果

变量	I	II	III
DA	0.996 (0.01)	0.005 *** (2.81)	0.003 *** (2.98)
lnsize	0.000 *** (4.84)	0.000 *** (4.67)	0.000 *** (4.72)
Fa	0.000 *** (4.27)	0.000 *** (4.49)	0.000 *** (4.53)
Lage	0.858 (0.18)	0.687 (0.40)	0.716 (0.36)
Bigfour	0.502 (0.67)	0.617 (0.50)	0.598 (0.53)
cycle	0.010 *** (2.61)	0.011 ** (2.58)	0.010 *** (2.59)
CFO	0.000 *** (5.77)	0.000 *** (6.47)	0.000 *** (6.47)
Salegro	0.136 (1.50)	0.214 (1.25)	0.184 (1.33)
Obs	231	231	231
F-stat	11.47	12.67	11.61
Adj-R^2	0.3128	0.3366	0.3366

注：*、**、*** 分别表示在0.1、0.05和0.01水平上显著，括号内为其对应的T值。
资料来源：Wind 数据库。

9.4 稳健性检验

上述结果仅仅是通过对比定向增发公司与非定向增发公司的方式，证明了定向增发盈余管理的存在，但这种方式并未考虑到配对样本公司的可操纵应计利润较低究竟是否是由其他因素造成的结果，因此为了使结果更可靠，本章又进行稳健性检验。该项检验只对定向增发公司进行，分析结果由均值、中位数、标准差等六个指标确定。具体情况见表9.6。从表9.6的各项指标可以得知，前两年的均值和中位数为负，但是统计结果并不显著，－1年均值（0.0074）、中位数（0.0020）和0年均值（0.0451）、中位数（0.0096）都为正值，而且这两年DA的t值均在0.05水平上显著，这表明有上市公司在增发当年及前一年进行了向上的盈余操纵，而且增发当年比前一年更加显著，说明该类公司从前一年就开始进行应计项目盈余操纵，同时增发当年进行向上操纵的力度更大。从而进一步证明了假设H9－1。

表9.6 应计项目盈余管理的指标分析

时间	均值	t值	标准差	最小值	中位数	最大值
－2年	－ 0.0008	－ 0.1037	0.127	－ 0.5855	－ 0.0047	0.832
－1年	0.0074	0.7873	0.1438	－ 0.4393	0.002	1.8522
0年	0.0451**	2.9586	0.2316	－ 0.9592	0.0096	1.8204

注：＊、＊＊、＊＊＊分别表示在10%、5%和1%的水平上显著。
资料来源：Wind数据库。

9.5 结 论

在理论与实际工作中，应计盈余管理一直受到关注，它的实施对公司有着或好或坏的作用，为了确定其存在性及其对增发后一年的绩效的影响性，本章选取了2013年定向增发的样本公司数据。经过一系列的证明分析，可以明确地得出如下结论：第一，上市公司为了顺利进行定向增发，确实会在增发当年和前一年通过应计盈余管理的方式粉饰利润，以"迎合"目标对象。第二，应计盈余管理操纵后的结果是增发后一年公司业绩的上升。最后，我希望通过本章的研究，能够给人们一些启示：不论是随着证券法的出台，还是相关法律法规的完善，上市公司通过盈余管理操纵利润的现象依然存在，这个启示可以在完善市场交易和披露信息方面提供帮助。同时，本章的研究创新也能够丰富现有的研究成果。

第10章 大股东投机行为、市场择机与 定向增发公告效应研究

国内外很多学者对定向增发公告效应进行了深入探讨，从描述性研究逐步过渡到深层次研究，涉及的问题包括大股东投资投机动机、增发市场时机选择以及大股东利益输送等问题。大多数学者的研究都发现定向增发具备正公告效应，究其原因主要在于市场普遍对定向增发企业存在乐观情绪。此外，研究还发现定向增发公告效应与定向增发价格折扣成正比[1][2]，信息不对称则加重了这种趋势[3]，定向增发公告效应与发行中介机构声誉和公司治理机制都存在正相关关系[4][5]，面向内部投资者增发的公告效应要好于面向外部投资者增发的公告效应[6]。当然，也有研究发现定向增发存在负公告效应，他们认为在市场悲观情绪弥漫的环境下，经营风险大效益长期不佳的定向增发企业往往会出现负公告效应[7]。与此同时，很多学者研究发现投资者行为变量对定向增发公告效应具有显著影响，普遍认为定向增发公告效应在牛市环境

① 徐斌，俞静. 究竟是大股东利益输送抑或投资者乐观情绪推高了定向增发折扣？［J］，财贸经济，2010（4）：40-46.

② Fonseka, M. M., Colombage, S., Tian, G. L. Effects of Regulator's Announcements, Information Asymmetry and Ownership Changes on Private Equity Placements ［J］. Journal of International Financial Markets, Institutions and Money, 2014, 29（3）：126-149.

③ Liang, H. C., Jang, W. Y. Information Asymmetry and Monitoring in Equity Private Placements ［J］. The Quarterly Review of Economics and Finance, 2013, 53（4）：460-475.

④ Erhemjamts, O., Raman, K. The Role of Investment Bank Reputation and Relationship in Equality Private Placement ［J］. Journal of Financial Research, 2012, 35（2）：183-210.

⑤ Yeh, Y. H., Shu, P. G., Kao, M. S.. Corporate Governance and Private Equity Placements ［J］. Review of Pacific Basin Financial Markets and Policies, 2015, 18（2）：145-155.

⑥ Shiu, C. Y., Wei, H. S.. Do Private Placements Turn Around Firms? ［J］. Financial Management, 2013, 42（4）：875-899.

⑦ Chen, S. S., Kim. W. H., Lee, C., Yeo, G. H. H.. Wealth Effects of Private Equity Placements ［J］. The Financial Review, 2002, 37（2）：165-184.

下远比在熊市环境下表现得更为正面①②。

此外，很多文献都涉及定向增发时机选择问题，普遍认为大股东机会主义行为加剧了增发时机选择的投机动机。卡亚（Kaya，2012）研究发现在市场股权融资困难时，企业倾向于进行定向增发融资；戈麦斯和菲利普斯（Gomes and Phillips，2012）研究发现市场透明度越大时企业越倾向于采用公募发行方式融资，反之则倾向于采用私募发行方式融资；佘诗曼和奥尼尔等（Charmaine and Oneil et al.，2012）研究发现大多企业倾向于选择在市场价值被高估的时候进行定向增发；爱瑞娜（Arena，2011）研究发现企业往往在信用评级不理想的时候进行定向增发，反之则进行公募发行；诺玛西亚和哈桑等人（Normazia and Hassan et al.，2013）研究认为新兴市场企业在进行定向增发时存在投机行为，他们倾向于在企业财务危机时选择定向增发，反之则进行公开融资。与此同时，很多研究都发现定向增发过程中存在大股东利用盈余管理、现金分红和股份增持或减持等手段进行利益输送的现象③④⑤。

显然，几乎所有研究都认为定向增发时大股东角色至关重要，但是迄今为止的研究基本上都是针对大股东利益输送问题，并没有深入地研究定向增发时机选择、发行多少和认购多少等问题，也没有研究大股东是否借持股比例的增减释放公司前景信息。那么，大股东通过持股比例的增减来释放公司经营前景信息了吗？市场对大股东持股比例增减做出合理反应了吗？不同市场环境下企业存在定向增发时机选择吗？大股东通过增发时机选择进行了利益输送吗？利益输送的财富究竟来源于内生价格折扣还是外生股票价格波动呢？本章运用行为经济学原理拟对上述问题进行讨论，在对大股东发行前后持股数和财富数进行数理逻辑分析的基础上，给出相应的研究假说和实证检验，以达到对定向增发中大股东动机行为清晰的认识，并据此提出针对我国

① 伍燕然，韩立岩. 投资者情绪理论对金融"异象"的解释 [J]. 山西财经大学学报，2009（2）：95 – 100.

② 邓路，王化成，李思飞. 上市公司定向增发长期市场表现：过度乐观还是反应不足 [J]. 中国软科学，2011（6）：167 – 177.

③ Bo, H., Huang, Z., Wang, C.. Understanding Seasoned Equity Offerings of Chinese Firms [J]. Journal of Banking and Finance, 2011, 35（5）：1143 – 1157.

④ 赵玉芳，余志勇，夏新平，汪宜霞. 定向增发、现金分红与利益输送 [J]. 金融研究，2011（11）：153 – 166.

⑤ 王浩，刘碧波. 定向增发：大股东支持还是利益输送 [J]. 中国工业经济，2011（10）：119 – 129.

定向增发市场健康发展的政策建议。本章研究有助于在理论上深刻地认识定向增发事件，也有利于中小股东科学地把握定向增发中大股东动机行为，以及相关部门制定更具针对性的政策。

10.1　理论分析与假说提出

斯坦（Stein，1996）的市场择时模型指出，投资者的非理性行为会导致公司的市场价值偏离其基础价值，牛市中普遍存在的过度乐观情绪必然带来股票市场的非理性盲目"看涨"心理，任何发行主体都存在动机追求这一"理想状态"，定向增发企业自然也不例外。显然，定向增发时机选择是由大股东所决定的，在公司经营前景看好情景下大股东自然要保持公司控制权，并且尽可能充分利用中小股东投机心理进行利益输送；在公司前景不看好情景下大股东会通过减持控股数以规避经营风险，与此同时尽可能地利用中小股东的投机心理进行利益输送。张鸣和郭思永（2009）对此问题进行了分析，但是他们把增发前后股票价格混为一体，在实证研究中运用增发前后股票价格进行实证分析。本章在修正他们错误的基础上进行详细的理论分析，从而达到解释定向增发内在运行规律的目的。

为了讨论的方便，用符号 α、β、γ 和 w 分别表示发行前大股东持股比例、新股发行比例、大股东认购新股比例以及发行后大股东持股比例；用符号 N_1、N_2 和 N_3 分别表示发行前股数、发行后股数以及新股发行股数；用符号 N_4、N_5 和 N_6 分别表示发行前后大股东持股数以及大股东新股认购数；用符号 P_1、P_2 和 P_3 分别表示发行前后增发企业股票价格及新股发行价格；用符号 ε 表示发行价格折扣；用符号 C 表示大股东获取新股成本；用符号 Δw 和 ΔW 分别表示发行前后大股东持股比例和财富的变化额；用 W_1 和 W_2 分别表示发行前后大股东财富数量，相应的增发企业发行前后总财富分别用 TW_1 和 TW_2 表示。

由于发行前持股比例 = 大股东持股股数/发行前流通股总股数；

发行比例 = 新股发行股数/发行后流通股总股数 = 新股发行股数/（发行前流通股总股数 + 新股发行股数）；

认购比例 = 购买新股发行股数/新股发行股数。于是有下列表达式：

$$\varepsilon = (P_1 - P_3)/P_1, \quad \alpha = N_4/N_1, \quad \beta = N_3/N_2 = N_3/(N_1 + N_3), \quad \gamma = N_6/N_3。$$

由于：

$w = N_5/N_2 = (N_4 + N_6)/(N_1 + N_3) = (\alpha N_1 + \gamma N_3)/(N_1 + N_3)$；

并且：$\beta = N_3/N_2 = N_3/(N_1 + N_3)$，于是有：$N_3 = \beta N_1/(1 - \beta)$，代入上式，有：

$w = (\alpha N_1 + \gamma N_3)/(N_1 + N_3) = [\alpha N_1 + \gamma \beta N_1/(1 - \beta)]/[N_1 + \beta N_1/(1 - \beta)] = \alpha - \alpha \beta + \gamma \beta$；

于是，大股东控股数的变化为：

$$\Delta w = w - \alpha = \alpha - \alpha \beta + \gamma \beta - \alpha = \gamma \beta - \alpha \beta = (\gamma - \alpha)\beta \tag{10.1}$$

当 $\alpha = \gamma$ 时大股东股数没有变化，当 $\alpha < \gamma$ 时大股东股数增加，当 $\alpha > \gamma$ 时大股东股数减少。显然，从某种意义上可以认为公司股票是公司经营业绩的外在货币表现，大股东继续增持股数意味着企业效益良好前景看好，反之则意味着经营出现问题前景不妙。大股东固有的信息优势，势必对中小投资者产生投资导向效应。由此提出假说 H10 – 1a 和 H10 – 1b。

H10 – 1a：定向增发中大股东保持或者提高控股比例时公司经营效益比其在减少控股比例时经营效益好；

H10 – 1b：定向增发中大股东保持或者提高控股比例情景下的市场反应比其减少控股比例情景下的反应正面。

下面讨论发行前后大股东财富变化以及财富变化来源问题。显然，发行前总财富 $TW_1 = N_1 P_1$，发行前大股东财富 $W_1 = \alpha TW_1 = \alpha N_1 P_1$；发行后总财富 $TW_2 = N_2 P_2 = (N_1 + N_3) P_2 = N_1 P_2/(1 - \beta)$；发行后大股东财富 $W_2 = w TW_2 = (\alpha - \alpha \beta + \gamma \beta) N_1 P_2/(1 - \beta)$；发行中大股东付出成本 $C = P_3 N_6 = P_3 \gamma N_3 = \gamma \beta N_1 P_3/(1 - \beta)$；在考虑成本之后发行后大股东财富 $W_2 = (\alpha - \alpha \beta + \gamma \beta) N_1 P_2/(1 - \beta) - \gamma \beta N_1 P_3/(1 - \beta)$。于是，大股东财富变化 $\Delta W = W_2 - W_1 = (\alpha - \alpha \beta + \gamma \beta) N_1 P_2/(1 - \beta) - \gamma \beta N_1 P_3/(1 - \beta) - \alpha N_1 P_1$，经变换后可得：

$$\Delta W = (\alpha - \alpha \beta + \gamma \beta) N_1 P_2/(1 - \beta) - \gamma \beta N_1 P_3/(1 - \beta) - \\ \alpha(1 - \beta) N_1 P_1/(1 - \beta) \tag{10.2}$$

由于 $\varepsilon = (P_1 - P_3)/P_1$，于是有：$P_3 = (1 - \varepsilon) P_1$，这里一般有 $0 < \varepsilon < 1$，即定向增发股票一般折价发行。当 $\varepsilon \leqslant 0$ 时则意味着等价或者溢价发行。由于发行之后价格 P_2 是在发行之前价格 P_1 基础上形成的，不妨假设 $P_2 = (1 + \omega) P_1$，并且 $\omega > 0$，即定向增发存在正面市场反应，当然也有可能存在 $\omega \leqslant 0$ 的

情况，即市场对定向增发没有产生影响或者产生负面效应。

由于 $P_2 = (1 + \omega)P_1$，现把 P_1、P_2 和 P_3 的关系代入式（10.2），有：

$$\Delta W = (\alpha - \alpha\beta + \gamma\beta)N_1P_2/(1 - \beta) - \gamma\beta N_1 P_3/(1 - \beta) - \alpha(1 - \beta)N_1P_1/(1 - \beta)$$

经变换后可得：

$$\Delta W = (\omega\alpha + \beta\gamma\omega + \beta\gamma\varepsilon - \omega\alpha\beta)N_1P_1/(1 - \beta) \qquad (10.3)$$

由于大股东财富变化 $\Delta W = (\omega\alpha + \beta\gamma\omega + \beta\gamma\varepsilon - \omega\alpha\beta)N_1P_1/(1 - \beta)$，并且 $\alpha > 0$，$\beta > 0$，$\gamma > 0$，$1 - \beta > 0$，因此大股东财富变化取决于发行后价格上涨幅度、新股上涨幅度和价格折扣率等，所付出的成本则来自因购买新股所付出的成本。

式（10.3）显示发行价格上涨导致的利益输送 ΔW^1 和价格折扣所导致的利益输送 ΔW^2 分别可表示为：

$$\Delta W^1 = (\omega\alpha + \beta\gamma\omega - \omega\alpha\beta)N_1P_1/(1 - \beta)，\Delta W^2 = \beta\gamma\varepsilon N_1P_1/(1 - \beta)$$

令 $\Delta W^1 > \Delta W^2$，可得 $(\omega\alpha + \beta\gamma\omega - \omega\alpha\beta)N_1P_1/(1 - \beta) > \beta\gamma\varepsilon N_1P_1/(1 - \beta)$，即 $\omega\alpha(1 - \beta) > \beta\gamma(\varepsilon - \omega)$。于是，当价格上涨程度 ω 超过增发价格折扣率 ε 时，可以判定价格上涨造成的利益输送超过价格折扣所带来的利益输送。当价格上涨程度 ω 没有超过增发价格折扣率 ε 时，则应该具体情况具体分析。不难发现，大股东的利益输送来自两个部分，即大股东原有持股价格上涨 ω 所带来的财富增加和新股发行价格折扣 ε 与价格上涨 ω 共同作用所带来的利益。

大股东本身的自利动机决定了定向增发市场时机选择的必然性，因此最佳时机选择应该是牛市环境。于是提出假说 H10 - 2a、H10 - 2b 和 H10 - 2c。

H10 - 2a：牛市环境下定向增发企业的经营效益普遍没有熊市环境下定向增发企业的经营效益好；

H10 - 2b：牛市环境下大股东利益输送程度远比熊市环境下大股东利益输送程度严重，经营效益差的定向增发企业比经营效益好的定向增发企业大股东利益输送程度更严重；

H10 - 2c：定向增发企业大股东利益输送主要来源于投资者非理性情绪推动的价格上涨差价而非发行价格折扣。

10.2 实证检验与分析

10.2.1 研究设计

10.2.1.1 样本选择和数据来源

由于中国真正意义上的定向增发是在 2006 年后才开始出现的，证券市场先后经历了 2006 ~ 2008 年间的牛市以及 2008 年之后的熊市，这使得 2006 ~ 2012 年间的定向增发样本更能够契合本章研究需要。在参照目前大多数文献样本筛选标准之后获得七年间有完整发行数据、股票交易数据及财务数据的定向增发样本共 390 个，样本数据来源于 Wind、CSMAR 和 CCER 等数据库。样本筛选过程如下：剔除在样本期内有分红、送股（转赠）及对公司经营有重大影响事件发生的定向增发样本；剔除在发行日前后长期停牌而交易数据不足的定向增发样本；剔除在同一次发行中针对大股东和机构投资者采用了不同定价原则的定向增发样本；剔除在一个完整年度内超过一次实施定向增发的样本。

10.2.1.2 研究方法设计

本章以上市公司公布《非公开发行股票发行情况暨上市公告书》作为事件日，取事件发生日前 10 个交易日和之后 20 个交易日，即（ - 10，20）为公告效应"事件窗口"。采用超额收益率 AR 来度量公告效应，并且采用比较简便的市场收益率调整法进行计算。此外，市场态势运用牛市和熊市两种行情进行度量，从 2006 年 1 月到 2007 年 10 月沪深 300 指数由 1000 点左右一路上行到 6000 点以上，是一段显著的上涨行情，之后 2007 年 11 月到 2012 年 12 月沪深 300 指数由 5600 点左右一路下跌到 1800 点左右，是一段调整行情，因此将 2006 年 1 月到 2007 年 10 月定义为牛市，2007 年 11 月到 2012 年 12 月定义为熊市。

10.2.1.3 研究变量设计

本章研究所涉及的变量、符号和定义见表 10.1。

表 10.1　　　　　　　　　　　　　**变量定义表**

变量名称	变量符号	变量定义
超额回报率	AR	在时间窗口某一天内获得的超过市场平均收益率的部分
公司规模	Size	公司总资产的自然对数
发行规模	Issue Size	度量定向增发股票的市场总价值，公司发行规模的自然对数
投资者情绪	Bull Dummy	市场投资者高涨情绪和低迷情绪度量，牛市取 1，熊市取 0
现金流量能力	Cash Capacity	用现金流量保障倍数来度量，等于经营活动现金净流量/财务费用
营运能力	Operation	用营业周期来度量，等于应收账款周转天数 + 存货周转天数，其中应收账款占用额与存货占用额均为期初和期末的平均额
长期偿债能力	Long Debt	用长期资本负债率度量，等于非流动负债/（非流动负债 + 股东权益）
短期偿债能力	Short Debt	用流动比例度量，等于（流动资产 − 存货）/流动负债
净资产收益率	ROA	等于净利润/股东权益平均余额
财务风险	DFL	用财务杠杆系数来度量，等于（利润总额 + 财务费用）/利润总额
发展能力	Devolment	用可持续增长率来度量，等于销售净利率×总资产周转率×留存收益率×权益乘数，其中，权益乘数 = 总资产/股东权益
市盈率	PE	等于每股市价/每股收益
托宾 Q 值	Tobin Q	等于市场价值/（资产总额 − 无形资产净值）
持股比例	α	发行前大股东持股比例，用第一大股东持股比例来度量
发行比例	β	新股发行比例，度量定向增发股票发行股数与发行后流通股总股数的比值
认购比例	γ	大股东认购新股比例，度量大股东认购新股数占总新股发行数的比值
价格折扣	ε	新股发行价格折扣，表示增发价格相对于发行日前一日收盘价的折扣
价格上涨幅度	ω	定向增发日收盘价相对于开盘价的上涨幅度
控股股东性质	State Owned	如果最终控制人类型为国家控制，则取 1，否则取 0
发行对象	Issue Object	如果大股东参与发行则取 1，仅仅面向机构投资者发行则取 0
大股东持股哑变量	Dummy	当 α≤γ 时取 1，当 α>γ 则取 0

10.2.2　假设 H10 –1a 和 H10 –1b 的实证检验

著名的沃尔评分理论认为，企业经营效益由企业盈利能力、偿债能力、发展能力、风险能力和营运能力等方面指标进行度量。本章按照 α 和 γ 的大小关系把全部样本分为 α > γ 和 α ≤ γ 两组子样本（全部 390 个样本可分为 203 个 α > γ 样本和 187 个 α ≤ γ 样本），具体描述性统计及相应的 T 检验结果见表 10.2。

表 10.2　　　　**两组样本经营业绩变量描述性统计以及相应的 T 检验**

变量	极差	最小值	最大值	平均值	标准差	均值差 Sig. (2-tailed)
Cash Capacity	988.7437	−117.9241	870.8197	39.9746	155.0229	36.0954 **
	302.0782	−119.5300	182.5482	3.8792	33.2866	(0.019)
Operation	30981.2077	16.9679	30998.1756	738.6515	3646.6060	−507.9907
	79987.8039	5.4630	79993.2668	1246.6421	8043.0442	(0.614)
Short Debt	3.9544	0.4059	4.3603	1.3789	0.8284	0.0821
	9.3375	0.4420	9.7796	1.2967	0.9012	(0.531)
Long Debt	0.7093	0.0000	0.7093	0.2004	0.1741	0.0163
	0.6519	0.0000	0.6519	0.1840	0.1738	(0.531)
ROA	0.2804	−0.0099	0.2705	0.0798	0.0570	0.0074
	0.2810	−0.0077	0.2734	0.0724	0.0480	(0.339)
DFL	84.5491	−78.9110	5.6381	0.2086	9.9152	−1.3234
	6.2346	0.6665	6.9010	1.5320	0.9065	(0.162)
Development	0.2799	0.0020	0.2819	0.0730	0.0616	0.0153
	0.8765	−0.6043	0.2723	0.0576	0.0815	(0.223)

注：***、**、* 分别表示在 1%、5%、10% 水平上显著（双尾），括号内的数为检验的 P 值。

表 10.2 中每个指标均对应上下两组数值，分别表示 α ≤ γ 组子样本和 α > γ 组子样本指标统计值。统计显示 α ≤ γ 组样本指标值均好于 α > γ 组样本指标值，并且指标 CashCapacity 通过了 T 显著性检验，初步可以验证假说 H10 − 1a 成立，即定向增发中大股东保持或者提高控股比例时公司经营效益比其在减少控股比例时经营效益好。

为了讨论大股东持股数量增减的市场反应，首先对上述两组子样本公告效应进行 T 检验，时间窗口期（−10, 20）内市场反应验证结果见表 10.3。

表 10.3 　　　　　　　　　　两组样本市场反应差异 T 检验

指标	均值差 Sig.（2-tailed）	指标	均值差 Sig.（2-tailed）	指标	均值差 Sig.（2-tailed）
AR（-10）	0.0045 （0.3325）	AR（1）	-0.0042 （0.3557）	AR（11）	-0.0012 （0.76）
AR（-9）	-0.001 （0.8393）	AR（2）	-0.0006 （0.8951）	AR（12）	0.0054 （0.2998）
AR（-8）	0.0015 （0.7558）	AR（3）	0.0026 （0.5814）	AR（13）	-0.0009 （0.8351）
AR（-7）	0.005 （0.3174）	AR（4）	-0.0024 （0.591）	AR（14）	0.0093 ** （0.0326）
AR（-6）	0.002 （0.6566）	AR（5）	0.0002 （0.9721）	AR（15）	0.0005 （0.9246）
AR（-5）	0.0007 （0.8842）	AR（6）	0.0027 （0.6812）	AR（16）	0.0034 （0.3921）
AR（-4）	0.0073 * （0.0853）	AR（7）	-0.002 （0.6567）	AR（17）	-0.0032 （0.4794）
AR（-3）	-0.0029 （0.5257）	AR（8）	-0.0016 （0.7038）	AR（18）	0.0063 （0.1714）
AR（-2）	-0.0059 （0.1592）	AR（9）	0.0043 （0.2976）	AR（19）	-0.0078 * （0.0741）
AR（-1）	0.0095 * （0.0826）	AR（10）	0.0011 （0.7825）	AR（20）	0.0023 （0.6081）
AR（0）	0.0013 （0.8237）	—	—	—	—

　　表 10.3 显示 $\alpha > \gamma$ 样本组的市场反应基本上比 $\alpha \leqslant \gamma$ 样本组的市场反应正面，并且 AR（-4）、AR（-1）、AR（14）和 AR（19）通过了显著性检验。虽然也存在少许 $\alpha > \gamma$ 样本组的市场反应比 $\alpha \leqslant \gamma$ 样本组的市场反应负面的情景，但这些市场反应数据都没有通过显著性检验。于是，可以推测市场反应与大股东增减股票数量存在正相关关系。

　　下面通过构建回归模型对此问题进一步的验证，以企业业绩、大股东投资行为变量和大股东产权性质等为解释变量，以公司规模和发行规模等为控制变量，并且分别以 AR（-10）、AR（-4）、AR（0）、AR（14）和

AR（19）等为被解释变量，针对全样本回归检验结果见表 10.4。

表 10.4　　　　　　　　全样本市场反应回归分析

变量	AR（-10）	AR（-4）	AR（0）	AR（14）	AR（19）
Constant	-0.014 (0.855)	-0.067 (0.374)	-0.035 (0.728)	-0.026 (0.799)	0.027 (0.738)
Cash Capacity	0.000 (0.645)	0.000 (0.584)	0.000 (0.666)	0.000 (0.510)	0.000 (0.905)
Operation	0.000 (0.742)	0.000 (0.111)	0.000 (0.325)	0.000 (0.182)	0.000 (0.116)
Short Debt	-0.006 (0.270)	-0.005 (0.352)	0.004 (0.605)	-0.002 (0.804)	-0.010 (0.062)
Long Debt	-0.011 (0.509)	0.015 (0.344)	0.015 (0.474)	-0.032 (0.132)	0.010 (0.540)
ROE	0.219*** (0.003)	0.070 (0.304)	-0.073 (0.425)	-0.066 (0.470)	-0.092 (0.202)
DFL	0.000 (0.559)	0.000 (0.261)	0.000 (0.531)	0.000 (0.623)	0.001 (0.222)
Development	-0.076* (0.078)	-0.051 (0.203)	0.066 (0.228)	-0.015 (0.781)	0.057 (0.184)
PE	0.000 (0.754)	0.000** (0.057)	0.000 (0.959)	0.000 (0.712)	0.000** (0.040)
Tobin Q	-0.001 (0.833)	0.003 (0.460)	0.006 (0.178)	0.000 (0.953)	0.004 (0.332)
Bull Dummy	0.001 (0.836)	-0.015*** (0.017)	0.016* (0.054)	-0.005 (0.563)	0.006 (0.338)
Issue Object	0.006 (0.387)	-0.005 (0.495)	0.000 (0.982)	0.018** (0.045)	0.005 (0.450)
State Owned	0.000 (0.985)	0.003 (0.598)	0.020** (0.011)	-0.016** (0.036)	0.000 (0.956)
ln（Issue Size）	0.007 (0.228)	0.010** (0.079)	0.012 (0.108)	-0.003 (0.653)	0.006 (0.342)
β	-0.031 (0.310)	-0.051** (0.079)	-0.072* (0.068)	0.002 (0.959)	0.005 (0.874)
Discount	0.023** (0.021)	0.017** (0.065)	0.009 (0.499)	-0.004 (0.727)	0.014 (0.174)
ln（Size）	-0.006 (0.314)	-0.006 (0.323)	-0.011 (0.172)	0.005 (0.493)	-0.007 (0.265)

续表

变量	AR（-10）	AR（-4）	AR（0）	AR（14）	AR（19）
γ	0.000***	0.000	0.000	0.000**	0.000
	(0.004)	(0.875)	(0.417)	(0.019)	(0.215)
α	0.000	0.000	0.000	0.000	0.000
	(0.399)	(0.795)	(0.371)	(0.498)	(0.581)
Dummy	0.033***	0.013	-0.009	0.027**	0.015
	(0.002)	(0.195)	(0.506)	(0.049)	(0.170)
R	0.486	0.490	0.416	0.351	0.397

经检验，所有解释变量的膨胀因子 VIF 均大于 1 且小于 10，说明变量之间的共线性关系不严重，也说明了所选取的变量度量的视角相关性并不严重，例如债务度量与业绩评价指标等。表 10.4 显示，变量 Dummy 在 AR（-10）、AR（-4）和 AR（14）等回归检验中均通过了显著性检验，系数均为正说明市场对大股东增持股数反应正面，并且变量 Dummy 在没有通过显著性检验的 AR（0）和 AR（19）中的系数很小。上述检验事实充分说明假说 H10-1b 成立，即市场对定向增发中大股东保持或者提高控股比例情景下的反应比其减少控股比例情景下的反应正面。

10.2.3　假设 H10-2a、H10-2b 和 H10-2c 的实证检验研究

首先，本章对牛、熊市场环境下定向增发样本的相关度量指标进行描述性检验和 T 检验，具体检验结果见表 10.5。

表 10.5　　　　　　　　　牛、熊样本市场反应差异 T 检验

变量	极差	最小值	最大值	平均值	标准差	均值差 Sig.（2-tailed）
Cash Capacity	604.95	-119.53	485.42	9.0858	58.80	-21.09
	988.74	-117.92	870.81	30.1805	140.74	(0.1672)
Operation	1995.33	15.35	2010.69	15.3565	403.54	-9.8935*
	79987.80	5.46	79993.26	5.4630	10348.43	(0.0649)
Short Debt	3.9544	0.4059	4.3603	1.2778	0.5817	-0.1203
	9.3171	0.4625	9.7796	1.3981	1.1666	(0.4002)

续表

变量	极差	最小值	最大值	平均值	标准差	均值差 Sig. (2-tailed)
Long Debt	0.7093	0.0000	0.7093	0.2135	0.1802	0.0560 ** (0.0251)
	0.6220	0.0000	0.6220	0.1575	0.1594	
ROA	0.2664	0.0069	0.2734	0.0795	0.0539	0.0106 (0.1565)
	0.2436	−0.0099	0.2337	0.0689	0.0478	
DFL	5.3739	1.0055	6.3794	1.4777	0.8270	1.1257 (0.3406)
	85.8120	−78.9110	6.9010	0.3520	9.7217	
Development	0.2799	0.0020	0.2819	0.0674	0.0570	0.0147 (0.3592)
	0.8021	−0.6043	0.1978	0.0528	0.1056	

表 10.5 中每个指标都对应上下两组检验值，它们分别表示牛熊市样本指标统计值。指标 CashCapacity、Operation、ShortDebt、LongDebt 和 DFL 在牛市环境下表现均比在熊市环境下好，且指标 Operation 和 LongDebt 都通过了显著性检验。虽然指标 ROA 和 Development 表现不如上述指标，但是相应的均值差并没有通过显著性检验，由此验证假设 H10 − 2a 成立，即牛市环境下定向增发企业的经营效益普遍没有熊市环境下定向增发企业的经营效益好。

现对牛、熊市场环境下两组样本大股东利益输送程度进行比较，式 (10.3) 显示 ΔW 主要取决于（ωα + βγω + βγε − ωαβ）的符号，因此可以用（ωα + βγω + βγε − ωαβ）作为大股东利益输送程度 ΔW 的代理变量，描述性统计与 T 检验结果见表 10.6。

表 10.6　　　　　　　　牛、熊市场环境下利益输送 T 检验

市场态势 Bull = 1/Bear = 0	样本数 N	平均值	标准差	均值差 Sig. (2-tailed)
1	111	57.3845	61.5597	61.3039 *** (0.000)
0	279	−3.9194	46.4197	

表 10.6 中 Sig = 0 说明牛熊市场样本定向增发主体利益输送程度存在显著差异，牛熊市场样本均值分别为 57.3845 与 − 3.9194，这就可以说明假设 H10 − 2b 前半部分成立，即牛市环境下大股东利益输送程度远比熊市环境下大股东利益输送程度严重。表 10.5 的检验结果说明牛市定向增发样本经营效益没有熊市样本经营效益好，其实也说明经营效益差的企业倾向于选择在熊市

定向增发股票。综合上述分析，可以推断经营效益差的定向增发企业比经营效益好的定向增发企业大股东利益输送程度更严重，于是假设 H10 - 2b 成立。

其次，由式（10.3）还可以知道利益输送 ΔW 来源于价格上涨幅度 ω 和增发价格折扣率 ε 两部分，现对此进行回归分析以确定利益输送的主要来源，具体检验结果见表 10.7。值得说明的是，回归模型中之所以不包括哑变量 BullDummy，主要原因在于该哑变量与价格上涨幅度变量 ω 存在严重的相关性，究其原因在于价格上涨幅度与牛、熊市场环境同步，即市场充斥着投机心理。这里符号 ΔW(t) 和 ω(t) 分别代表定向增发宣告后 t 日（t = 0，5，10，15，20）的利益输送程度和价格上涨幅度。

表 10.7 全样本利益输送回归分析 T 检验结果

变量	ΔW (0)	ΔW (5)	ΔW (10)	ΔW (15)	ΔW (20)
（Constant）	- 8.830 (0.441)	- 11.414 (0.333)	- 14.295 (0.270)	- 17.954 (0.159)	- 19.931 (0.123)
Cash Capacity	- 0.013 * (0.095)	- 0.014 * (0.072)	- 0.014 * (0.094)	- 0.013 (0.113)	- 0.014 * (0.094)
Operation	0.002 (0.103)	0.001 (0.303)	0.002 (0.133)	0.002 (0.212)	0.002 (0.239)
Short Debt	- 0.487 (0.540)	- 0.635 (0.437)	- 0.626 (0.485)	- 0.211 (0.810)	- 0.595 (0.504)
Long Debt	- 1.923 (0.427)	- 2.847 (0.255)	- 4.238 (0.125)	- 2.296 (0.394)	- 2.016 (0.460)
ROE	- 13.629 (0.193)	- 17.134 (0.112)	- 21.378 * (0.072)	- 21.679 * (0.063)	- 17.429 (0.139)
DFL	0.211 *** (0.001)	0.201 *** (0.002)	- 0.015 (0.837)	- 0.059 (0.400)	- 0.035 (0.625)
Development	10.859 * (0.083)	9.500 (0.140)	8.807 (0.214)	10.289 (0.139)	6.306 (0.369)
PE	- 0.005 (0.319)	- 0.010 * (0.052)	0.005 (0.398)	- 0.004 (0.471)	- 0.005 (0.373)
Tobin Q	- 0.034 (0.946)	0.048 (0.926)	- 0.551 (0.319)	- 0.597 (0.270)	- 0.245 (0.652)
Issue Object	- 1.123 (0.276)	- 0.878 (0.409)	- 1.110 (0.341)	- 1.496 (0.192)	- 1.862 (0.110)
State Owned	- 0.431 (0.624)	- 0.499 (0.582)	- 0.787 (0.430)	- 0.633 (0.520)	- 1.158 (0.246)

变量	ΔW (0)	ΔW (5)	ΔW (10)	ΔW (15)	ΔW (20)
ε	12.673 (0.111)	11.866*** (0.000)	13.843*** (0.000)	12.670*** (0.000)	11.848*** (0.000)
ln (Issue Size)	21.516*** (0.000)	-0.244 (0.784)	0.329 (0.737)	-0.091 (0.924)	-0.275 (0.778)
β	12.575*** (0.000)	16.260*** (0.001)	16.064*** (0.002)	16.637*** (0.001)	15.229*** (0.003)
ln (Size)	0.015 (0.986)	0.505 (0.575)	0.127 (0.898)	0.654 (0.500)	0.884 (0.368)
γ	14.183*** (0.002)	0.100*** (0.000)	0.095*** (0.000)	0.093** (0.000)	0.100*** (0.000)
α	0.106 (0.903)	0.036 (0.169)	0.060** (0.037)	0.065** (0.022)	0.107*** (0.000)
ω(t)	21.516*** (0.000)	24.574*** (0.000)	31.800*** (0.000)	28.116*** (0.000)	28.086*** (0.000)
R	0.870	0.872	0.874	0.865	0.876

经检验表 10.7 中各变量之间的膨胀因子 VIF 都在 1 和 10 之间，这说明变量之间不存在严重的多重共线性，究其原因在于这些解释变量的度量纬度并不存在严重的相关性，而 R 值达到 0.8 的事实则说明了模型存在足够的解释力。解释变量 ω(t) 均通过了显著性检验以及系数达到 20 的事实足以说明利益输送程度主要来自发行后股票价格上涨。虽然解释变量 ε 也通过了显著性检验 [ΔW (0) 除外]，但是其回归系数却仅在 11 左右的事实暗示了发行价格折扣不是利益输送的主要来源。于是，假设 H10 - 2c 成立，即定向增发企业大股东利益输送主要来自投资者非理性情绪推动的价格上涨差价而非价格折扣。

10.3 稳健性检验

H10 - 1 系列假说和 H10 - 2 系列假说的稳健性检验在上述实证分析中已经得到了充分的关注。例如在对 H10 - 1 系列假说进行检验时，分别选择 AR (-20)、AR (-5)、AR (1)、AR (12) 和 AR (20) 作为被解释变量，同样在对 H10 – 2 系列假说进行检验时也分别选择了 ΔW（2）、ΔW（7）、ΔW（12）、ΔW（17）和 ΔW（22）作为被解释变量。尽管被解释变量发生变化，但是检验结果却都没有出现实质性变化，这一事实实际上已经说明了本章研究结论的稳健性。当然，稳健性也可以通过增减以及变换解释变量的方法来进行检验，限于篇幅不再列出检验结果。

10.4 研 究 结 论 与 启 示

本章研究了定向增发中大股东投资行为的机会主义动机、发行时机选择以及相应的市场公告效应问题，得到如下结论：第一，定向增发中大股东投资行为对市场产生导向性作用，中小股东对大股东存在严重的依赖心理。第二，定向增发中大股东存在严重的机会主义行为，大股东通过对中小股东投资心理的操控，运用发行时机选择来操控股票价格波动，以达到利益输送最大化的目的。第三，定向增发中大股东利益输送的财富虽然也来源于增发股票价格折扣，但是主要来源于操控中小股东所带来的股票价格波动。

以上事实说明我国定向增发市场存在投机行为，一些大股东凭借控制权优势地位通过对中小股东的操控达到利益输送的目的。这一事实说明我国公司治理机制对中大股东行为的有效监督存在缺失，中小股东权益也没有完全得到有效保护，如何构建有效的公司治理机制应该是值得关心的课题。此外，本章的研究表明，利益输送主要来自投资者情绪引起的价格波动而不是增发股票的价格折扣，这一结论揭示了我国证券市场中投资者情绪已经达到足够左右整个市场价格走势的程度，而企业经营业绩这一本该受关注的因素却没有得到应有的关注，我国股票市场中投资成分不足而投机成分充斥的事实说明市场运行机制严重失灵。最后，本章的研究还表明中小股东往往成为大股东投机行为的牺牲品，中小股东本身的投机行为则加剧了整个市场的投机行为。综上所述，构建有效的证券市场机制需要从多方面入手，包括宏观市场机制、微观企业治理机制以及中小投资者的培育，可以预见成熟有效的证券市场的建立是一个涉及多方面的系统工程。

第 11 章　定向增发、盈余管理及其经济后果相关案例[①]

11.1　宋都股份定向增发过程盈余管理案例

11.1.1　案例背景

11.1.1.1　案例回顾

宋都股份，即宋都基业投资股份有限公司，为宋都控股旗下的上市公司，总部位于杭州钱江新城 CBD 核心区域，公司总股本为 13.4 亿元，总资产规模超过百亿元人民币，其旗下的地产集团是浙江省最大的房地产开发企业之一，业务范围涉及江浙等三省六地。其前身为 1979 年设立的江干区住宅统建办公室；1984 年改名设立杭州市江干区房屋建设开发公司；1997 年，以全额预缴款、比例配售、余款转存的发行方式，以 5.18 元/股的价格发行 1022 万股，在上海证券交易所上市；2000 年改制为杭州宋都房地产集团有限公司；2010 年，将公司 17.53% 的股份过户给浙江宋都控股有限公司；2011 年 10 月取得证监会和上海证券交易所同意，借壳上市，正式更名为宋都股份[②]。宋都基业投资股份有限公司基础资料见表 11.1。

---

① 本章资料均取自 Wind 数据库。
② 资料来源：该公司年报（Wind 数据库）。

表 11.1　　　　　　宋都基业投资股份有限公司基本资料

公司名称	宋都基业投资股份有限公司		
证券简称	宋都股份	证券代码	600077
行业种类	房地产业	证券类别	上证 A 股
法定代表人	俞建午	董事会秘书	郑羲亮
注册资本（万元）	134012.23	邮政编码	310016
上市时间	1997.5.20	发行数量（万股）	1022
发行价格	5.18 元/股	发行方式	全额预缴款、比例配售、余款转存
注册地址	浙江省杭州市富春路 789 号宋都大厦 506 室		
上市推荐人	申银万国证券股份有限公司		
主承销商	申银万国证券股份有限公司		

资料来源：该公司年报（Wind 数据库）。

　　宋都股份专业从事于地产经营 30 年，经过长期的房地产开发运营，宋都股份构建了一套成熟、高效的 IQE 项目运营体系，公司一直秉持着"创新、品质、效益"的经营理念，坚持地产和资本双轮驱动的发展模式，不断实现业务规模和利润的双重增长。公司采取"区域聚焦"的地域开发战略，地产业务坚持深耕长三角区域，横跨浙江、江苏、安徽等三省六地，开发领域主要集中于住宅房地产、旅游房地产、大型商业综合体及政府保障房代建等。自 2013 年开始，公司启动新一轮五年发展战略（2013～2017 年），计划在五年内实现在全国专业地产公司排名前三十、力争前二十的战略量化指标。

　　作为杭州最早的"老十八家"知名专业房地产开发企业之一，宋都股份以杭州为发展中心，精耕细作、稳扎稳打，开发领域主要集中于住宅房地产、旅游房地产、大型商业综合体及政府保障房代建等，并在各领域取得了长足的发展。陆续为杭州、南京、合肥等热点城市献上新城国际、阳光国际、南郡国际、印象西湖、大奇山郡、时间国际等众多经典地产项目，产品线涵盖多元化物业类型，从普通公寓到高端别墅，从毛坯住宅到精装修房，从住宅、复合商业到旅游地产，屡有佳作，广受赞誉。荣获"中国房地产百强企业——百强之星"称号，连续三年荣获"中国华东房地产公司品牌价值 TOP10"称号。

11.1.1.2　定向增发过程、定向增发限售股解禁后减持情况

1. 宋都股份资产重组中的定向增发。

（1）定向增发前。2008 年 11 月 27 日辽宁百科集团（控股）股份有限公

司（宋都股份曾用名）第一大股东百科实业集团有限公司将其持有的上市公司 3785.7878 万股（占公司总股本的 23.79%）以协议方式转让给百科投资管理有限公司，转让后百科投资管理有限公司成为公司第一大股东。2008 年 12 月 11 日至 2009 年 7 月 16 日百科投资通过上海证券交易所集合竞价系统及大宗交易系统减持百科集团总股本比例至 17.53%，2009 年 12 月 15 日百科投资管理有限公司与浙江宋都控股有限公司签订《股权转让协议》，自协议签署之日起 14 日内百科投资将其持有的 27896521 股百科集团的股权（占总股份数的 17.53%）转让给浙江宋都，转让价格约每股 10.75 元，总计 30000 万元。并于 2010 年 1 月 18 日办理了股份过户手续①。股权转让完成后，浙江宋都控股有限公司成为上市公司第一大股东，自然人俞建午先生成为上市公司的实际控制人。百科集团前 10 大股东持股情况见表 11.2。

表 11.2　　　　　　　　　　百科集团前十大股东持股情况

股东名称	股东性质	持股比例（%）	持股总数（只）
浙江宋都控股有限公司	境内非国有法人	17.53	27896521
北京和光建业投资顾问有限公司	境内非国有法人	3.80	6052602
郑珍	境内自然人	2.51	3989353
上海五角场黄金珠宝城实业发展有限公司	国有法人	1.66	2638960
乔鸿珍	境内自然人	1.57	2491699
铁岭市财政信用担保局	国有法人	1.31	2080000
孙健灵	境内自然人	0.91	1440751
张立伟	境内自然人	0.80	1280000
张璐	境内自然人	0.76	1206500
孙向荣	境内自然人	0.75	1200000

资料来源：该公司年报（Wind 数据库）。

（2）资产重组中的定向增发。2009 年 11 月 10 日，辽宁百科集团（控股）股份有限公司对外发布重大资产重组停牌公告，决议实施公司的重大资产置换及发行股份购买资产，即宋都控股以其持有的宋都集团 72% 的股权，平安置业以其持有的宋都集团 20% 的股权，郭轶娟以其持有的宋都集团 8% 的股权按照各自的持股比例与公司全部资产和负债（即拟置出资产）进行等

---

① 资料来源：该公司年报（Wind 数据库）。

值资产置换，并以上述拟进行置换的股权（即拟注入资产）价值超出拟置出资产价值部分认购公司本次定向发行的全部股份。宋都集团股本结构见表11.3。

表11.3 <center>宋都集团股本结构</center>

股东名称	出资额（万元）	持股比例（％）
宋都控股	5400	72
郭轶娟	600	8
平安置业	1500	20
合计	7500	100

资料来源：该公司年报（Wind 数据库）。

2011年8月19日，公司重大资产置换及发行股份购买资产暨关联交易方案获得中国证监会上市公司并购重组审核委员会审核通过。2011年9月23日，取得了中国证监会证监许可［2011］1514号《关于核准辽宁百科集团（控股）股份有限公司重大资产重组及向浙江宋都控股有限公司等发行股份购买资产的批复》，同日浙江宋都控股有限公司及一致行动人取得了中国证监会证监许可［2011］1515号《关于核准浙江宋都控股有限公司及一致行动人公告辽宁百科集团（控股）股份有限公司收购报告书并豁免其要约收购义务的批复》。2011年10月15日，宋都控股、平安置业、郭轶娟共同持有的杭州宋都房地产集团有限公司100％股权已在杭州市工商行政管理局江干分局办理完成股权过户手续，股权持有人变更为辽宁百科集团（控股）股份有限公司。

2011年10月20日百科集团以第六届董事会第二十一届会议决议公告日前20个交易日的股票交易均价，即8.63元/股进行定向增发。本次交易完成后百科集团将新增股份377709359股，上市公司的股份总数将增至536827776股。其中浙江宋都控股有限公司持有公司股份299847259股，占公司股份总数的55.86％，深圳市平安置业投资有限公司持有公司股份75541872股，占公司股份总数的14.07％，郭轶娟持有公司股份30216749股，占公司股份总数的5.63％；其后更名为宋都基业投资股份有限公司即宋都股份，转型从事房地产业务。交易前后的上市公司股东持股变化情况见表11.4；交易完成后的股权结构见图11.1。

表 11.4   交易前后上市公司股东持股变化情况

股东名称	本次发行前		本次发行后	
	持股数量（股）	持股比例（%）	持股数量（股）	持股比例（%）
宋都控股	27896521.00	17.53	299847259.00	55.86
平安置业	—	—	75541872.00	14.07
郭轶娟	—	—	30216749.00	5.63
其他流通股股东合计	131221896.00	82.47	131221896.00	24.44
合计	159118417.00	100	536827776.00	100

资料来源：该公司年报（Wind 数据库）。

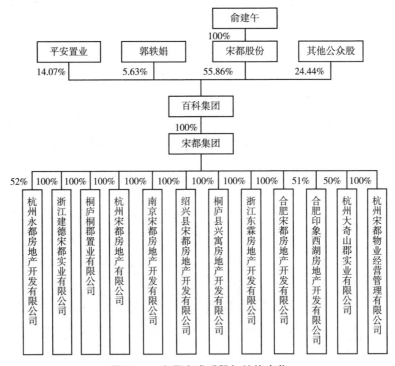

图 11.1　交易完成后股权结构变化

资料来源：该公司年报（Wind 数据库）。

2. 宋都股份定向增发限售股解禁后减持情况。

2014 年 10 月 20 日，宋都股份先前于 2011 年定向增发的限售股解禁期已满，所发行股份达到上市流通的条件，此时在新一轮经济改革不断深入的经济背景下，中国 A 股市场开始出现牛市的苗头，宋都股份的大股东没有出现

股份减持的情况，但是却出现机构投资者进行多次大批量股份减持和换手的
情况，解禁期满后机构投资者减持宋都股份的情况见表 11.5。

表 11.5   宋都股份限售期满股份减持情况

时间	减持人	减持数量（万股）	减持价格（元）	减持比例（%）
2014 年 10 月 22 日	机构	200	5.00	0.18
2014 年 10 月 28 日	机构	300	5.06	0.27
2014 年 10 月 29 日	机构	300	5.37	0.27
2014 年 10 月 30 日	机构	300	5.33	0.27
2014 年 10 月 31 日	机构	600	5.56	0.55
2014 年 11 月 03 日	机构	300	5.45	0.27
2014 年 11 月 04 日	机构	265	5.27	0.24
2014 年 11 月 11 日	机构	300	5.92	0.27
2014 年 11 月 12 日	机构	400	6.02	0.37
2014 年 11 月 13 日	机构	600	5.92	0.55
2014 年 11 月 14 日	机构	200	5.9	0.18
2014 年 11 月 26 日	机构	400	6.49	0.37
2014 年 11 月 27 日	机构	300	6.49	0.27
2014 年 11 月 28 日	机构	300	6.73	0.27
2014 年 12 月 01 日	机构	300	6.4	0.27
2014 年 12 月 02 日	机构	118	6.44	0.11
2014 年 12 月 19 日	机构	300	6.02	0.27
2014 年 12 月 22 日	机构	400	5.76	0.37
2014 年 12 月 23 日	机构	400	5.77	0.37
2014 年 12 月 24 日	机构	400	5.64	0.37
合计		6683	—	6.09

资料来源：该公司年报（Wind 数据库）。

通过查看自 2014 年 10 月到 2015 年 10 月宋都股份的股份减持公告发现，
在这一年的时间里，持有宋都股份的机构投资者集中在 2014 年 10 ~ 12 这
三个月进行频繁的减持和换手，频数高达 20 次。由表 11.5 可知，在 10 ~ 12
月这三个月里，机构投资者对宋都股份进行多次减持，共减持股份 6683 万

股，减持比例达到 6.09%，按减持时价格计算，套现金额达到 3.89 亿元，与此同时第一、二大股东股份未发生变动。

11.1.2 盈余管理行为分析

11.1.2.1 主要财务指标变动情况分析

2011 年 10 月宋都股份通过资产置换及定向增发的方式进行资产重组，2014 年 10 月定向增发的股份限售期满。我们从财务的角度来分析宋都股份从定向增发至限售期满这一段时间内是否进行了盈余管理。因此要将分析的时间范围限定在 2011～2015 年，然后选取这五个关键年份主要的财务指标，运用趋势分析的方法，对各个指标进行分析，据此判断目标公司是否在定向增发后存在盈余管理的行为。宋都股份 2011～2015 年的主要财务指标变动情况见表 11.6。

表 11.6   2011～2015 年主要财务指标变动情况

变量	2011 年	2012 年	2013 年	2014 年	2015 年
利润总额（亿元）	4.49	6.26	5.09	0.87	1.25
净利润（亿元）	3.24	4.02	3.65	0.55	0.82
非经常损益（亿元）	0.21	0.19	0.32	-0.05	0.14
扣除非经常损益后的净利润（亿元）	3.03	3.83	3.33	0.6	-0.68
每股收益（元）	0.78	0.36	0.34	0.03	0.06
计提资产减值准备（亿元）	0.16	0.14	-0.34	0.08	0.05
关联方交易（亿元）	5.35	16.01	13.71	10.91	13.68
应收账款（亿元）	0.25	0.04	0.54	0.45	0.09
资本化研发支出（亿元）	0	0	0	0	0
经营活动产生的现金流量净额（亿元）	-6.69	13.6	-6.78	-9.7	21.1
投资活动产生的现金流量净额（亿元）	0.05	-4.2	0.55	-1.33	-43.1
筹资活动产生的现金流量净额（亿元）	9.23	-7.75	3.14	18.6	-27.5

资料来源：该公司年报（Wind 数据库）。

由表 11.6 可知，在 2011～2015 年的五年间，宋都股份的利润总额和净利润在 2011～2013 年相对比较平稳，变动幅度较小，其中 2012 年和 2013 年的数值最大，表明转型从事房地产业务后的两年里企业经济效益较好，但是这两年里的关联方交易金额在这五年中也是最高的，2011～2012 年应收账款变为最低，主要原因在于商品房销售款回收，也是由于经营业务的转型使得销售收入猛增。然后利润总额和净利润在 2014 年、2015 年却连续极度下滑，相比 2013 年利润总额下降幅度分别为 82.91%、75.44%；净利润下降幅度分别为 84.93%、77.53%，2014 年经营状况不好，据年报的数据资料显示利润为正数，尤其特别的是 2015 年在经营活动产生的现金流量净额高达 21.1 亿元的情况下，最后净利润也只是勉强为正数，2015 年极有可能存在小范围的盈余管理行为使得净利润保持正数，以避免被列入 ST 股票。

扣除非经营性损益后的净利润在 2011～2013 年比较平稳，变动幅度小，而在 2014 年、2015 年则急剧下降，较前三年下降幅度达到 82%。在 2011～2015 年，非经营性损益在扣除前净利润的占比分别为：6.48%、4.73%、8.76%、负数、17.07%，由此可知，该公司的非经营性损益是比较低的，但是在 2014 年、2015 年却突然变高了，可能存在一定的盈余管理行为，但由于实施范围小，对总额影响并不大。

每股收益在这五年里总体呈现下降的趋势，前三年下降幅度不大，但后两年降幅尤为明显，虽然不能据此判断是否存在盈余管理，但是作为财务分析中的重要指标，这一趋势表明该公司的获利能力在下降。

计提资产减值准备在 2011～2015 年都比较低，处于一个正常偏低的比例。

自 2012 年转型从事房地产业务后，宋都股份关联方交易的金额均比较大，这可能是由于该公司的关联方尤其是子公司较多，使得其每年的内部交易金额较大，可达到十几亿元，这也说明其经营对于自身内部交易的依赖性较强，所以可能存在关联方通过内部交易进行利益输送的行为。

对于现金流量，五年中的现金流量波动较大，这可能与该公司所在的房地产行业有关。通过对宋都股份的财报附表进行分析，可以发现，2012 年与 2011 年的现金流量差距主要体现在支出项上，而母公司的现金流量情况则正好相反，体现在收入项上，据此可以判断这是由于关联子公司的现金流量及内部交易产生的。总体观察可以发现：在这五年中，如果某一年经营活动的现金流量较高，则这一年的筹资、投资的现金流量就会偏低，反之则相反，而最终的数值均能为正数，这种情况未免太过于巧合，可以认为存在一定的盈余管理。

11.1.2.2　非财务角度的动机分析

自 2011 年进行定向增发，转型主营业务为房地产后，由于房地产行业的形势表现良好，因此此后两年利润有增幅也属正常，但是自 2014 年开始出现下降且幅度较大，这可能是由于行业形势发生变化，也可能是在之前对利润进行了盈余管理，2014 年、2015 年开始填补之前的亏空，因为 2014 年限售股开始解禁，大股东可能会抛售股票减持股份，然而实际情况却是第一、二大股东无减持的迹象，机构投资者却在进行频繁的减持。再者，2011 年辽宁百科集团在更名为宋都股份之前，由于企业经济效益差，已经被列入 ST 股票，在更名转型到新行业后，很可能为了避免产生退市的压力，实施小范围的盈余管理。

11.1.3 拟解决的问题

11.1.3.1 经济后果分析

一般来说，股价可以相对比较客观地体现一个公司的经营状况，因此，外部投资者可以通过分析一个公司在某一段时期的股价变化对该公司经营状况及未来发展做出最初的判断。

宋都股份在 2011 年进行资产重组，并转型于房地产后，2012 年第一季度股价趋于上涨，但随后便是股价的大幅度下滑，之后的变动趋势与大盘及同行业基本保持一致。宋都股份的股价在 2014 年第三季度至 2015 年年中呈现上涨的趋势，这与大盘及同行业走势一致，这是由于在 2014 年限售股解禁期满后，大股东并未进行股份减持，只是机构投资者在进行减持股份，并未对股价产生太大的影响。这一趋势变化的对比表明这中间并未发生较大的问题，外界投资者给予宋都股份肯定的态度。一直到 2016 年、2017 年，股价走势与大盘和行业基本一致。

按照一般的股市规律，一个公司进行资产重组、更换名称、转变发展行业后，股价会呈现上涨的势头，但是达到一定的高度水平后，由于刚转变为新行业，各方面的发展并不成熟，因此在股价上显示为大幅下跌。宋都股份在 2012 年并没有特别的股价变化，也并不突出。

观察图 11.5 可知，在这段时间里宋都股份在 2012 年 5 月份的超额收益率最高，但通过查看年报等数据资料了解到该公司在 2012 年并没有发生重大的事情，据此可以推测其中存在一定的盈余管理行为；在 2014 年 12 月份达到负数的最低点，但总体却呈现为正向的变化，这些数据表明若是在小范围内进行盈余管理操作会对经济后果产生微弱的负面影响。

综上所述，在公司进行定向增发至限售股解禁前，大股东并没有进行股份减持，只是进行轻微的盈余管理操作，使得股价维持在一个平均水平，同时也使净利润为正数，避免面对退市风险和利润差太大的压力。同时也证明了轻微的盈余管理行为并不会对股价在短期甚至长期产生特别明显的影响。

11. 1. 3. 2 宋都股份案例启示

1. 完善会计准则，减少盈余管理空间。

企业进行盈余管理的动机无非是粉饰财报，向外界投资者传递出公司发展良好的信息，而之所以企业能够进行盈余管理还要归因于我国企业会计准则还存在一定的缺陷。这就使得企业管理者有进行盈余管理操纵的空间，2006年2月新《企业会计准则》出台，一方面，新的会计准则体系更为完善，理念更为先进，尤其是在资产减值的会计处理、存货的发出计价方法、企业合并范围的确定等方面的完善，在一定程度上缩小了可进行盈余管理的空间，但是另一方面，会计准则的变化也产生了一部分新的盈余管理空间，如无形资产、借款费用资本化等；与此同时，在经济发展新形势下，国际间的经济交流日益密切，必然会催生许多新的交易和事项，这些都对会计准则提出新的更高的要求，需要会计准则与时俱进，不断改进和完善，并保持一定的平衡使得企业能够在准则的规定范围内经营发展，而不是在灰色地带谋取私利。

2. 加强各方监督。

事后的监管对于减少企业大股东的盈余操作行为具有重要作用，具体包括外部审计监督、证券市场监督、外界投资者监督三个方面。保持注册会计师的独立性，恪守外部审计的职业道德与操守，能够有效地发挥其监督作用，往往能在很大程度上发现上市公司的盈余管理行为，从而给予压制；证券市场的监管主要体现在上市公司的新股发行、配股、停牌、退市等的规定，我国证券市场对于上述规定的衡量标准较为单一，例如：上市公司连续三年亏损就会面临退市，这就会使得企业进行盈余管理，以避免退市风险。因此应该完善证券市场规定；外界投资者往往只能从公司对外公布的数据中了解到企业的发展情况，难以掌握企业的真实状况及对盈余管理行为进行识别，而企业大股东往往拥有较高的控制权，也掌握着更多的真实信息，这就使得大股东为了满足自身的利益会通过盈余管理等行为损害外界投资者的利益，这就一方面要求外界投资者要提高自身的专业投资技能，另一方面要求企业增加对外信息的透明度，争取到更多有利的权益，维护自身利益。

11.2　方大炭素定向增发过程盈余管理案例

11.2.1　案例背景

11.2.1.1　案例回顾

方大炭素是世界领先的石墨电极及碳素制品的专业性生产基地，其总部设立在甘肃省兰州市。公司前身是始建于 1965 年的兰州碳素厂，并于 1998 年通过发起设立成为兰州碳素股份有限公司；2001 年更名为兰州海龙新材料科技股份有限公司，并于 2002 年 8 月 30 日正式在上海证券交易所上市，并以定向配售的方式对外发行 8000 万股股票，股票名称为"海龙科技"，股票代号：600516；2006 年 9 月 28 日辽宁方大集团实业有限公司通过公开竞拍取得公司 51.62% 的股权成为海龙科技的控股股东，随后进行了并购、改制、重组；2006 年 12 月，经国家工商总局核准后，公司正式更名为方大炭素新材料科技股份有限公司，简称方大炭素①。方大炭素新材料科技股份有限公司基础资料见表 11.7。

表 11.7　　　　方大炭素新材料科技股份有限公司基本资料

公司名称	方大炭素新材料科技股份有限公司		
证券简称	方大炭素	证券代码	600516
行业种类	制造业	证券类别	上证 A 股
法定代表人	杨光	董事会秘书	杨光（代）
注册资本（万元）	178879.4378	邮政编码	730084
上市时间	2002 - 08 - 30	发行数量（万股）	8000
发行价格	6.06 元/股	发行方式	定向配售
注册地址	甘肃省兰州市红古区海石湾镇炭素路 277 号		
上市推荐人	天一证券有限责任公司，光大证券有限责任公司		
主承销商	天一证券有限责任公司		

资料来源：该公司年报（Wind 数据库）。

---

① 资料来源：该公司年报（Wind 数据库）。

经过40多年的发展，方大炭素现已拥有抚顺炭素、成都蓉光炭素、合肥炭素、北京方大炭素、抚顺莱河矿业等子公司，依托其独特的产业优势，国际领先的专业设备及技术水平，公司已成为中国最大的跨地区民营碳素企业，是亚洲第一、世界前列的优质碳素制品生产供应基地。公司经营的产品具有产品系列化、品种多样化、规格齐全化等特点。目前主要产品有：不同功率石墨电极；各种矿热炉用内衬炭砖；特种石墨、生物碳、炭毡和碳复合材料等，产品广泛应用于冶金、化工、航天、航空、医疗等领域，销往国内各个省市，并出口到欧洲国家、东南亚国家、美国、日本等多个国家和地区，其主导产品石墨电极，60%销往海外①，方大炭素一直秉持"诚信、和谐、共赢"的经营理念，以强大的生产制造基地为依托，努力发展成为中国碳素行业领头羊，开辟品牌国际化道路。公司产品先后多次获得国家银质奖、冶金部优质产品奖、省优产品奖，其中超高功率石墨电极、长寿高炉碳砖被国家五部委联合命名为国家重点新产品，核石墨、生物碳等碳素新材料的研究和生产保持国内领先地位。公司更是先后获得"国家二级企业""全国就业与社会保障先进民营企业"等多项殊荣。

11.2.1.2 定向增发过程、定向增发限售股解禁后减持情况

1. 方大炭素定向增发过程。

2011年7月8日方大炭素对外发布重大事项停牌公告，宣布公司股票自2011年7月11日开市起停牌，开始筹划非公开发行股票事宜；7月15日，方大炭素召开第四届董事会第十六次会议，会议审议通过了《关于向特定对象非公开发行A股股票方案的议案》《关于公司非公开发行A股股票预案的议案》，并决定提交公司股东大会审议相关议案；11月28日，公司召开2011年第四次临时股东大会审议通过了有关非公开发行A股股票的相关议案。此后方大炭素又多次召开董事会、股东大会审议有关非公开发行的议案及相关事宜；2012年11月16日，中国证监会发行审核委员会审核通过了方大炭素的非公开发行申请，同年12月25日中国证监会出具《关于核准方大炭素新材料科技股份有限公司非公开发行股票的批复》，核准方大炭素的非公开发行。

2013年6月20日，方大炭素以发行申购日前20个交易日股票均价的99.80%即9.89元/股为发行价格，以机构投资者为发行对象，共发行股票184266900股，根据国富浩华出具的《验资报告》，本次募集资金总额为1822399641.00元，发行

---

① 资料来源：该公司年报（Wind数据库）。

费用为 26384267.00 元,募集资金净额为 1796015374.00 元。本次募集资金主要用于 3 万吨/年特种石墨制造与加工项目、10 万吨/年油系针状焦工程,旨在优化公司产品结构①。2013 年 6 月 24 日,发行股票办理股份登记。本次发行对象及认购数量情况见表 11.8。

表 11.8 发行对象及认购数量情况

序号	发行对象名称	认购股份数量(股)	占发行后总股本比例(%)
1	华安基金管理有限公司	56946400	3.31
2	民生加银基金管理有限公司	70374100	4.09
3	银华财富资本管理(北京)有限公司	56946400	3.31

资料来源:该公司年报(Wind 数据库)。

截至 2013 年 5 月 31 日,方大炭素重要股东持股情况见表 11.9。

表 11.9 定向增发前方大炭素前十大股东持股情况(截至 2013 年 5 月 31 日)

序号	股东名称	持股数量(股)	持股比例(%)	股份性质
1	辽宁方大集团实业有限公司	794722128	51.78	A 股流通股
2	申银万国证券股份有限公司客户信用交易担保证券账户	7702668	0.50	A 股流通股
3	华泰证券股份有限公司客户信用交易担保证券账户	6738015	0.44	A 股流通股
4	广发证券股份有限公司客户信用交易担保证券账户	6314768	0.41	A 股流通股
5	国泰君安证券股份有限公司客户信用交易担保证券账户	5596782	0.36	A 股流通股
6	中国银行股份有限公司—嘉实沪深 300 交易型开放式指数证券投资基金	4856204	0.32	A 股流通股
7	中国银河证券股份有限公司客户信用交易担保证券账户	4832726	0.31	A 股流通股
8	海通 - 中行 - FORTISBANKSA/NV	4826430	0.31	A 股流通股
9	平安证券股份有限公司客户信用交易担保证券账户	4235441	0.28	A 股流通股
10	中融国际信托有限公司—融鼎 01 号	4054986	0.26	A 股流通股

资料来源:该公司年报(Wind 数据库)。

---

① 资料来源:该公司年报(Wind 数据库)。

截至 2013 年 6 月 24 日，方大炭素本次非公开发行完成股份登记，重要股东持股情况见表 11.10。

表 11.10　定向增发后方大炭素前十大股东持股情况（截至 2013 年 6 月 24 日）

序号	股东名称	持股数量（股）	持股比例（％）	股份性质	限售股份数量（股）
1	辽宁方大集团实业有限公司	794722128	46.23	A 股流通股	—
2	民生加银基金公司—民生—民生加银鑫牛定向增发 8 号分级资产管理计划	70374100	4.09	A 股流通股	70374100
3	华安基金公司—浦发—华安基金进取组合 1 号资产管理计划	56946400	3.31	A 股流通股	56946400
4	银华财富资本—浦发—银花灵活配置 1 号资产管理计划	56946400	3.31	A 股流通股	56946400
5	申银万国证券股份有限公司客户信用交易担保证券账户	8136155	0.47	A 股流通股	—
6	广发证券股份有限公司客户信用交易担保证券账户	6956801	0.4	A 股流通股	—
7	华泰证券股份有限公司客户信用交易担保证券账户	6015378	0.35	A 股流通股	—
8	国泰君安证券股份有限公司客户信用交易担保证券账户	5816597	0.34	A 股流通股	—
9	中国银行股份有限公司—嘉实沪深 300 交易型开放式指数证券投资基金	4651091	0.27	A 股流通股	—
10	中国银河证券股份有限公司客户信用交易担保证券账户	4336732	0.25	A 股流通股	—

资料来源：该公司年报（Wind 数据库）。

观察表 11.8 和表 11.9 可知，方大炭素在此次定向增发中，增发对象是 2013 年底的前十大股东中的三位，且均是机构投资者，并与方大炭素无关联关系。本次定向增发后公司实际控制权不发生变化。

2. 方大炭素定向增发限售股解禁后减持情况。

2014 年 6 月，方大炭素在 2013 年 6 月定向增发的股票限售期满，三家机构投资者开始对外抛售股票，减持股份。方大炭素限售期满大宗交易减持情况见表 11.11。

表 11.11 方大炭素限售期满大宗交易减持情况

时间	减持人	减持数 （万股）	减持价格 （元/股）	减持比例 （%）
2014 年 8 月 11 日	机构	500	10.70	0.29
2014 年 8 月 18 日	机构	1000	10.70	0.58
2014 年 8 月 26 日	机构	1500	10.70	0.87
2014 年 8 月 28 日	机构	548	10.70	0.32
2014 年 12 月 15 日	机构	1000	11.30	0.58
2014 年 12 月 16 日	机构	1500	11.20	0.87
2015 年 3 月 5 日	机构	1500	11.38	0.87
2015 年 3 月 11 日	机构	4000	11.10	2.33
2015 年 3 月 12 日	机构	4380	11.05	2.55
合计		15928	—	9.26

资料来源：该公司年报（Wind 数据库）。

通过查看自 2014 年 8 月到 2015 年 6 月方大炭素的股份减持公告记录发现，共减持股份 15928 万股，减持比例达到 9.26%，按减持时价格计算，套现金额达到 17.6 亿元，但是 2013 年定向增发数额为 18426 万股，且此时正值股票市场开始呈现牛市，三家机构投资者果断抛售所持有股票。表 11.9 整理了限售期满后一年时间里该部分股票的减持数据，三大机构投资者在这段时间里全部清仓。但是通过比对发现，减持公告数据并不是定向增发全部的交易额，机构投资者是逐步脱手所持股票，从理财的角度看，其也实现了 10% 以上是投资收益。总体而言，无论是对于方大炭素还是机构投资者都达到了预期目标，实现了共赢。

11.2.2 盈余管理行为分析

11.2.2.1 主要财务指标变动情况分析

2013 年 6 月方大炭素通过非公开发行股票的方式向三家机构投资者募集资金，用于优化自身产品结构，2014 年 6 月定向增发的股份限售期满。我们从财务的角度来分析方大炭素从定向增发至限售期满这一段时间内是否进行了盈余管理。因此要将分析的时间范围限定在 2013 ~ 2016 年上半年，然后选

取这四个关键年份主要的财务指标，运用趋势分析的方法，对各个指标进行
分析，据此判断目标公司在定向增发过程中是否存在盈余管理的行为。方大
炭素 2013 ~ 2016 年上半年的主要财务指标变动情况见表 11.12。

表 11.12　　　　2013 ~ 2016 年上半年主要财务指标变动情况

变量	2013 年	2014 年	2015 年	2016 年上半年
利润总额（亿元）	3.4	3.51	0.45	0.15
净利润（亿元）	2.34	2.64	0.13	0.03
非经常性损益（亿元）	− 0.07	0.5	1.07	0.1
扣除非经常性损益后的净利润（亿元）	2.41	2.14	− 0.97	− 0.07
每股收益（元）	0.15	0.16	0.02	0.01
计提资产减值准备（亿元）	− 0.11	0.62	0.55	− 0.01
关联方交易（亿元）	7.03	9.1	1.6	1.14
应收账款（亿元）	8.23	9.34	10.37	11.53
资本化研发支出（亿元）	0.28	0.22	0.51	0.04
经营活动产生的现金流量净额（亿元）	6.09	4.97	4.03	1.3
投资活动产生的现金流量净额（亿元）	− 17.8	5.5	1.45	4.26
筹资活动产生的现金流量净额（亿元）	21.3	− 11.3	− 5.51	− 6.95

资料来源：该公司年报（Wind 数据库）。

由表 11.12 可知，在 2013 ~ 2016 年上半年，方大炭素的利润总额和净利
润整体趋于下降，2014 年略微上升，2015 年大幅下降，利润总额和净利润分
别降至 0.45 亿元、0.13 亿元，较上一年下降幅度分别高达 87%、95%，发
生如此大幅度的转变，我们有理由怀疑 2014 年账实不符，为对外部投资者展
示出好的业绩而进行了盈余管理。

扣除非经常性损益后的净利润在 2013 年、2014 年比较平稳，变动幅度小；
而在 2015 年、2016 年上半年则开始急剧下降，这两年为负数。在 2013 ~ 2016
年上半年，非经常性损益在扣除前净利润的占比分别为：—、1.89%、
823%、333%，由此可知，前两年该公司的非经常性损益还算正常，在净利
润占比是比较低的，但是在 2015 年、2016 年上半年却突然变高了，甚至比
净利润、利润总额都要大，这也表明 2015 年、2016 年上半年是亏损的。据
此可知，方大炭素在 2014 年、2015 年可能在非经营性损益方面进行了调节，
从而达到盈余管理的目的，尤其是 2015 年，非经营性损益是净利润的 8.23
倍，通过查阅方大炭素财报附表发现，交易性金融资产、交易性金融负债持

有、处置从而产生的公允价值变动损益、投资收益占据了 2015 年整年非经营性损益的绝大部分，数额高达 1.18 亿元，是前两年的三倍多，2015 年财务指标的大幅度下降，属于异常变动，很可能是在弥补以前年份的亏损。

每股收益总体呈现下降的趋势，前两年下降幅度不大，但后两年降幅尤为明显，虽然不能据此判断是否存在盈余管理，但是作为财务分析中的重要指标，这一趋势表明该公司的获利能力在下降。

计提资产减值准备、关联交易、资本化研发支出都比较低，对于净利润及其他数据的影响不大。

应收账款波动上升，幅度不大，但是这与净利润大幅度下降的变化情形有些不协调，可能是不想引人关注，逐步虚增应收以调整利润。

对于现金流量，通过对方大炭素的财报附表进行分析，可以发现，该公司的现金流不足，并在 2013 年进行了高达 20 亿元的筹资，再加上近 18 亿元的投资额，致使 2013 年低利润，但是后面三年的筹资额均为负数，应该主要是年末归还银行借款所致。由此可知，方大炭素的现金流量不足，并依赖于银行借款来保持净利润，通过投资、筹资达到粉饰报表的目的，稳定股价，保证投资者获利。

11.2.2.2 财务附表分析

通过查阅财务报表及附表发现方大炭素在 2014 年、2015 年分别先后变更了会计政策，更换了会计师事务所，据此认真分析了 2014 年的财务数据，发现方大炭素依据财政部 2014 年发布的有关长期股权投资等八项企业会计准则进行了部分会计政策变更，并追溯重述了比较财报，重述后的资产为 102 亿元较之前的 82 亿元多了近 20 亿元，负债为 44 亿元较之前的 38 亿元只多了 6 亿元，从这一数据对比可知，这是一次有利的变更，这可能也是会计师事务所被更换的原因，规避风险。

11.2.3 拟解决的问题

11.2.3.1 经济后果分析

一般来说，股价可以相对比较客观地体现一个公司的经营状况，因此，外部投资者可以通过分析一个公司在某一段时期的股价变化对该公司经营状况及未来发展做出最初的判断。

从 2014 年 6 月开始大盘和同行业开始表现出连续 11 个月的牛市，其中股票走势涨幅最大的两个月分别是 2014 年 12 月和 2015 年 4 月；但反观方大炭素的 K 线图则会发现其走势却有所不同，在整个牛市中，2014 年 6 月是涨幅最高的，在大盘和同行业股票涨幅最高的月份却表现出较大幅度下降。两者对比的差异可以说明，方大炭素公司经营状况有问题。方大炭素此前定向增发的股票至 2014 年 6 月 30 日限售期满，此后的 8 个月里，机构投资者开始频繁脱手所持的非公开发行股份，这其中最令人质疑的地方在于：为何在抛售这些股票之前，公司的股价却违反股市现实状况而呈现出与大盘及同行业不同的变动趋势？方大炭素公司管理层可能使用了一定的财务技术进行盈余管理操作，使得财务报表数据释放出一种良好的信号，同时在与之紧密相关的股价上表现出来，以取得投资者信任，达到自身谋利目的。再看图 10.9，我们从收益率方面进行分析可知，限售期满前的 2014 年 6 月的数据显示最高，而此时该公司属于正常经营状态并未发生特殊重大事项，可能存在盈余管理行为。而其股价从 2014 年 9 月开始表现出负向的变动趋势，在年底达到顶点，经过多次波动后至 2015 年底有少许反弹，或许与牛市有关，此后再次大幅下跌。从股价趋势上表明盈余管理会对经济后果产生负面的影响。

11.2.3.2　方大炭素案例启示

1. 完善中小股东保护制度。

在我国的上市公司中，股权的大小在很大程度上使得大股东在公司的发展战略、经营策略、投融资风险偏好等方面成为独裁者，而中小股东往往缺乏话语权，这就使得大股东可以完全按照自身需求来谋取私利，在定向增发中，中小股东并不具有购买的能力或权利，某些大股东完全可以在以自己为增发对象或者为了配合外部机构投资者获得预期利益对其进行定向增发过程中进行暗箱操作。这些行为往往涉及股东间的利益冲突，因此有必要建立并完善中小股东保护制度，为众多中小股东提供完备的制度保障机制，争取更多话语权及决策权，以维护自身权益。中小股东也要借助证券市场监管机构，利用法律法规，遏制大股东进行谋私利的定向增发等不良行为，进行合法维权。

2. 提高对盈余管理行为的识别能力。

相对于普通的企业而言，上市公司往往面临着更多来自各方面的压力，比如完成业绩指标的压力、满足融通资金的条件压力等，决策者有时为应对这些压力会进行应计盈余管理或者真实盈余管理，这些行为尤其是真实盈余管理往往难以识别和发现，而又会在短期或者长期内对企业产生不良的经济后果。因此无论是监管部门还是利益相关的外部投资者都需要提高对上市公司重大事项背后是否存在盈余管理行为的识别能力，以此加强监管，使得上市公司在法律法规的范围内经营发展、避免盲目投资，损失自身利益。监管部门需要在规定、准则等方面进一步完善和明确有关上市公司盈余管理行为的界定及范围，以提供判断依据；个人投资者需要提高自身的专业水平，同时也可借助证券机构、基金公司等的研究报告进行分析，谨慎投资。

11.3　华菱星马定向增发并购重组案例

11.3.1　华菱星马案例描述

11.3.1.1　华菱星马基本情况

华菱星马汽车（集团）股份有限公司（股票代码：600375）是一家主要经营混凝土搅拌车及混凝土泵车、多系列散装水泥等专用汽车和汽车配件的生产与销售的上市公司。其前身是 1970 年成立的马鞍山市建筑材料机械厂，1994 年更名为马鞍山专用车制造厂，1997 年改制为马鞍山星马专用汽车有限公司，取得独立法人资格，1999 年经安徽省政府批准，公司整体变更为安徽星马汽车股份有限公司，2003 年 4 月 1 日，星马汽车股票发行上市，星马成为汽车行业的上市公司，2005 年，首次走出国门，出口海外市场，2011 年，收购安徽华菱汽车有限公司进行资产重组，并于 2012 年完成华菱星马重组后的整合，正式更名为华菱星马汽车（集团）股份有限公司，见表 11.13。

华菱星马所属行业为汽车制造业，在国内罐式专用汽车生产领域中也是数一数二的。其主导产品为重型汽车底盘及整车、发动机、重型专用车、客车、汽车零部件等系列产品，其中华菱重型卡车是替代进口的主流品牌，并出口到东欧、北非、东南亚、南美等地的 60 多个国家和地区，星马专用车是享誉市场的知名品牌，长期占据国内市场的龙头地位。公司拥有国家级企业

表 11.13　　　　　华菱星马汽车（集团）股份有限公司基本资料

公司名称	华菱星马汽车（集团）股份有限公司		
证券简称	华菱星马	证券代码	600375
行业种类	汽车制造业	证券类别	上证 A 股
法人代表	刘汉如	董事会秘书	李峰
注册资本（万元）	55574	邮政编码	243061
上市时间	2003 年 4 月 1 日	发行数量（万股）	3000
发行价格	9.9 元/股	发行方式	定向增发
注册地址	安徽省马鞍山经济技术开发区		
上市推荐人	华泰证券有限责任公司；申银万国证券股份有限公司		
主承销商	申银万国证券股份有限公司		

资料来源：该公司年报（Wind 数据库）。

技术中心和博士后科研工作站，与国际一流研发机构有密切的技术合作关系，与清华大学、上海交通大学、湖南大学、合肥工业大学等国内知名高校建立了长期的产学研合作关系，具有很强的产品开发能力。华菱星马经过 40 多年的不断积累与完善，现已成为全国重要的重型卡车、重型专用车及零部件生产研发基地，国家重点支持企业，首批"国家汽车整车出口基地企业"，第四批国家科技部科技创新型试点企业，国家倡导发展自主品牌、坚持自主创新的典范。

11.3.1.2　华菱星马定向增发过程

1. 华菱星马第一次定向增发情况。

2010 年 4 月，公司出台收购安徽华菱汽车有限公司总体方案：安徽星马汽车股份有限公司拟向安徽星马汽车集团有限公司、安徽省投资集团有限责任公司、安徽星马创业投资股份有限公司、马鞍山富华投资管理有限公司、浙江华威建材集团有限公司、浙江鼎悦投资有限公司、史正富先生、杭玉夫先生及楼必和先生发行股份收购其合计持有的安徽华菱汽车股份有限公司100% 股权，本次发行股份购买资产完成后，安徽华菱汽车股份有限公司将成为安徽星马汽车股份有限公司的全资子公司。双方约定自评估基准日至实际交割日期间的盈利由星马汽车享有，亏损均由华菱汽车现有股东星马集团、省投资集团、星马创投、富华投资、华威建材、鼎悦投资、史正富先生、杭玉夫先生及楼必和先生承担。此次非公开发行，华菱星马拟以 8.18 元/股的价格非公开发行 21826 万股，收购安徽华菱汽车 100% 股权，已获安徽省国资委同意，2011 年 2 月获证监会并购重组委有条件通过。收购华菱汽车的定向增发基准日为 2009 年 10 月 22 日，增发上市日期为 2011 年 7 月 12 日，增发新股的价格为 8.18 元/股。在这次定向增发重组并购中，增发对象共 9 个：星马集团、省投资集团、星马创投、富华投资、华威建材、鼎悦投资、史正富、杭玉夫及楼必和，均以其持有的华菱汽车股权认购本次非公开发行股份①。

2. 华菱星马第二次定向增发情况。

2012 年 2 月，在华菱星马重组后，公司便积极进行再一次定向增发的相关活动，2012 年 12 月 21 日，经中国证监会发行审核委员会审核，华菱星马非公开发行 A 股股票申请获得通过。2013 年 2 月 21 日，华菱星马获得中国证监会证监许可，核准华菱星马非公开发行不超过 18000 万股新股。根据华菱星马董事会决议，本次非公开发行的定价基准日为 2012 年 10 月 16 日，发行价格为 8.08 元/股，发行数量为 15000 万股，募集资金总额为 121200 万元，实际募集资金净额为 117863.90 万元②。

本次发行新增股份于 2013 年 7 月 5 日在中国证券登记结算有限责任公司上海分公司办理完毕登记托管手续。本次向以上 8 位特定投资者发行的 15000 万股股份自发行结束之日起 12 个月内不得转让，该部分新增股份可上市交易的时间为 2014 年 7 月 4 日。

在此次定向增发中，增发对象基本上都为基金公司，并与华菱星马不存在关联关系，且本次非公开发行未导致公司实际控制权发生变化。

11.3.1.3 华菱星马定向增发限售股解禁后减持情况

从表 11.14 可以看出，从 2014 年 7 月开始，即解禁期刚满，华菱星马大股东及高管便开始陆陆续续地进行大笔减持，根据减持价格计算，总共套现金额在 7.5 亿元以上。2014 年 7 月，华菱星马在 2011 年重组合并三年后到了股权解禁期，并且于 2013 年定向增发的 15000 万股股份也到了股权解禁期，此时已经有牛市的苗头了，但是大股东和机构投资者却开始大量减持。表 11.4 中的减持大户星马创投和华菱星马本身都是星马集团的产业，减持时间精准在巨额预亏公告前，基本上是最高点，星马创投几乎清仓。作为华菱星

---

① ② 资料来源：该公司年报（Wind 数据库）。

马第二大股东，史正富于 2014 年三季报发布当天递交了辞职报告，随后在 2015 年进行大额减持，并于 2017 年 10 月以个人资金需要为由连续三次减持。

表 11.14　　　　　　　　　　　**华菱星马解禁期满大宗交易减持情况**

时间	减持人	减持数（万股）	减持价格（元/股）	减持比例（%）
2014 年 7 月 1 日	机构	20	11.28	0.40
2014 年 7 月 8 日	机构	218	10.55	0.39
2014 年 8 月 22 日	机构	780	12.55	1.40
2014 年 9 月 29 日	星马集团	550	12.55	0.99
2014 年 12 月 3 日	星马创投	1500	12.67	2.70
2014 年 12 月 11 日	星马创投	1900	12.67	3.42
2014 年 12 月 12 日	省投资集团	520	12.67	0.94
2015 年 6 月	史正富	1312	17.70	2.36
2017 年 10 月 12 日	史正富	270	7.31	0.49
2017 年 10 月 13 日	史正富	5	7.33	0.01
2017 年 10 月 27 日	史正富	227	6.70	0.41

资料来源：该公司年报（Wind 数据库）。

11.3.2　盈余管理行为分析

11.3.2.1　主要财务指标变动情况分析

华菱星马在 2011 年 7 月和 2013 年 7 月的定向增发均于 2014 年 7 月解禁，因此本节在分析华菱星马在定增后到解禁期前是否存在盈余管理及其具体做法时，将盈余管理识别的时间段限定在 2011 年、2012 年、2013 年、2014 年上半年、2014 年全年。根据主要财务指标的变动利用趋势分析法分析，结果见表 11.15。

表 11.15　　　　　　　　**华菱星马 2011~2014 年主要财务指标变动情况**

变量	2011 年	2012 年	2013 年	2014 年上半年	2014 年
利润总额（亿元）	5.98	2.02	2.99	1.11	-4.32
净利润（亿元）	5.05	1.69	2.50	0.93	-3.83

续表

变量	2011 年	2012 年	2013 年	2014 年上半年	2014 年
非经常性损益（亿元）	2.35	0.96	0.60	0.09	0.30
扣除非经常损益后的净利润（亿元）	2.70	0.73	1.90	0.84	-4.13
每股收益（元）	1.24	0.41	0.52	0.16	-0.68
计提资产减值准备（亿元）	1.17	1.16	1.54	2.03	3.72
关联方交易（亿元）	4.06	15.55	7.32	9.38	13.68
应收账款（亿元）	3.21	5.34	9.39	17.94	11.35
资本化研发支出（亿元）	0.00	1.99	1.84	0.75	0.86
营业收入（亿元）	68.54	44.75	65.61	30.40	49.97
经营活动产生的现金流量净额（亿元）	2.73	7.66	4.66	0.86	-2.41
投资活动产生的现金流量净额（亿元）	-9.37	-8.71	-7.78	-2.02	-4.31
筹资活动产生的现金流量净额（亿元）	1.24	2.91	7.42	-6.74	-3.55

资料来源：该公司年报（Wind 数据库）。

从表 11.15 可以看出，从 2011 年至 2014 年，华菱星马利润总额和净利润整体呈下降趋势，并且下降幅度较大，2014 年更加夸张地下降到 -4.32 亿元和 -3.83 亿元，但 2013 年却稍有抬头。根据当时定向增发时做出每年净利润都在两个亿以上的业绩承诺，因 2012 年净利润只有 1.69 亿元，星马创投等交易方需用现金补齐 0.7 亿元差额。从净利润的下降趋势可以看出，公司近几年效益并不好，很可能出现用现金补齐现象，首先，2013 年正好完成利润指标，极大可能是为了避免大股东因业绩承诺遭受经济损失而进行了正向盈余管理，人为调高净利润；其次，通过盈余管理人为增加净利润还可以抬高 2013 年 7 月 5 日第二次定向增发的定价，从而获得更多的融资；最后，2013 年通过盈余管理虚增利润还可使得大股东在解禁期后减持获得更大的利润，因为解禁期一到，大股东立即减持的时机把握精准很难说是一个巧合。

非经常性损益的计提变动也较异常，从 2011 年到 2014 年，非经常性损益占利润总额的比重分别为 39.30%、47.52%、20.07%、8.11%、负数，由此可见，华菱星马在 2011 年、2012 年可能存在通过非经常性损益调节盈余的行为，尤其是 2012 年高达 47.52% 的比重，更是让人不免怀疑，再加上由2012 年附表发现，全年的非经常性损益都集中在政府补助，高达 1.6 亿元，是前两年的三倍多，而 2012 年净利润为 1.69 亿元，扣除非经常性损益后的净利润仅仅才 0.73 亿元，2012 年未完成净利润两亿元以上的业绩指标，可见，2012 年极有可能通过盈余管理调节净利润从而减少大股东因业绩承诺遭受的经济损失。而 2014 年非经常性损益占比大幅下降，利润总额和净利润均为负数，已超出正常的跌幅，很有可能在弥补前三年的账务亏空。

计提资产减值准备金额在 2011～2013 年相差不多，但 2014 年计提金额却是前三年的三倍左右。查阅 2014 年报表附注发现，坏账准备和存货跌价准备均上涨，尤其是存货跌价准备，上涨近 6 千万元，而 2013 年涨幅才将近 2 千万元，再与前三年计提的 1 亿多元减值准备相比，不免猜疑华菱星马在前三年减少计提减值准备，进而增加当期利润，而在 2014 年通过增多计提减值准备弥补账务亏空。因为从华菱星马 2014 年报表附注可以看出，虽然附注中明确了存货计提跌价准备的方法：资产负债表日按成本与可变现净值孰低计量，存货成本高于其可变现净值的，计提存货跌价准备，计入当期损益。但在确定存货的可变现净值时，有众多影响因素，例如持有存货的目的、资产负债表日后事项的影响等，进而使得存货跌价准备的计提存在很大的主观性，给华菱星马借此进行盈余管理留下操作空间。

应收账款的涨幅也相当大，尤其是 2014 年上半年上涨至将近 18 亿元，超出正常的涨幅，同年，关联方交易额也明显增长，这很有可能是公司通过诸多内部交易虚增应收账款，例如，华菱星马的关联交易中可能存在着大量的双向关联交易，即华菱星马既作为货物的采购方，又是产品的销售方，在产品批次、货号、出入库单据等具体信息没有对外公布的情况下，难以判断采购和销售的是否为同一批产品，如果为相同产品就意味着双方都平白增加了一笔采购业务和一笔销售业务，从而虚增应收账款、增加当期利润，使得大股东在 2014 年 7 月减持时获得更高收益。

华菱星马在 2012 年开始存在研发支出科目，当年资本化研发支出高达 1.99 亿元，2013 年和 2014 年上半年变化不大，而 2014 年全年降低了 1 亿多元，公司报表附注中也未明确披露研发支出资本化条件，这样异常的变动幅度很有可能是华菱星马为了实现定增时的承诺，在定增解禁前通过过度资本化研发支出，减少当期费用，增加当期利润，在 2017 年 7 月解禁期后通过减少资本化研发支出来弥补账务亏空。

对于现金流操控，通过查阅华菱星马 2012 年报表附注发现，公司因现金补足，向控股股东借了 4 亿元，使得 2012 年筹资数额较 2011 年多了 1.7 亿元，同样，2013 年由于定向增发，筹资金额较 2012 年增加 4.5 亿元，这些可以解释在定增后解禁期前筹资活动产生的现金流量净额都为正且连年增加的现象，而 2012 年较 2011 年净利润下降，2013 年较 2012 年净利润仅仅增加 0.8 亿元却与经营活动产生的现金流量净额在 2012 年和 2013 年高达 7.66 亿元和 4.66 亿元相矛盾，很可能是公司为掩饰实际业绩下滑采用现金流操控进行真实活动盈余管理。从营业收入变化来看，2013 年营业收入随着筹资额增加也显著增加，但从报表附注可以看出当年营业总成本中各项成本和费用均增加明显，进而使得净利润无明显增加。更令人疑惑的是 2014 年现金流均为负数，很可能是定增当年业绩承诺的压力解除后，华菱星马开始通过盈余管理弥补之前三年的财务空缺。

11.3.2.2 非财务角度的动机分析

华菱星马在 2011 年收购华菱汽车进行定向增发重组并购，这本是一个极大的利好机会，但股价不但未上涨，反而快速下跌，在 2011 年年初的价格为 25 元/股左右，而最终的定向增发价格为 8.18 元/股，明显看出此次定向增发的定价问题很可能存在大股东利益输送行为。

从重组并购本身分析，星马汽车具备专用汽车生产资质，华菱汽车具备重型汽车及客车生产资质，通过此次重大资产重组，可使星马汽车与华菱汽车共享整车生产资源，同时，能够扩大上市公司的生产经营范围，使重型汽车生产与专用汽车生产能够有机结合，充分发挥本公司和华菱汽车在产业上的互补优势，从而在国内重型汽车行业和专用汽车行业具有更强的竞争力，进而提高上市公司资产质量。再加上近年来，星马汽车与华菱汽车存在较大金额的经常性关联交易，本次重组有利于减少上市公司的关联交易，保证上市公司的独立性，维护上市公司全体股东的利益。可见，此次重组的主要目的在于产业整合，扩大发展规模，再者，增发对象为关联股东，这些股东肯定希望能以较低的定向增发价格换取更多的股份，获取更多的企业控制权份额，因此大股东就有动机通过盈余管理来降低定向增发的发行价格。

对于第二次定向增发，华菱星马年报显示 2012 年公司净利润低于 2011 年，且未达到首次定向增发的两亿元以上净利润的业绩承诺，接连几年的效益并不见好，而就在 2013 年恰好完成业绩指标，且 2013 年上半年净利润为 1.69 亿元，全年净利润为 2.50 亿元，可见大部分利润集中在上半年，恰巧第二次定向增发上市日期为 2013 年 7 月 5 日，很有可能是股东通过盈余管理人为提高 2013 年上半年利润，给其他机构投资者制造业绩良好的假象，营造良好的市场效应，趁机抬高股价和定向增发发行价格，从而获得更多的融资。

11.3.3　拟解决的问题

11.3.3.1　经济后果分析

1. 从财务指标角度分析。

由表 11.16 可以看出，华菱星马营业利润率、总资产报酬率、净资产收益率自 2011 年后整体大幅度下降，2013 年由于第二次定向增发稍有起色，之后下降幅度更加剧烈，说明公司盈利能力的下降。应收账款周转率的连年下降说明公司可能存在大量的赊销收入且公司的资金使用效率较低，营运能力下降。营业收入增长率、净利润增长率和总资产增长率 2011～2013 年都有大幅提升，但在 2014 年却大幅下降，说明公司通过盈余管理只能提升公司短期业绩水平，而且只是保持了不亏损状态。可见，盈余管理造成的短期良好公司业绩具有欺骗性，大股东们在解禁期刚到便大规模大额减持也正说明了这点，正是由于大规模减持导致股价大跌，使得公司之后的盈利能力大幅下降，严重阻碍公司的长期发展。

表 11.16　　　　　华菱星马 2011～2015 年财务指标变动情况

变量		2011 年	2012 年	2013 年	2014 年	2015 年
盈利能力分析	营业利润率（%）	8.18	2.09	3.59	-9.37	-23.19
	总资产报酬率（%）	8.98	3.09	3.70	-3.70	-9.15
	净资产收益率（%）	18.78	6.20	5.92	-10.51	-35.14
营运能力分析	应收账款周转率（次）	21.35	8.38	6.99	4.40	2.80
	存货周转率（次）	3.32	2.73	4.88	2.98	2.56
	总资产周转率（次）	1.16	0.65	0.78	0.57	0.40
偿债能力分析	经营现金流量比率（%）	9.88	21.09	11.86	-5.24	9.28
	资产负债率（%）	54.65	60.67	49.78	58.64	69.27
成长能力分析	营业收入增长率（%）	-63.98	4.86	27.08	-11.95	33.71
	净利润增长率（%）	-93.54	17.83	48.49	-3733.85	278.95
	总资产增长率（%）	-5.41	16.58	21.38	5.09	-0.48

资料来源：该公司年报（Wind 数据库）。

2. 动机角度分析。

动机角度分析的切入点为股价变化，股价能够客观反映公司的价值和经营好坏的变动情况，通过股价的变动情况可分析公司盈余管理的程度和时间以及由此引起的经济后果。

定增前：华菱星马在 2011 年进行资产重组，产业整合本身是一个极大的利好机会，公司为了压低定向增发的价格，股价不仅未上涨，反而大幅下跌，由 2011 年初的 25 元/股左右到最终 8.18 元/股的定向增发发行价格，为了给大股东进行利益输送，使得公司股价大幅下跌。

定增后到解禁期前：华菱星马在 2010 年底到 2015 年股价整体呈下降趋势，这与大盘和行业 K 线图的走势是相反的，并且华菱星马的股价跌幅惊人。华菱星马在 2012 年很可能存在明显的盈余管理行为：减少减值准备的计提、非经常性损益占利润总额比重较大、过度研发支出资本化等，以此来人为提高净利润，但净利润仍低于 2011 年，致使公司股价上升力度不大，但能在下半年看出抬头的趋势。2013 年进行第二次定向增发，通过盈余管理使得净利润刚好达到业绩承诺，使得市场反应略高于大盘，总体趋势上升，以便于抬高此次定向增发价格。2014 年和 2015 年上半年股市整体涨势强劲，汽车制造业行情较好，但华菱星马股价却下跌，在这期间，2014 年上半年，由于华菱星马未披露巨额亏损，使得股价微微上扬，但 7 月份解禁期一到，机构投资者撤出，大股东们接连大额减持，华菱星马股价也随之疲软不振。面对这样紧迫的局势，大股东们不仅没有向公司输送利益，而是依然频频减持，究其根本原因，还是在于盈余管理造成的短期业绩提升，使得盈余管理后的一段时间成为减持的最佳时间。另外，从定向增发的信息不对称角度看，由于定向增发的对象被限定为控股股东及关联股东或其他机构投资者，这类投资者的信息获取能力和分析能力均远远高于普通投资者，他们更能对上市公司盈余管理、上市公司业绩及未来的成长性做出合理的判断，信息渠道非常广泛，所以如果公司当前进行了盈余管理，公司业绩未来可能会明显下降，因此大股东们会在此期间减持更多的股份，以避免业绩下滑时受到损失。从 2014 年 7 月开始，华菱星马股票都是呈负向变化，到 12 月达到顶点，这些数据再一次证明了盈余管理对经济后果产生的负面影响。

综上所述，在定向增发前，如果增发对象为大股东，公司倾向于通过盈余管理压低股价，使得大股东获取更多股份，这同样也会产生较差的市场反应，正如华菱星马在 2011 年资产重组的机会下股价大跌。如果增发对象为其他机构投资者，公司会通过盈余管理人为调增利润，进而提升股价，获取更多的融资。在增发后解禁期前，大股东为最大化减持收益会利用盈余管理来影响股价。由于定向增发的信息不对称，大股东会借机通过盈余管理操作财务报告向市场发出积极信号，从而误导普通投资者，大股东们便趁这些投资者买进股票时大额减持，从而避免盈余管理后业绩下滑的损失，大股东大额减持之后必然是公司股价的下跌。通过对华菱星马实施定向增发的市场反应的研究，发现上市公司在定向增发后解禁期前进行盈余管理的经济后果大都是负面影响，虽然大股东们通过减持获取了收益，但公司却失去了其他机构投资者的信任并面临着公司股价连年下跌的风险。

11.3.3.2 华菱星马案例启示

华菱星马采取定向增发作为并购融资手段，在并购重组中，交易的相关信息在交易双方的分布是不对称的，当双方利益发生冲突时，信息优势一方会因为机会主义行为做出不利于信息弱势方的选择。相比外部机构投资者而言，大股东及其关联方在人事和经营上与上市公司有着较为密切的关系、掌握着较多的内部信息，其参与定向增发的目的主要包括维护控股地位、资产注入等，因此，其既有能力也有动机获得有利于自己的发行价格和减持价格。正如华菱星马此次的并购重组，定增前大股东们通过负向盈余管理降低公司业绩，使大股东获得较低的发行价格，在定增后解禁期前，大股东们又通过正向盈余管理人为调增利润，蒙蔽市场投资者，从而在减持时获得更大收益。

要减少此类现象的发生。第一，规范定向增发基准日和基准价格的确定，定价基准日的确定原则缺少明确的规定，定向增发发行价格可依据定价基准日前 20 个交易日平均股价确定，这一规定为定向增发大股东通过压低股价降低购买增发股票成本创造了条件。《上市公司非公开发行股票实施细则》规定定向增发基准价格确定为董事会决议公告日、股东大会决议公告日、发行期首日，大股东可以通过在基准日前停牌、操纵利润、释放利空消息等措施抑制股价，达到低价增发目的，因此需规范定向增发定价机制来减少大股东"合理"的操纵空间。第二，规范相关法律、法规，对于大股东"掏空"行为，限制基准日前停牌的天数，对于基准日前股票价格严重低于公司价值的应重新确定股票价格，建立定向增发询价制度、第三方竞价引入制度等。第三，完善公司内部治理与监管，一方面，规范上市公司的财务机制，减少真实盈余管理行为，另一方面，明确公司董事会以及监事会的责任，加强对公司经营决策的监管，充分发挥独立董事监管作用，独立董事是某一方面（包括金融、会计、法律等）的专家与学者，其在一定程度上能对公司募集资金投向做出科学、合理判断。独立董事作为公司治理的一项重要内容，其在董事会中占据一定席位，能够对公司随意变更募集资金投向提出不同意见，从而监督大股东通过变更募集资金投向随意侵害中小投资者利益行为，更好保护了中小投资者。

11.4 华丽家族借壳上市案例

11.4.1 华丽家族案例描述

11.4.1.1 华丽家族基本情况

华丽家族股份有限公司（股票代码：600503）是一家在上海证券交易所上市的公众公司，公司总部位于上海。华丽家族的前身为宏智科技股份有限公司。宏智科技创立于 1996 年 10 月，总部位于福州，是国家级重点高新技术企业、国家火炬计划闽东南电子与信息产业基地骨干企业、信息产业部认定的计算机信息系统集成一级资质单位，在全国计算机应用开发和系统集成实体中位居前列。2002 年 7 月，宏智科技在上海证券交易所正式挂牌上市。2005 年 4 月，更名为新智科技股份有限公司，股票简称变更为"ST 新智"。上海华丽家族（集团）有限公司于 2000 年 1 月 17 日在上海成立，公司主要经营范围为房地产开发经营、房屋土地建设和房屋（附属内部装修设施）出售等，是一家房地产企业。2008 年 6 月，上海华丽家族（集团）有限公司将全部资产注入到新智科技股份有限公司，之后新智科技股份有限公司更名为华丽家族股份有限公司并迁址上海，与此同时，上海华丽家族（集团）有限公司借壳"ST 新智"实现了公司的间接上市，华丽家族公司简介见表 11.17。

表 11.17 华丽家族重组上市信息变更情况

项目	变更前	变更后
公司名称	新智科技股份有限公司	华丽家族股份有限公司
法定代表人	洪和良	王伟林
注册资本	11000 万元	52735 万元
营业期限	1996 年 10 月 18 日至 2046 年 10 月 17 日	1996 年 10 月 18 日至不约定期限

续表

项目	变更前	变更后
注册地址	福州市台江区长汀路3号	上海市卢湾区打浦路1号D2-809室
经营范围	电子计算机技术服务；计算机软硬件开发及其信息系统集成；智能IC卡系统软硬件开发及其系统集成；销售计算机软硬件及外围设备；销售通信设备、机械电器设备、电子元器件、环保设备；技术开发、技术咨询、技术培训；技术转让；信息咨询；房地产开发和经营；对外贸易（以上范围凡涉及国家专项专营规定从其规定）	房地产开发经营，房屋土地建设和房屋（附属内部装修设施）出售、租赁，物业管理，房屋设备，园林绿化，实业投资，投资管理（上述经营范围涉及许可经营凭许可证经营）

资料来源：该公司年报（Wind数据库）。

华丽家族的核心业务是住宅房地产开发，尤其是高端房地产业务，但由于连续几年房地产行业不景气，再加上华丽家族的重组上市，最终华丽家族根据自身的优势，将企业发展战略确定为"科技＋金融"双轮驱动，即以科技为导向、以金融为支撑。华丽家族的科技项目投资包括：北京南江空天科技股份有限公司（临近空间飞行器，和北京航空航天大学合作）、杭州南江机器人股份有限公司（智能机器人，和浙江大学合作）、北京墨烯控股集团股份有限公司（石墨烯微片、石墨烯薄膜，和中科院宁波材料所、中科院重庆研究院合作）以及上海复旦海泰生物技术有限公司（乙肝治疗疫苗乙克，和复旦大学合作）。华丽家族的金融项目投资包括：华泰期货有限公司以及厦门国际银行股份有限公司。现在，华丽家族发展不断壮大，产业已涉及地产、高科技、生物、医药等领域，并取得骄人业绩，荣获上海市房地产销售50强企业，中国城建与房地产科学发展50大卓越成就企业，2015年最佳商业模式上市公司，2016年度价值地产企业，2017上海服务企业100强等殊荣。

11.4.1.2 华丽家族定向增发过程

2007年11月6日，新智科技股份有限公司董事会一致表决同意司将全部资产和负债（含或有负债）作价11000万元整体转让给上海南江（集团）有限公司（以下简称"南江集团"），同时向上海华丽家族（集团）有限公司全体股东定向发行40335万股股份，从而实现公司对华丽家族的吸收合并。图11.2为华丽家族未上市前股东股权结构。

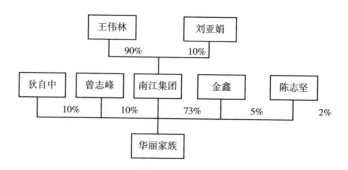

图 11.2　华丽家族未上市前股东股权结构

资料来源：该公司年报（Wind 数据库）。

由图 11.2 看出，华丽家族未上市前，南江集团在华丽家族股份占比高达 73%，而作为董事长的王伟林持有南江集团 90% 的股份，其妻刘亚娟持有 10% 股份，实际上，南江集团就是王伟林一家的公司。

2007 年 11 月 23 日，公司 2007 年度第一次临时股东大会审议通过了有关新增股份的相关议案。具体内容为：发行的股票为人民币普通股（A 股），每股面值 1 元；发行方式为向特定投资者非公开发行；发行对象为华丽家族的全体股东，即南江集团、曾志锋、狄自中、金鑫、陈志坚；发行价格为 8.59 元/股；发行的股份数量为 40，335 万股，由华丽家族的全体股东按照其在华丽家族的出资比例分享；锁定期安排：南江集团、曾志锋、狄自中、金鑫、陈志坚在本公司股权分置改革实施后 36 个月内不得转让对本次发行的股份中实际拥有权益的股份；上市地点：上海证券交易所上市；本次非公开发行股票决议的有效期为自股东大会审议通过之日起 1 年①。2008 年 3 月 26 日，获得中国证监会核准。其股权情况见表 11.18。

表 11.18　　　　　　　　各股东认购的数量和限售期

认购对象	认购数量（股）	限售期
上海南江（集团）有限公司	294445500	36 个月
曾志锋	40335000	36 个月
狄自中	40335000	36 个月
金鑫	20167500	36 个月
陈志坚	8067000	36 个月

资料来源：该公司年报（Wind 数据库）。

---

① 资料来源：该公司年报（Wind 数据库）。

此次增发上市日期为 2008 年 7 月，该部分新增股份预计可上市交易的时间为 2011 年 7 月。此次定向增发按华丽家族全体股东的持股比例认购定向增发股份，定向增发后，南江集团成为华丽家族实际控股股东，实际控制人为王伟林，并且截至认购股份完成期，南江集团持有华丽家族股份比例为 55.83%，公司无其他持股在 10% 以上的法人股东①。南江集团于 2011 年又成立了新南江集团和皙皙投资有限公司，这些都是华丽家族的关联方。

11.4.1.3　华丽家族定向增发限售股解禁后减持情况

由表 11.19 可以看出，自 2011 年 7 月解禁期满，华丽家族各大股东随即开始连续大额减持，套现金额高达 30 多亿元。尤其是南江集团和皙皙投资，在不到两年时间内减持比例已为 20% 左右，南江集团作为华丽家族的第一大股东，如此快速而又大规模的减持套现，其目的真的就仅仅是华丽家族权益变动报告书公示的那样：为上市公司提供资金以及自身资金和投资需求吗？

表 11.19　　　　　　　　华丽家族解禁期满大宗交易减持情况

时间	减持人	减持数（股）	减持价格（元/股）	减持比例（%）
2011 年 7 月	南江集团	71192400	19.90	10.00
2011 年 8 月	南江集团	35596200	16.00	5.00
2011 年 12 月至 2012 年 2 月	王伟林	56953800	7.02	5.00
2012 年 3 月	皙皙投资	179249300	7.00	15.74
2012 年 3 月	曾志峰、狄自中、陈志坚	48565900	7.00	4.25
2012 年 4 月	皙皙投资	4419000	7.00	0.54
2012 年 5 月至 2012 年 8 月	南江集团	15427746	7.00	1.35
2012 年 7 月	皙皙投资	4812772	7.00	0.27
2012 年 12 月	狄自中	32671350	4.46	2.87
2013 年 1 月	南江集团	56000000	4.59	4.92

资料来源：该公司年报（Wind 数据库）。

---

① 资料来源：该公司年报（Wind 数据库）。

11.4.2 盈余管理行为分析

11.4.2.1 主要财务指标变动情况分析

华丽家族在 2008 年 7 月借壳"ST 新智"上市，2011 年 7 月到了股权解禁期，故将定增后解禁期前盈余管理行为及具体做法的识别时间锁定在 2008 年、2009 年、2010 年、2011 年上半年、2011 年全年。根据主要财务指标的变动利用趋势分析法，对华丽家族是否存在盈余管理行为进行分析。2008 ~ 2011 年主要财务指标变动情况见表 11.20。

表 11.20　　　　　　华丽家族 2008 ~ 2011 年主要财务指标变动情况

变量	2008 年	2009 年	2010 年	2011 年上半年	2011 年全年
利润总额（亿元）	3.45	1.23	6.61	7.13	8.38
净利润（亿元）	2.22	0.95	5.18	5.49	6.23
非经常性损益（亿元）	0.06	0.16	4.25	5.85	5.85
扣除非经常性损益后的净利润（亿元）	2.16	0.79	0.93	-0.36	0.38
每股收益（元）	0.42	0.18	0.98	0.79	0.53
计提资产减值准备（亿元）	189.95	99.63	123.61	82.64	957.52
关联方交易（亿元）	1.17	5.22	0.78	0.10	2.55
应收账款（亿元）	1.42	6.10	1.16	1.15	1.00
资本化研发支出（亿元）	0	0	0	0	0
营业收入（亿元）	8.21	0.80	4.58	0.11	11.37
经营活动产生的现金流量净额（亿元）	-0.03	-5.27	-4.22	0.59	2.42
投资活动产生的现金流量净额（亿元）	3.30	-1.74	0.56	-0.13	-0.86
筹资活动产生的现金流量净额（亿元）	-0.32	11.94	7.41	-8.19	-11.50

资料来源：该公司年报（Wind 数据库）。

由表 11.20 看出，从 2008 年到 2011 年，华丽家族利润总额和净利润除 2009 年有所下降外，都是持续稳步上升，尤其是 2010 年和 2011 年，相较于 2008 年，呈现成倍增长趋势，华丽家族的业绩涨势果真如净利润显示的这样迅猛吗？

非经常性损益的变动情况露出端倪，从表 11.20 看出，2010 年和 2011 年非经常性损益较 2008 年和 2009 年可谓是成几十倍的增加，这四年间，非经常性损益占利润总额的比重分别为 1.74%、13.01%、64.29%、82.05%、69.81%，而且 2011 年度的非经常性损益主要集中在上半年，且 2011 年上半年净利润高达 5.49 亿元，扣除非经常性损益后的净利润仅仅为 −0.36 亿元，同时，扣除非经常性损益后的净利润总体也呈下降趋势，这与净利润大幅增长的走势完全相反。可见，在 2010 年和 2011 年，公司股东很可能通过调节非经常性损益科目进行盈余管理来增加净利润。通过查阅年报，发现华丽家族 2010 年和 2011 年非经常性损益项目主要为变卖股权和房地产以及政府补助，具体项目和内容见表 11.21。

表 11.21　　　　　　　　　2010 年非经常性损益项目和金额

项目	金额（元）	附注说明
非流动资产处置损益	23649852.14	主要为出售上海长春藤房地产有限公司 85% 股权收益
计入当期损益的政府补助（与企业业务密切相关，按照国家统一标准定额或定量享受的政府补助除外）	10050100.00	政府补助系张江镇人民政府拨入的扶持资金
除与同公司正常经营业务相关的有效套期保值业务外，持有交易性金融资产、交易性金融负债产生的公允价值变动损益，以及处置交易性金融资产、交易性金融负债和可供出售金融资产取得的投资收益	−13459.77	投资交易性金融资产公允价值变动
除上述各项之外的其他营业外收入和支出	504652800.23	本年因转让对盛大房地产开发有限公司持有的上海弘圣房地产开发有限公司 48.4761% 股权的合同收购权利而获取的收益 50480 万元
所得税影响额	−113270955.95	—
少数股东权益影响额（税后）	−54.41	—
合计	425068282.24	—

资料来源：该公司年报（Wind 数据库）。

从表 11.22 可看出，公司 2010 年的非经常性损益项目主要为出售上海长春藤房地产有限公司 85% 股权收益的 2365 万元、政府补助系张江镇人民政府拨入的扶持资金的 1005 万元以及转让对盛大房地产开发有限公司持有的上海弘圣房地产开发有限公司 48.48% 股权的合同收购权利而获取的收益 5 亿多元，这三笔收益在当年利润总额的占比超过了 80%，① 由此，扣除非经常性损益后净利润的下降幅度之大不言而喻。表 11.22 显示，公司 2011 年非经常性损益项目主要为处置子公司上海弘圣房地产开发有限公司收益的 4.76 亿元和公司所持上海弘圣房地产开发有限公司剩余 20% 股权在丧失控制权日的公允价值增值的 3.02 亿元，这两笔大额收益使得 2011 年虽然净利润增长，但扣除非经常性损益后净利润直接变为负数。可见，华丽家族 2010 年和 2011 年的净利润主要来源于非经常性损益，存在通过出让股权调节利润的盈余管理行为。

表 11.22　　　　　　　　2011 年非经常性损益项目和金额

项目	金额（元）	附注说明
非流动资产处置损益	476069031.22	主要系处置子公司上海弘圣房地产开发有限公司收益
除与同公司正常经营业务相关的有效套期保值业务外，持有交易性金融资产、交易性金融负债产生的公允价值变动损益，以及处置交易性金融资产、交易性金融负债和可供出售金融资产取得的投资收益	−23370.15	—
除上述各项之外的其他营业外收入和支出	1993854.40	—
其他符合非经常性损益定义的损益项目	302072683.06	系公司所持上海弘圣房地产开发有限公司剩余 20% 股权在丧失控制权日的公允价值增值
所得税影响额	−194990267.14	—
少数股东权益影响额（税后）	−1249.39	—
合计	585120682.00	—

资料来源：该公司年报（Wind 数据库）。

从表 11.22 可以看出，资产减值准备计提金额变动幅度也比较大，相较于 2008 年，2009 年、2010 年以及 2011 年上半年计提金额明显下降，公司很可能通过减少减值准备的计提进行真实盈余管理来人为增加当期利润，同时，2011 年全年的减值准备计提额却高得惊人，2011 年上半年为 82.64 万元，全年为 957.52 万元，减值准备主要集中在 2011 年下半年，而 2011 年 7 月为限售股解禁期限。很明显，公司在 2009 年到 2011 年上半年，存在减少减值准

① 资料来源：该公司年报（Wind 数据库）。

备计提的真实盈余管理行为，进而人为增加当期利润，以便在 2011 年 7 月抬高股价，使得大股东们通过减持获得更多收益，而在 2011 年下半年通过多计提减值准备弥补账务亏空。

11.4.2.2　非财务角度的动机分析

在定增后解禁期前，大股东为最大化减持收益利用盈余管理行为调整财报。一方面，普通投资者因定向增发信息不对称并不了解公司高盈利背后的行为，只能通过财报获取信息，这为大股东输送利益提供了有利条件。另一方面，净利润的增长会相应带来股价的上升，因而，公司股东可能通过盈余管理调整净利润从而提升股价，在大量减持时获得高额利润。

11.4.3　拟解决的问题

11.4.3.1　经济后果分析

1. 财务指标角度分析。

从表 11.23 可以看出，虽然华丽家族在 2010 年和 2011 年总资产报酬率和净资产收益率呈现较大幅度上涨，但自 2011 年后营业利润率、总资产报酬率和净资产收益率呈大幅下降趋势，可见盈余管理行为只能增加短期盈利，随着 2011 年 7 月大股东减持开始，华丽家族的盈利能力明显下降。应收账款周转率的上升趋势虽表明营运能力好转，但正如表 11.21 和表 11.22 显示，营运能力好转趋势很大程度上是由于华丽家族变卖股权和房地产以及政府补助导致，并非华丽家族真实盈利情况。偿债能力的下降，说明公司抵抗风险能力较差。营业收入增长率、净利润增长率以及总资产增长率虽然在 2010 年较 2009 年有大幅上升，但在 2011 年后整体呈现下降趋势，公司的成长能力明显受阻，这些更表明了盈余管理给公司长期发展带来的负面影响。

2. 动机角度分析。

华丽家族从 2009～2011 年，在房地产行业没有利好的情况下，股价持续增长，而从 2011～2014 年整体呈下滑状态，虽然与大盘和行业走势相同，但跌幅明显较大，尤其是 2011 年大股东减持后，股价便越跌越快，而在 2014年房地产行业表现良好的大背景下，华丽家族的股价却持续走低。从 2012 年开始，超额收益率基本都为负数，直到 2014 年底达到底点。

表 11. 23   2011～2015 年财务指标变动情况

变量		2009 年	2010 年	2011 年	2012 年	2013 年
盈利能力分析	营业利润率（%）	128. 18	32. 07	73. 52	8. 73	4. 26
	总资产报酬率（%）	2. 43	7. 11	11. 92	3. 54	2. 13
	净资产收益率（%）	6. 14	21. 01	25. 94	2. 59	1. 17
营运能力分析	应收账款周转率（次）	7. 23	5. 90	12. 47	40. 61	119. 57
	存货周转率（次）	0. 02	0. 04	0. 20	0. 22	0. 18
	总资产周转率（次）	0. 02	0. 06	0. 20	0. 25	0. 23
偿债能力分析	经营现金流量比率（%）	- 84. 70	- 23. 42	7. 67	11. 30	61. 54
	资产负债率（%）	60. 60	66. 54	57. 46	43. 00	35. 98
成长能力分析	营业收入增长率（%）	- 37. 24	324. 35	593. 96	81. 04	10. 80
	净利润增长率（%）	- 32. 19	3127. 90	114. 07	- 128. 93	212. 94
	总资产增长率（%）	41. 96	88. 37	- 23. 43	- 23. 77	- 28. 50

资料来源：该公司年报（Wind 数据库）。

    研究发现，2009～2011 年间，华丽家族在整个行业没有利好的情况下，股价整体处于正向增长，很可能是盈余管理行为美化了报表，尤其是 2010 年和 2011 年上半年，股价持续上升，正如上面的分析，无论是减少减值准备的计提，还是通过频繁变卖房产股权来增加非经常性损益，都是为了人为调增利润，美化报表，这一系列的正向盈余管理行为都是大股东减持的准备工作。2011 年 7 月公司限售股解禁，华丽家族股东开始迅速且大规模的减持，致使华丽家族在 2011～2014 年股价呈一路下滑状态，虽与大盘和行业走势相同，但股价跌幅却大于大盘跌幅，2011 年 4 月 6 日到 2014 年 4 月 2 日股价下跌了 8 倍多，从每股 25 元跌至每股 3 元，2014 年房地产行业表现良好，股价上涨幅度明显，但华丽家族股价持续走低，尤其是大股东减持后，2012 年股价越跌越快，超额收益率基本都为负数，直到 2014 年 12 月达到底点，充分说明盈余管理只能提高公司短期业绩，而阻碍公司未来的长期稳定发展。

    从 2011 年 7 月限售股解禁开始，公司股东便大量减持，作为华丽家族第一大股东的南江集团，在 2011 年 7 月 20 日到 26 日，短短四个交易日就减持股份 3059.6 万股，其一致行动人皙皙投资，在不到一年的时间里，减持了其在华丽家族 19.83% 的全部股份。公司股东之所以如此快速、密集地减持股份，也充分说明盈余管理行为只能提高公司短期的经营业绩。再者，大股东蓄意抬升股价并大量减持损害了中小股东的权益，公司的长期发展也会因此失去市场投资者的支持和信任。最后，随着公司股东的大量减持，华丽家族在解禁期后连续几年股价下跌，给公司带来了巨大的损失。

11.4.3.2 案例启示

华丽家族首次重组上市时，南江集团作为第一大股东，持股比例高达55.83%，并且公司无其他持股在10%以上的法人股东。这种股东集中的情况直接引发的是大小股东之间的代理问题，大小股东存在严重的利益突出，大股东出于自身利益动机进行过度投资侵害中小股东的利益，正如解禁期一到，大股东大量减持造成股价下跌，直接损害的是这些被蒙在鼓里的中小股东的利益。

要改变华丽家族"一股独大"现象。第一，必须降低南江集团对华丽家族持股比例，增加其余大股东持股比例，使其余大股东能在公司董事会中占据一定席位，从而形成与第一大股东相制衡力量，监督第一大股东利益输送行为，改变其在上市公司"一言堂"的地位。第二，伴随我国机构投资者队伍的日益壮大，其发挥公司治理作用也日益增强，应鼓励上市公司通过定向增发积极引入机构投资者，在引入机构投资者同时引进先进管理经验与技术，使机构投资者能够成为公司治理的一项重要内容，能够发挥对第一大股东的制约作用。第三，完善公司董事会以及监事会的责任，董事会及监事会对于公司经营决策至关重要，正如华丽家族在此次定向增发过程中通过过度调节非经常性损益科目来调增利润，这很明显会导致公司未来业绩的下滑和财务指标的恶化。类似决策的执行应充分发挥公司董事会及监事会的公司治理作用，适当增加独立董事以及其余股东在董事会中的席位，确保监督作用的发挥。

第12章 研究结果与研究展望

12.1 主要研究结论与政策建议

本书以委托代理理论、信息不对称理论以及公司治理理论作为理论支撑，论述了定向增发、盈余管理的背景、现状和问题，在此基础上详细和全面地分析了定向增发、盈余管理及其经济后果三者之间的关系，研究结果如下。

12.1.1 主要研究结论

配股、公开发行与定向增发是我国上市公司股权再融资的主要方式，由于定向增发在发行条件、发行规模等方面有独特的优势，定向增发新股公司数量占股权再融资公司总数的80%以上。对定向增发的研究，学者们主要从五个方面进行研究：定向增发定价问题；定向增发利益输送问题；定向增发利益支持问题；定向增发经济后果问题；定向增发公司治理问题，其中利益输送和利益支持是问题的核心。企业大股东出于自身利益最大化目的，以及资本市场动机、契约动机和监管动机，往往在定向增发前和定向增发过程中进行盈余管理，通过应计盈余管理和真实盈余管理粉饰公司利润，影响股票价格，由此带来了一系列的经济影响。

（1）本书从理论上论述了定向增发和盈余管理的前提条件、动因分析及客观条件分析。配股、公开发行与定向增发是我国上市公司股权再融资的主要方式，与配股、公开发行相比，定向增发在财务指标、偿债能力、融资规模方面没有特别要求，降低了公司定向增发门槛。而且定向增发拥有的审核程序简单、发行成本低、信息披露要求低以及发行人资格要求低的优势，使定向增发越来越成为一种主要的融资方式。虽然企业获得定向增发的许可相对容易，但是为了使企业的财务报告更"漂亮"，以便吸引外界投资者的目光，促使他们认购股份、投入更多的资金，企业就不得不通过盈余操纵美化公司在增发前的业绩报告，来影响投资者对企业未来股票价值的判断，进而诱导投资者，最终促使他们对公司进行资金投入。另外，管理者薪酬契约也是以盈余信息作为重要依据，管理者可能会出于自利动机，在定向增发中对盈余管理的期望收益与潜在成本之间进行权衡比较，当上市公司盈余管理给管理者带来的经济利益大于潜在成本时，管理者有动机进行盈余操控，在客观条件上，会计准则的不完全性给管理层操纵会计报表数据留下了空间，会计信息的不对称使得外部投资者不能够识别管理者的盈余管理行为，为管理者实施盈余管理提供了可乘之机。所以在定向增发过程中，当向大股东定向增发时，上市公司会在定向增发前进行向下的盈余操控，打压股价，从而降低其购买股票的成本；而向机构投资者定向增发时，上市公司大股东会在定向增发前进行向上的盈余操控，提高股票价格，从而募集更多资金。

（2）关于定向增发与盈余管理方式的权衡选择研究，大股东投机行为、市场择机与定向增发公告效应研究，本书进行了实证分析。其一，分析定向增发不同阶段大股东操控下的上市公司盈余管理方式权衡与选择，主要采用截面修正琼斯模型和参照罗约夫德里方法，采用倾向得分匹配方法寻找配对样本，利用双倍差分法进行回归分析，得出如下结论：随着会计法律法规日益健全，证券监管部门监督作用越来越强，上市公司在定向增发基准日前会进行应计与真实的盈余管理；当向原有大股东定向增发新股时，上市公司在定向增发基准日前进行向下的盈余操纵，刻意隐瞒利润，打压股价，大幅降低大股东购买股票的成本；当向机构投资者定向增发新股时，在定向增发基准日前进行向上的盈余操纵，提高公司利润，抬高股价，大幅提高机构投资者购买股票成本，通过增发募集更多资金。同时研究发现，随着投资者保护环境的日益改善，会计准则的日益健全，上市公司在基准日之后，盈余管理方式发生改变，主要通过真实盈余管理方式向上操纵盈余。其二，分析定向增发中大股东投资行为的机会主义动机、发行时机选择以及相应的市场公告效应问题，通过运用行为经济学原理，选取了七年间有完整发行数据、股票交易数据及财务数据的定向增发样本，采用超额收益率来度量公告效应，采用比较简便的市场收益率调整法进行计算，运用"牛市"和"熊市"两种行情度量市场态势，得到如下结论：由于定向增发时机选择是由大股东决定的，在公司经营前景看好情景下大股东自然要保持公司控制权,在公司前景不看好情景下大股东会通过减持控股数以规避经营风险,所以定向增发中大股东保持或者提高控股比例时公司经营效益、市场反应比其在减少控股比例时好,牛市环境下定向增发企业的经营效益普遍没有熊市环境下定向增发企业的经营效益好,牛市环境下大股东利益输送程度远比熊市环境下大股东利益输送程度严重,经营效益差的定向增发企业比经营效益好的定向增发企业大股东利益输送程度更严重,定向增发中大股东通过对中小股东投资心理的操控,运用发行时机选择来操控股票价格波动,以达到利益输送最大化的目的,故定向增发企业大股东利益输送主要来源于投资者非理性情绪推动的价格上涨差价而非发行价格折扣。

(3)本书对定向增发、盈余管理所产生的经济后果进行了实证分析,主要研究了定向增发、盈余管理对长期股票收益、股票流动性、公司绩效的影响。其一,关于对长期股票收益的研究,本书采用应计利润分离模型将总应计利润区分为非可操纵应计利润和可操纵应计利润,采用修正的琼斯模型(考虑业绩)估计公司盈余管理,通过 Euclidean 距离方法选择配对样本,采用购买并持有超额收益度量股票收益,研究发现大股东为了自身利益最大化,提高上市公司业绩,吸引投资者,定向增发公司在增发当年和前一年进行了盈余管理;投资者通过盈余管理在业绩较好基础上进行增发,从短期来看,定向增发公司为了实现当时对机构投资者的业绩承诺,仍然会在增发之后的第一年继续粉饰报表以提高利润,但从长期来看,盈余管理终将会在以后年度发生反转,导致长期股票收益下降;相对于非定向增发公司而言,当向机构投资者定向增发时,公司引进了新的机构投资者和战略股东,机构投资者会主动参与上市公司治理以维护自身权益和获取长期投资收益,从而增厚上市公司财富,提高上市公司业绩,所以与非定向增发公司相比,定向增发公司盈余管理对长期股票收益的影响更小。其二,关于对股票流动性的研究,本书对盈余管理度量采用考虑资产收益率的横截面琼斯模型,通过 Euclidean 距离方法选择配对样本,寻找配对样本时考虑政治成本、债务违约成本两个因素,采用换手率和 Hui-Heubel 流动性比率非高频交易指标反映长期股票流动性。实证结果表明:定向增发之后公司业绩增长,股票成交量增加,机构投资者缓解了信息不对称矛盾,加强了对上市公司大股东的监督作用,所以与非定向增发公司相比,定向增发公司股票流动性更好;同时大股东会在定向增发之前的第一年或当年进行向上盈余操纵,盈余管理降低了上市公司信息披露质量，增加了投资者买卖股票的价差，降低了股票流动性，与非定向增发公司相比，大股东在定向增发过程中进行盈余管理的动机会更强，故定向增发进一步加大了盈余管理对股票流动性的下降程度的影响。其三，关于对公司绩效影响的研究，本书采用比较定向增发公司和非定向增发公司的应计盈余管理的方式，选取在研究期间未进行过 IPO、配股、公开发行可转债的同行业、上年年末资产最为接近的本年度非定向增发公司作为配对样本，选取修正的琼斯模型测量应计盈余管理，引入定量和定性两种控制变量构建应计盈余管理与公司绩效的模型。实证结果表明：上市公司为了顺利进行定向增发，确实会在增发当年和前一年通过应计盈余管理的方式粉饰利润，以"迎合"目标对象。在定向增发后，为了使大股东和机构投资者不丧失对公司的信心，需要继续维持较好的业绩水平，努力经营以达到股东对公司的业绩期望，所以应计盈余管理操纵后的结果是增发后一年公司业绩的上升。

12.1.2 政策建议

（1）分散股权，保护中小股东权益。股权高度集中是盈余管理产生的根本原因，上市公司在进行定向增发时，大股东为谋求自身利益最大化，利用盈余管理，影响甚至操纵股价。因此需要改变上市公司股权集中的现状，分散和优化公司股权结构，深化混合所有制改革。党的十八届三中全会提出我国要进行混合所有制改革，允许国有与民营企业相互参股，鼓励我国上市公司引入战略投资者，因此应当制定相应政策，深化混合所有制改革，从而优化上市公司股权结构，改变我国上市公司"一股独大"的现状。另外，大股东往往是公司经营决策的独裁者，中小股东则缺乏话语权，因此有必要建立并完善中小股东保护制度，为众多中小股东提供完备的制度保障机制，争取更多话语权及决策权，以维护自身权益。中小股东也可借助证券市场监管机构，利用法律法规，遏制大股东谋私利的定向增发等不良行为，进行合法维权。

（2）推动机构投资者投资与发展。近年来我国机构投资者数量不断增加，投资规模逐渐扩大，并逐渐参与到公司治理的过程当中来，在我国证券市场中占有重要地位。机构投资者具有先进管理经验与技术，有能力解读与理解上市公司财务与经营情况，有利于引导广大中小投资者对信息的正确理解，减少大小股东之间的信息不对称，提高股票流动性。因此，证券监督管理部门应该制定相关政策，鼓励机构投资者参与股票购买，以便加强公司治理，改善我国上市公司"一股独大"现象，从而优化股权结构，提高股票流动性。因而推动机构投资者持续健康发展，也是相关部门需要重视的问题：第一，相关部门应该为机构投资者营造良好的发展环境，加强市场基础性建设，提高市场运作效率；推出多种金融产品，降低机构投资者的投资风险；进一步放宽机构投资者参与公司治理的法律限制，放宽持股比例的限制。第二，进一步完善机构投资者的构成结构，鼓励和引导长期机构投资者进入资本市场，推动机构投资者队伍多层次、多元化发展。第三，加强对机构投资者行为的监管，防止机构投资者操纵市场的行为；完善机构投资者的激励和约束机制，改变机构投资者短期化参与市场的倾向。

（3）识别上市公司盈余管理。一方面，政策主管部门应当建立健全法律法规和信息披露制度，提高信息披露质量，缩小盈余管理空间。2006年2月新《企业会计准则》出台，新的会计准则体系更为完善，尤其是在资产减值的会计处理、存货的发出计价方法、企业合并范围的确定等方面的完善，在一定程度上对盈余管理起到了制约作用，但会计准则的变化也引发了新的盈余管理空间，如无形资产、借款费用资本化等；同时，随着经济全球化的发展、科技的进步，必将催生许多新的交易和事项，这些都对会计准则提出新的要求，这就需要政府和政策主管部门不断改进和完善会计准则。在加强财务会计信息披露的同时，也要加强非财务信息披露，除应当披露上市公司会计政策等影响企业盈余的信息之外，还应对缺乏会计原则与基础会计处理的事项，如会计人员职业判断的原则与基础等信息做出充分披露，以充分反映交易事项的本质。另一方面，提高对盈余管理行为的识别能力。企业为定向增发进行应计盈余管理或者真实盈余管理，特别是真实盈余管理往往难于识别和发现，而又会在短期或者长期内对企业产生不良的经济后果。因此无论是监管部门还是利益相关的外部投资者都需要提高对上市公司重大事项背后是否存在盈余管理行为的识别能力，以此加强监管，使得上市公司在法律法规的范围内经营发展、避免盲目投资，损失自身利益。监管部门需要在规定、准则等方面进一步完善和明确有关上市公司盈余管理行为的界定及范围，以提供判断依据；个人投资者需要提高自身的专业水平，同时也可借助证券机构、基金公司等的研究报告进行分析，谨慎投资。

（4）完善公司内部治理，加强监管。加强公司内部治理，一方面，规范上市公司的财务机制，减少真实盈余管理行为；另一方面，明确公司董事会以及监事会的责任，加强对公司经营决策的监管，充分发挥独立董事对专业事项的监管作用，适当增加独立董事数量，确保监督作用的发挥。有效的事后监管能够减少大股东的盈余操作行为。保持注册会计师的独立性，恪守外部审计的职业道德与操守，充分发挥其监督作用，对发现上市公司的盈余管理行为有很大帮助，进而给予压制；相关部门应对上市公司定向增发的条件将予以完善，并加强对定向增发过程中各事项的引导和监管。

（5）规范定向增发基准日和基准价格的确定。我国上市公司定向增发定价基准日的确定在之前缺少明确的规定，定向增发发行价格可依据定价基准日前 20 个交易日平均股价确定，定向增发基准价格确定为董事会决议公告日、股东大会决议公告日、发行期首日，大股东可以通过在基准日前停牌、操纵利润、释放利空消息等措施抑制股价，达到低价增发的目的，因此需规范定向增发定价机制来减少大股东"合理"的操纵空间。为此，2017 年 2 月 17 日，证监会取消了会议决议公告日的定价基准日规定，直接统一为发行期首日。

总之，构建有效的证券市场机制需要从多方面入手，包括宏观市场机制、微观企业治理机制以及中小投资者的培育，可以预见成熟有效的证券市场的建立是一个涉及多方面的系统工程。

12.2 进一步研究方向

定向增发发行成本低、筹资速度快、手续简单，越来越成为我国企业融资的主要方式，由于定向增发出现时间较晚，虽已被广泛应用，理论研究也取得了一系列的进展，但仍然存在一些问题亟待解决，所以继续加深对定向增发的研究是十分有必要和有意义的。本书在研究定向增发、盈余管理及其经济后果的基础上为学术界指引新的研究方向，未来可以继续从以下几个方面展开研究。

（1）有关定向增发的定价问题研究，大多数学者分别从监控假说、信息不对称假说、利益输送假说、投资者情绪以及异质性等方面分析定向增发的折价问题，仅仅从投资者理性或行为金融单一的角度探讨资产定价的影响机制，但是在现实生活中，两者往往同时存在共同发生作用，所以在未来研究中，应该将投资者理性与行为金融统一起来，通过中介监督机制、行政介入机制、声誉机制、市场压力机制，抑制盈余管理，提高一级市场定向效率，以更全面的视角研究定向增发定价问题。而且大多数学者认为定向增发折价是由定向增发发行日收盘价与内在价值的差值所造成的，但在实际发行过程中，还存在发行价向内在价值逼近所产生的差值，所以在未来研究中，应该更深入地探讨定向增发折价形成的原因，以便深入理解定向增发价格形成的过程，更好地保护中小股东的权益。

（2）学者们认为利益输送和利益支持问题是定向增发问题的核心，认为定向增发时存在盈余管理行为，当向大股东定向增发时，某些上市公司会在定向增发前进行向下的盈余操控，打压股价，从而降低大股东购买股票的成本；而向机构投资者定向增发时，上市公司大股东会在定向增发前进行向上的盈余操控，提高股票价格，从而募集更多资金，大股东实现了利益最大化，但严重损害了中小股东的利益。所以未来应就如何规范定向增发过程，如何更好地保护中小股东的利益做出研究。由于我国投资者法律保护制度还不完善，所以应充分发挥非正式制度的作用，增强定向增发中的政治关联度，充分发挥网络舆论的作用，降低企业与投资者之间的信息不对称，增强投资者的理性因素，从而保护中小投资者的权益。还应该将投资者关注作为一种重要的补充机制，在定向增发过程中通过投资者关注，投资者可以及时了解上市公司信息，中小股东联合起来参与股东大会的投票表决，维护自己的合法权益，还可以将相关信息及时反馈给发改委和监管层，从而完善定向增发的发行过程。

（3）我国企业股权结构高度集中，集中股权结构下更多体现大股东的意志，目前学术界对于定向增发公司治理研究比较少，虽然我国学者从内部和外部公司治理的角度对定向增发进行了研究，但是相比利益输送、利益支持问题来说，对公司治理问题的研究却远远不够。为了促使上市公司健康发展，更好地保护中小投资者利益，抑制大股东利益输送行为，对定向增发股权结构分析非常重要。所以在未来研究中，应努力试图优化我国的股权结构，加强中小股东参与公司决策和治理，减轻大股东在定向增发中的机会主义行为，这在一定程度上缓解了中小股东与大股东之间的信息不对称和代理问题，不仅有利于中小股东保护自身利益，还能提升公司价值。除此之外，定向增发之后造成上市公司股权结构的新变化，比如：两权分离度增加、机构投资者持股比例增加、股权制衡度增加，未来研究也可以从这三方面股权结构变化入手来分析公司治理问题。

（4）定向增发作为一种主流的融资方式，许多学者对定向增发的长期股票收益进行了研究，研究的时间跨度一般是两年，结果显示，由于先前盈余管理的影响，长期股票收益将下降。但是，通过定向增发募集到的资金、大股东注入的资产以及机构投资者为上市公司带来的先进管理经验与技术设备或许需要更长的时间才能发挥作用，进而促进公司的发展，带动长期股票收益的上升。所以未来研究定向增发的长期效应时，可以扩大研究的时间跨度，更全面更具体地分析问题，从而提出更具有参考性的政策建议。此外，未来的研究还需要多从定向增发对长期股票收益的正面影响方面着手，例如：考察上市公司在募集资金之后，资金投向哪里？募集资金用途如何？投资效率如何？公司治理有何变化？从这些角度开展对长期股票收益的影响的研究，而不是单纯基于利益输送的视角，这样有助于加深对这一领域的理解。

（5）大多数学者认为在定向增发过程中大股东存在利益输送行为，在定向增发之前，大股东可能会通过盈余管理锁定较低发行价来进行利益输送；在定向增发之后，大股东也会通过财富转移途径来进行机会主义行为，例如：高额分红、二级市场大量减持股票、关联交易、低效率投资等。但也有一部分学者提出定向增发利益支持理论，谈判能力假说认为定向增发折价是大股东对上市公司的支持，折价与大股东支持力度正相关，折价程度越高，大股东的支持力度越大；监督效应假说认为定向增发一方面可以降低公司的代理成本，另一方面可以强化外部股东的监督作用，发行折价是公司对大股东专业咨询和监督公司的补偿。可以看出我国学者对于定向增发中大股东对上市公司支持的研究不是很多，未来可以对定向增发募集资金投向问题进行研究，分析投入流动资产和非流动资产的比例，从投入非流动资产中分析大股东对上市公司支持的可能性，具体研究大股东对上市公司支持的结果和表现，注重对定向增发之后经济后果的研究。

参 考 文 献

[1] 安灵，刘星，白艺晰. 股权制衡、终极所有权性质与上市企业非效率投资 [J]. 管理工程学报，2008 (2)：122 - 129.

[2] 蔡春，李明，和辉. 约束条件、IPO 盈余管理方式与公司业绩——基于应计盈余管理与真实盈余管理的研究 [J]. 会计研究，2013，10：35 - 42，96.

[3] 曹国华，鲍学欣，王鹏. 审计行为能够抑制真实盈余管理吗？ [J]. 审计与经济研究，2014 (1)：81 - 88.

[4] 岑维，童娜琼，何潇悦. 投资者关注度与中小股东利益保护——基于深交所"互动易"平台数据的实证研究 [J]. 证券市场导报，2016 (2)：54 - 62.

[5] 陈辉，顾乃康，万小勇. 股票流动性、股权分置改革与公司价值 [J]. 管理科学，2011 (3)：43 - 55.

[6] 陈建斌，郭彦丽. 信息经济学 [M]. 北京：清华大学出版社，2010：1 - 280.

[7] 陈姣. 基于核心能力的企业多元化经营战略分析 [J]. 科技向导，2011 (11)：22.

[8] 陈武朝，王可昕. 我国上市公司盈余管理时间选择的实证研究 [J]. 中国会计评论，2011 (2)：212 - 224.

[9] 陈小悦，肖星，过晓艳. 配股权与上市公司利润操纵 [J]. 经济研究，2000 (1)：30 - 36.

[10] 陈信元，黄俊. 政府干预、多元化经营与公司业绩 [J]. 管理世界，2007 (1)：92 - 97.

[11] 陈钊. 信息与激励经济学 [M]. 上海：格致出版社、上海三联书店、上海人民出版社，2010.

[12] 陈政. 非公开发行折价、大小股东利益冲突与协同 [J]. 证券市

场导报，2008（8）：28 - 34.

［13］陈志军，薛光红. 股权结构与企业集团多元化战略关系研究 ［J］. 财贸研究，2010（5）：126 - 131.

［14］储一昀，仓勇涛，李常安. 定向增发中的会计业绩效应与财务分析师信息预示 ［J］. 会计研究，2017（3）：39 - 45.

［15］崔宸瑜，陈运森，郑登津. 定向增发与股利分配动机异化：基于"高送转"现象的证据 ［J］. 会计研究，2017（7）：62 - 68.

［16］崔晓蕾，何婧. 投资者情绪对定向增发中财富转移的影响——基于定向增发折价的视角 ［J］. 山西财经大学学报，2016，38（11）：35 - 46.

［17］戴爽. 定向增发主题将贯穿全年行情 ［N］. 上海证券报，2007 - 02 - 16.

［18］邓路，王化成，李思飞. 上市公司定向增发长期市场表现：过度乐观还是反应不足？［J］. 中国软科学，2011（6）：167 - 177.

［19］邓鸣茂. 大股东减持时机与定向增发套利行为研究 ［J］. 审计与经济研究，2016，31（3）：73 - 82.

［20］丁方飞，李苏，何慧，郭娜瑛. 机构投资者持股、盈余管理与市场反应 ［J］. 财经理论与实践，2013（4）：59 - 63.

［21］董大勇，肖作平. 证券信息交流家乡偏误及其对股票价格的影响：来自股票论坛的证据 ［J］. 管理世界，2011（1）：52 - 61.

［22］窦炜，刘星，安灵. 股权集中、控制权配置与公司非效率投资行为——兼论大股东的监督抑或合谋 ［J］. 管理科学学报，2011（11）：81 - 94.

［23］杜莉，范洪辰，李思飞. 投资者情绪对定向增发长期市场表现影响的实证研究 ［J］. 中国经济问题，2017（6）：98 - 109.

［24］杜兴强，王丽华. 高层管理当局薪酬与上市公司业绩的相关性实证研究 ［J］. 会计研究，2007（1）：58 - 65.

［25］杜勇. 定向增发、大股东利益补偿与公司绩效 ［J］. 北京工商大学学报，2017（4）：78 - 86.

［26］杜勇，姜云燕. BW 公司财务共享服务面临的问题及对策 ［J］. 商业经济研究，2017（4）：106 - 107.

［27］段恩强，黄同鹤. 定向增发、效应与中小股东利益保护 ［J］. 财会学习，2004（3）：66 - 69.

［28］顿日霞，薛有志. 上市公司实际控制人、多元化经营与投资者保

护 [J]. 证券市场导报，2007 (9)：67 –72.

[29] 法让 – 雅克·拉丰等. 激励理论（第一卷）[M]. 陈志俊等译，北京：中国人民大学出版社，2002.

[30] 范晓玲，张洪军. 我国上市公司变更募集资金投向实证研究 [J]. 新疆社会科学，2008 (4)：14 –18.

[31] 高雷，张杰. 公司治理、机构投资者与盈余管理 [J]. 会计研究，2008 (9)：64 –72.

[32] 郭巧莉. 定向增发掏空行为探析 [J]. 中国管理信息化，2013 (3)：35 –36.

[33] 郭巧莉、张心灵. 定向增发行为异象分析——基于宁波建工的案例研究 [J]. 会计之友，2013 (3)：92 –93.

[34] 郭申阳，马克·W. 弗雷泽. 倾向值分析：统计方法与应用 [M]. 重庆大学出版社，2012：1 –223.

[35] 郭胜，张道宏. 大股东控制、非效率投资与上市公司治理——基于中国上市公司的经验数据 [J]. 2011 (4)：53 –58.

[36] 郭思永. 投资者保护、定向增发和财富转移 [J]. 当代经济科学，2012 (2)：71 –78.

[37] 韩国文，谢帆，陆菊春. 盈余管理和市场流动性的关系——基于深圳 A 股市场的实证研 [J]. 北京理工大学学报，2012 (5)：19 –24.

[38] 韩亮亮，李凯，宋力. 高管持股与企业价值 [J]. 南开管理评论，2006 (4)：35 –41.

[39] 韩忠雪，王益锋. 控股股东的利益攫取与公司多元化折价 [J]. 上海交通大学学报，2007 (7)：1054 –1057.

[40] 何丹，孙静华. 定向增发公告效应理论解释综述 [J]. 财会月刊，2009 (3)：76 –77.

[41] 何丽梅，蔡宁. 我国上市公司定向增发长期股价效应的实证研究 [J]. 北京工商大学学报，2009 (6)：59 –62.

[42] 何贤杰，朱红军. 利益输送、信息不对称与定向增发折价 [J]. 中国会计评论，2009 (3)：283 –296.

[43] 胡啸兵，何旭静，张成虎. 中国股票市场流动性与收益率相关分析——基于 Copula-GARCH 模型的实证研究 [J]. 大连理工大学学报，2012，(2)：49 –53.

［44］胡祖光，伍争荣．应用型委托—代理理论研究管理中的基数确定问题［M］．杭州：浙江大学出版社，2000．

［45］黄海波，李树茁．公司治理与多元化经营——基于我国上市公司的实证研究［J］．经济与管理研究，2007（6）：70－76．

［46］黄健中．上市公司非公开发行的定价基准日问题探讨［J］．证券市场导报，2007（3）：35－41．

［47］黄俊，陈信元．媒体报道与IPO抑价——来自创业板的经验证据［J］．管理科学学报，2013（2）：83－94．

［48］黄新建，唐良霞．政治关联、股权融资与变更募集资金投向——基于中国上市公司的实证研究［J］．软科学，2012（4）：123－126．

［49］黄新建，张宗宪．中国上市公司宣告配股信息前后的盈余管理［J］．重庆大学学报，2004（6）：140－142．

［50］黄新建，张宗益．中国上市公司配股中的盈余管理实证研究［J］．商业研究，2004，16：4－7．

［51］黄兴年．机构投资者成公司合格监督主体条件分析——兼答王宗军先生［J］．华中科技大学学报，2007（5）：120－124．

［52］黄叶苨，赵远榕，刘莉亚．定价基准日选择、市场择时与定向增发中的大股东利益输送［J］．经济管理，2017（8）：177－193．

［53］计方，刘星．机构投资者持股对企业非效率投资行为的治理效应［J］．财政研究，2011（3）：69－72．

［54］姜付秀，刘志彪，陆正飞．多元化经营、企业价值与收益波动研究——以中国上市公司为例的实证研究［J］．财经问题研究，2006（11）：27－34．

［55］姜付秀，张敏，陆正飞，陈才东．管理者过度自信、企业扩张与财务困境［J］．经济研究，2009（1）：131－143．

［56］姜国华，岳衡．大股东占用上市公司资金与上市公司股票回报率关系的研究［J］．管理世界，2005（9）：119－126．

［57］蒋卫平，刘菁．公司治理结构与多元化投资——来自中国上市公司的经验证据［J］．财经理论与实践，2010（3）：58－63．

［58］蒋义宏，魏刚．净资产收益率与配股条件［M］．上海财经大学出版社，1998．

［59］金玉娜，张志平．机构投资者能抑制过度投资吗？——基于机构

投资者异质性的经验证据 [J]. 东北财经大学学报，2013（1）：42–45.

[60] 雷良海，杜小娟. 上市公司多角化经营程度与经营绩效关系的实证研究 [J]. 上海理工大学学报，2003，4：341–345.

[61] 黎文靖. 制度安排、大股东支持与定向增发折价——来自中国证券市场的经验证据 [A]. 中国会计学会高等工科院校分会. 中国会计学会高等工科院校分会2008年学术年会（第十五届年会）暨中央在鄂集团企业财务管理研讨会论文集（上册）[C]. 中国会计学会高等工科院校分会：合肥工业大学管理学院，2008：12.

[62] 李传宪，何益闯. 大股东制衡机制与定向增发隧道效应研究 [J]. 商业研究，2012（3），132–138.

[63] 李冬昕，李心丹，俞红海等. 询价机构报价中的意见分歧与IPO定价机制研究 [J]. 经济研究，2014（7）：151–164.

[64] 李丰也，孙丹. 机构投资者对上市公司定向增发前盈余管理的影响 [J]. 财会月刊，2012（9）：2–5.

[65] 李明辉，杨鑫，刘力涵. 真实盈余管理研究回顾与展望 [J]. 证券市场导报，2014（11）：37–44.

[66] 李培功，沈艺峰. 媒体的公司治理作用：中国的经验证据 [J]. 经济研究，2010（4）：14–27.

[67] 李瑞华，刘静. 上市公司股权融资效率研究——以云南省为例 [J]. 经济研究导刊，2012（16）：60–61.

[68] 李善民，朱滔. 多元化并购能给股东创造价值吗——兼论影响多元化并购长期绩效的因素 [J]. 管理世界，2006（3）：129–137.

[69] 李文兴，张梦媛. 定向增发背后的利益协同与利益输送——基于北京银行的案例研究 [J]. 金融研究，2012（1）：59–61.

[70] 李增福，董志强，连玉君. 应计项目盈余管理还是真实活动盈余管理？——基于我国2007年所得税改革的研究 [J]. 管理世界，2011（1）：121–134.

[71] 李增福，黄华林，连玉君. 股票定向增发、盈余管理与公司的业绩滑坡——基于应计项目操控与真实活动操控方式下的研究 [J]. 数理统计与管理，2012，31（5）：941–950.

[72] 李增福，曾庆意，魏下海. 债务契约、控制人性质与盈余管理 [J]. 经济评论，2011（6）：88–96.

[73] 李增福，郑友环，连玉君. 股权再融资、盈余管理与上市公司业绩滑坡——基于应计项目操控与真实活动操控方式下的研究 [J]. 中国管理科学，2011（2）：49 - 56.

[74] 李志文，张政斌. 细化预算管理的审计思考 [J]. 中国审计，2002（11）：32.

[75] 林毅夫等. 现代企业制度的内涵与国有企业改革方向 [J]. 经济研究，1997（3）：3 - 10.

[76] 林毅夫. 关于制度变迁的经济学理论：诱致性变迁与强制性变迁. 载《财产权利与制度变迁》中译本，上海三联书店，1994.

[77] 林永坚，王志强，林朝南. 基于真实活动操控的盈余管理实证研究——来自中国上市公司的经验证据 [J]. 山西财经大学学报，2013（4）：104 - 113.

[78] 刘有贵，蒋年云. 委托代理理论评述 [J]. 学术界，2006，116（1）：69 - 78.

[79] 刘煜辉，沈可挺. 是一级市场抑价，还是二级市场溢价——关于我国新股高抑价的一种检验和一个解释 [J]. 金融研究，2011（11）：183 - 196.

[80] 卢闯，李志华. 投资者情绪对定向增发折价的影响研究 [J]. 中国软科学，2011（7）：155 - 164.

[81] 卢太平，张东旭. 融资需求、融资约束与盈余管理 [J]. 会计研究，2014（1）：35 - 41 + 94.

[82] 陆建桥. 中国亏损上市公司盈余管理实证研究 [J]. 会计研究，1999（9）：25 - 35.

[83] 陆宇建. 从 ROE 与 ROA 的分布看我国上市公司的盈余管理行为 [J]. 经济问题探索，2002（3）：63 - 69.

[84] 陆正飞，魏涛. 配股后的业绩下降：盈余管理后果与真实业绩滑坡 [J]. 会计研究，2006（8）：52 - 59.

[85] 吕敏康，刘拯. 媒体态度、投资者关注与审计意见 [J]. 审计研究，2015（3）：64 - 72.

[86] 罗党论，甄丽明. 民营控制、政治关联与企业融资约束——基于中国民营上市公司的经验证据 [J]. 金融研究，2008（12）：164 - 178.

[87] 罗付岩. 机构投资者异质性、投资期限与公司盈余管理 [J]. 管理评论，2015（3）：174 - 184.

[88] 罗琦，伍敬侗. 投资者关注与 IPO 首日超额收益——基于双边随机前沿分析的新视角 [J]. 管理科学学报，2017 (9)：46 - 60.

[89] 马费成. 信息经济学 [M]. 武汉：武汉大学出版社，2012：1 - 409.

[90] 玛格丽特·M. 布莱尔著. 所有权与控制：面向 21 世纪的公司治理探索 [M]. 张荣刚译，北京：中国社会科学出版社，1999：1 - 328.

[91] 孟则. 投资者关注与并购重组公告股价漂移 [J]. 投资研究，2016 (1)：112 - 121.

[92] 牛枫，叶勇，陈效东. 媒体报道与 IPO 公司股票发行定价研究——来自深圳中小板上市公司的经验证据 [J]. 管理评论，2017 (11)：50 - 61.

[93] 潘红波，夏新平. 政府干预、政治关联与地方国有企业并购 [J]. 经济研究，2008 (4)：41 - 51.

[94] 邱静燕. 定向增发的对象与增发目的研究 [D]. 苏州：苏州大学，2015.

[95] 权小锋，吴世农. 投资者注意力、应计误定价与盈余操纵 [J]. 会计研究，2012 (6)：46 - 53.

[96] 饶育蕾，彭叠峰，成大超. 媒体注意力会引起股票的异常收益吗？——来自中国股票市场的经验证据 [J]. 系统工程理论与实践，2010 (2)：287 - 297.

[97] 沈烈，张西萍. 新会计准则与盈余管理 [J]. 会计研究，2007 (2)：52 - 58.

[98] 沈艺峰，杨晶，李培功. 网络舆论的公司治理影响机制研究——基于定向增发的经验证据 [J]. 南开管理评论，2013 (3)：80 - 88.

[99] 宋双杰，曹晖，杨坤. 投资者关注与 IPO 异象——来自网络搜索量的经验证据 [J]. 经济研究，2011 (S1)：145 - 155.

[100] 宋顺林，唐斯圆. IPO 定价管制、价值不确定性与投资者"炒新" [J]. 会计研究，2017 (1)：61 - 67.

[101] 孙健，吕璠，佟岩. 定向增发对象、目的与预案公告择时行为 [J]. 厦门大学学报，2017 (2)：118 - 127.

[102] 孙永祥. 所有权、融资结构与公司治理机制 [J]. 经济研究，2001 (1)：45 - 53.

[103] 田昆儒，王晓亮. 定向增发、盈余管理与长期股票业绩 [J]. 财

贸研究, 2014 (10): 147 - 156.

[104] 田昆儒, 王晓亮. 定向增发与投资效率问题研究 [J]. 江西财经大学学报, 2014 (1): 61 - 69.

[105] 田艺, 王蕴珏, 杨伟聪. 定向增发创造投资新机遇 [J]. 证券导刊, 2006 (16), 35 - 37.

[106] 佟岩, 华晨, 宋吉文. 定向增发整体上市、机构投资者与短期市场反应 [J]. 会计研究, 2015 (10): 74 - 81.

[107] 万海远, 李实. 户籍歧视对城乡收入差距的影响 [J]. 经济研究, 2013 (9): 43 - 54.

[108] 王炳文. 从委托代理理论视角论继续深化国有企业改革 [J]. 求实, 2014, 6: 45 - 49.

[109] 王福胜, 吉姗姗, 程富. 盈余管理对上市公司未来经营业绩的影响研究——基于应计盈余管理与真实盈余管理比较视角 [J]. 南开管理评论, 2014 (2): 95 - 104.

[110] 王浩, 刘碧波. 定向增发: 大股东支持还是利益输送 [J]. 中国工业经济, 2011 (10): 119 - 129.

[111] 王化成. 财务管理研究 [M]. 北京: 中国金融出版社, 2006: 1 - 384.

[112] 王良成, 陈汉文, 向锐. 我国上市公司配股业绩下滑之谜: 盈余管理还是掏空? [J]. 金融研究, 2010 (10): 172 - 186.

[113] 王茜, 张鸣. 基于经济波动的控股股东与股利政策关系研究——来自中国证券市场的经验证据 [J]. 财经研究, 2009, 35 (12): 50 - 60.

[114] 王生年, 白俊. 应计的盈余管理计量模型比较分析 [J]. 审计与经济研究, 2009 (6): 64 - 71 + 89.

[115] 王晓亮. 定向增发、股权结构与投资效率研究 [M]. 北京: 经济科学出版社, 2015.

[116] 王晓亮, 郭树龙, 俞静. 定向增发与盈余管理方式的权衡选择 [J]. 云南财经大学学报, 2016 (3): 133 - 144.

[117] 王晓亮, 田昆儒. 定向增发、股权结构与过度投资研究 [J]. 技术经济与管理研究, 2016 (6): 72 - 77.

[118] 王晓亮, 田昆儒. 股权结构对股票流动性影响的实证研究——基于公开发行与定向增发的经验证据 [J]. 河北经贸大学学报, 2014 (1): 77 - 84.

[119] 王志彬，周子剑. 定向增发新股整体上市与上市公司短期股票价格的实证研究——来自中国证券市场集团公司整体上市数据的经验证明[J]. 管理世界，2008（12）：182－183.

[120] 王志强，张玮婷，林丽芳. 上市公司定向增发中的利益输送行为研究[J]. 南开管理评论，2010（3）：109－116.

[121] 魏明海，雷倩华. 公司治理与股票流动性[J]. 中山大学学报，2011（6）：181－191.

[122] 魏明海. 盈余管理基本理论及其研究述评[J]. 会计研究，2000，09：37－42.

[123] 吴恒煜. 信息不对称的市场：逆向选择、信息传递与信息甄别[J]. 商业研究，2002（23）：19－21.

[124] 吴辉. 上市公司定向增发的利益输送研究[J]. 北京工商大学学报，2009（2）：45－51.

[125] 吴育辉，魏志华，吴世农. 时机选择、停牌操控与控股股东掏空——来自中国上市公司定向增发的证据[J]. 厦门大学学报，2013（1）：46－55.

[126] 伍燕然，韩立岩. 投资者情绪理论对金融"异象"的解释[J]. 山西财经大学学报，2009（2）：95－100.

[127] 肖奇，屈文洲. 投资者关注、资产定价与股价同步性研究综述[J]. 外国经济与管理，2017（11）：120－137.

[128] 谢赤，欧辉生，周竟东. 基于企业价值与发行特征的定向增发定价效率研究[J]. 湘潭大学学报（哲学社会科学版），2010，34（3）：59－63.

[129] 谢德仁. 会计准则、资本市场监管规则与盈余管理之遏制：来自上市公司债务重组的经验证据[J]. 会计研究，2011（3）：19－26＋94.

[130] 熊剑，陈卓. 大股东营私：定向增发与减持套利——来自中国上市公司的证据[C]. 中国会计学会2011学术年会论文集，2011.

[131] 熊艳，李常青，魏志华. 媒体报道与定价效率：基于信息不对称与行为金融视角[J]. 世界经济，2014（5）：135－160.

[132] 徐斌，俞静. 究竟是大股东利益输送抑或投资者乐观情绪推高了定向增发折扣——来自中国证券市场的证据[J]. 财贸经济，2010（4）：40－46.

[133] 杨庆蔚. 中国投资发展报告[M]. 北京：社会科学文献出版社，2013：1－534.

[134] 杨星，田高良，等. 所有权性质、企业政治关联与定向增发——基于我国上市公司的实证分析 [J]. 南开管理评论，2016，19（1）：134-141.

[135] 杨星，吴璇，田高良. 定向增发与盈余管理——一个基于增发股锁定期差异的跨期分析 [J]. 山西财经大学学报，2016（12）：103-114.

[136] 杨旭宁，孙会霞. 上市公司定向增发成功与否的因素研究——基于大股东参与视角的实证分析 [J]. 投资研究，2017（8）：82-99.

[137] 叶汇. 投资建设三十年回顾——投资专业论文集 [M]. 北京：经济管理出版社，2009：1-358.

[138] 尹飘扬，熊守春. 网络舆论压力、投资者保护和公司治理——基于股市异常停牌的经验证据 [J]. 经济体制改革，2017（2）：131-137.

[139] 尹筑嘉，文凤华，杨晓光. 上市公司非公开发行资产注入行为的股东利益研究 [J]. 管理评论，2010（7）：17-26.

[140] 游家兴，吴静. 沉默的螺旋：媒体情绪与资产误定价 [J]. 经济研究，2012（7）：141-152.

[141] 俞静，徐斌. 低价定向增发之谜：一级市场抑价或二级市场溢价？——来自中国证券市场的证据 [J]. 证券市场导报，2010（6）：34-39.

[142] 俞静，徐斌，王晓亮. 大股东投机行为、市场择机与定向增发公告效应研究 [J]. 中南财经政法大学学报，2015（5）：126-133.

[143] 袁知柱，郝文瀚，王泽燊. 管理层激励对企业应计与真实盈余管理行为影响的实证研究 [J]. 管理评论，2014（10）：181-194.

[144] 原红旗. 股权再融资之"谜"及其理论解释 [J]. 会计研究，2003（5）：16-21.

[145] 曾劲松. 上市公司定向增发定价的影响因素研究 [J]. 中央财经大学学报，2009（5），28-31.

[146] 张继德，廖微，张荣武. 普通投资者关注对股市交易的量价影响——基于百度指数的实证研究 [J]. 会计研究，2014（8）：52-59.

[147] 张力上，黄冕. 我国 A 股市场定向增发定价的实证研究 [J]. 财经科学，2009（9）：34-41.

[148] 张鸣，郭思永. 大股东控制下的定向增发和财富转移 [J]. 会计研究，2009（5）：78-86.

[149] 张维迎. 博弈论与信息经济学 [M]. 上海三联书店，上海人民出版社，1996.

[150] 张维迎. 企业的企业家契约理论 [M]. 上海人民出版社, 1995.

[151] 张维迎. 所有制、治理结构与委托代理关系 [J]. 经济研究, 1996 (5): 3-15.

[152] 张维, 翟晓鹏, 邹高峰等. 市场情绪、投资者关注与 IPO 破发 [J]. 管理评论, 2015 (6): 160-167.

[153] 张祥建, 郭岚. 大股东控制与盈余管理行为研究: 来自配股公司的证据 [J]. 南方经济, 2006 (1): 72-86.

[154] 张祥建, 郭岚. 股权再融资、盈余管理与大股东的寻租行为 [J]. 当代经济科学, 2007 (4): 63-71.

[155] 张祥建, 徐晋. 股权再融资与大股东控制的"隧道效应"——对上市公司股权再融资偏好的再解释 [J]. 管理世界, 2005 (11): 127-136.

[156] 张雅慧, 万迪昉, 付雷鸣. 股票收益的媒体效应: 风险补偿还是过度关注弱势 [J]. 金融研究, 2011 (8): 143-156.

[157] 张宗益, 宋增基. 上市公司股权结构与公司绩效实证研究 [J]. 数量经济技术经济研究, 2003 (1): 128-132.

[158] 章卫东. 定向增发新股与盈余管理——来自中国证券市场的经验证据 [J]. 管理世界, 2010 (1): 54-63+73.

[159] 章卫东. 定向增发新股、整体上市与股票价格短期市场表现的实证研究 [J]. 会计研究, 2007 (12), 63-68.

[160] 章卫东, 黄一松, 李斯蕾, 鄢翔. 信息不对称、研发支出与关联股东认购定向增发股份——来自中国证券市场的经验数据 [J]. 会计研究, 2017 (1): 68-74.

[161] 章卫东, 李德忠. 定向增发新股折扣率的影响因素及其与公司短期股价关系的实证研究 [J]. 会计研究, 2008 (9): 73-80.

[162] 章卫东, 李海川. 定向增发新股、资产注入类型与上市公司绩效的关系——来自中国证券市场的经验证据 [J]. 会计研究, 2010 (3): 58-64.

[163] 章卫东, 赵安琪. 定向增发新股长期股东财富效应的实证研究——来自中国上市公司定向增发新股的经验证据 [J]. 2012 (1): 42-51.

[164] 章卫东, 邹斌, 廖义刚. 定向增发股份解锁后机构投资者减持行为与盈余管理——来自我国上市公司定向增发新股解锁的经验数据 [J]. 会计研究, 2011 (12): 63-69.

[165] 赵益华. 公司规模与股票收益率关系的实证研究 [J]. 上海金融

学院学报，2006（2）：25-30.

[166] 赵玉芳，余志勇，夏新平，汪宜霞. 定向增发、现金分红与利益输送——来自我国上市公司的经验证据 [J]. 金融研究，2011（11）：153-166.

[167] 郑琦. 定向增发对象对发行定价影响的实证研究 [J]. 证券市场导报，2008（4）：33-36.

[168] 郑琦. 定向增发公司盈余管理研究 [J]. 上海金融学报，2009（3）：53-58.

[169] 郑琦. 定向增发公司盈余管理研究 [J]. 上海金融学院学报，2009（3）：53-57.

[170] 郑琦，李常安. 会计信息可比性与新三板公司定向增发 [J]. 证券市场导报，2017（10）：26-35.

[171] 支晓强，邓路. 投资者异质信念影响定向增发折扣率吗 [J]. 财贸经济，2014（2）：56-65.

[172] 周铁，罗燕雯，荆娴. 应计利润计量偏差及对识别盈余管理的影响——基于计量信息相关性分析和中国制造业上市公司经验验证 [J]. 会计研究，2006（6）：63-69+97.

[173] 周晓苏，王磊. 保荐代表人声誉、定向增发盈余管理与股价长期市场表现 [J]. 投资研究，2017（5）：29-47.

[174] 朱红军，何贤杰，陈信元. 定向增发"盛宴"背后的利益输送：现象、理论根源与制度成因——基于驰宏锌锗的案例研究 [J]. 管理世界，2008（6）：136-147.

[175] 朱红军，汪辉."股权制衡"可以改善公司治理吗？——宏智科技股份有限公司控制权之争的案例研究 [J]. 管理世界，2004（10）：114-123.

[176] Agarwal, P. . Institutional Ownership and Stock Liquidity [R]. Social Science Research Network Working Paper, No. 1029395, 2007.

[177] Akerlof G. A. The market for "lemons": quality uncertainty and the market mechanism [J]. The Quarterly Journal of Economics, 1970, 84（3）：488-500.

[178] Andrei D, Hasler M. Investor attention and stock market volatility [J]. The Review of Financial Studies, 2015, 28（1）：33-72.

[179] Arbel A. Generic Stocks：An old product in a new package [J]. The Journal of Portfolio Management, 1985, 11（4）：4-13.

[180] Arena, M. P. The Corporate Choice between Public Debt, Bank Loans, Traditional Private Debt Placements and 144A Debt Issues [J]. Review of Quantitative Finance and Accounting, 2011, 36 (3): 391 –416.

[181] Ascioglu, A. , Shantaram, P. H. Earnings Management and Market Liquidity [J]. Review of Quantitative Finance and Accounting, 2012, 38 (2): 257 –274.

[182] Baek J. S, Kang J K and Lee I. Business groups and tunneling: evidence from private securities offerings by korean chaebols [J]. The Journal of Finance, 2006, 61 (5): 2415.

[183] Bajo E, Chemmanur T J, Simonyan K, et al. . Underwriter networks, investor attention, and initial public offerings [J]. Journal of Financial Economics, 2016, 122 (2) : 376 –408.

[184] Ball R, Brown P. An empirical evaluation of accounting income numbers [J]. Journal of Accounting Research (autumn), 1968, 6 (2): 159 –178.

[185] Barber B. M. and Lyon J D. Detecting long-run abnormal stock returns: the empirical power and specification of test statistics [J]. Journal of Financial Economics, 1997, 43 (3): 341 –373.

[186] Barber B, Odean T. All that glitters: The effect of attention and news on the buying behavior of individual and institutional investors [J]. The Review of Financial Studies, 2008, 21 (2): 785 –818.

[187] Barclay M. J, Holderness C G and Sheehan D P. Private placements and managerial entrenchment [J]. Journal of Corporate Finance, 2007, 13 (4): 461 –484.

[188] Bartov, E. , Gul, F. A. , Tsui, J. S. L. Discretionary-Accruals Models and Audit Qualifications [J]. Journal of Accounting and Economics, 2000, 30 (3): 421 –452.

[189] Beaver W. H. , Lambert R. A. and Ryn S. The information content of security prices: A second look [J]. Journal of Accounting and Economics, 1987, 9 (2): 139 – 157.

[190] Bhandari and Chand L. Debt/equity ratio and expected common stock returns: empirical evidence [J]. Journal of Finannce, 1988, 43 (2): 507 –528.

[191] Blazenko G. W. Managerial preference, a symmetric information, and

financial structure [J]. The Journal of Finance, 1987, 42 (4): 839 – 862.

[192] Bo, H. , Huang, Z. , Wang, C. Understanding Seasoned Equity Offerings of Chinese Firms [J]. Journal of Banking and Finance, 2011, 35 (5): 1143 – 1157.

[193] Brennan M. J and Franks J. Underpricing, ownership and control in initial public offerings of equity securities in the UK [J]. Journal of Financial Economics, 1997, 45 (3): 391 – 413.

[194] Cahan S. The Effect of Antitrust Investigations on Discretionary Acccruals: A Refined Test of the Political-Cost Hypothesis [J]. The Accounting Review, 1992, 67 (1): 77 – 95.

[195] Call A, Chen S, Miao B. Tong Y. Short-term earnings guidance and accrual-based earnings management [J]. Review of Accounting Studies, 2014, 19 (2): 955 – 987.

[196] Charmaine, G. , Oneil, H. , Jeff, M. , Thanh, N. The Impact of Mispricing and Asymmetric Information on the Price Discount of Private Placements of Common Stock [J]. Financial Review, 2012, 47 (4): 665 – 696.

[197] Chemmanur T, He J, Gang, H. The role of institutional investors in seasoned equity offerings [J]. In Journal of Financial Economics, 2009, 94 (3): 384 – 411.

[198] Cheng W, Cheung Y L, Po K . A note on the intraday patterns of initial public offerings: evidence from Hong Kong [J]. Journal of Business Finance & Accounting, 2004, 31 (5), 837.

[199] Chen J, Ke B, Wu D, Yang Z. The consequences of shifting the ipo offer pricing power from securities regulators to market participants in weak institutional environments: evidence from china [R]. Working Paper, 2016.

[200] Chen L, Dyl E, Jiang G, Juneja J. Risk, illiquidity or marketability: What matters for the discounts on private equity placements [J]. In Journal of Banking and Finance August, 2015, 57 (8): 41 – 50.

[201] Chen, S. S. , Kim. W. H. , Lee, C. , Yeo, G. H. H. Wealth Effects of Private Equity Placements [J]. The Financial Review, 2002, 37 (2): 165 – 184.

[202] Claessens S, Djankov S, Lang L H P. The separation of ownership

and control in east asian corporations ［J］. Journal of Financial Economics, 2000, 58 (1 -2): 81 -112.

［203］ Cohen D. A. , Aiyesha D. , Lys T. Z. Real and accrual-based earnings management in the pre-and post-sarbanes-oxley periods ［J］. Accounting Review, 2008, 83 (3): 757 -787.

［204］ Cohen D. A. , Zarowin P. Accrual-based and real earnings management activities around seasoned equity offerings ［J］. Journal of Accounting and Economics, 2010, 50 (1): 2 -19.

［205］ Colaco H, Cesary A, Hedge S. Retail investor attention and IPO valuation ［R］. Working Paper, Birmingham: Aston Business School, 2017.

［206］ Dalia M, Samuel H. Investor overoptimise and private equity placements ［J］. Journal of Financial Research, 2005, 28 (4): 591.

［207］ Da Z, Engelberg J, Gao P. In search of attention ［J］. The Journal of Finance, 2011, 66 (5): 1461 -1499.

［208］ DeAngelo L. Accounting Numbers as Market Valuation Substitutes: A Study of Management Buyouts of Public Stockholders ［J］. The Accounting Review, 1986, 61 (3).

［209］ Dechow P. M, Richard G. S, and Sweeney A P. Detecting earnings management ［J］. Accounting Review, 1995, 70 (2): 193 -225.

［210］ Dechow P. M. , Richardson S. A. , Tuna I. Why Are Examination of the Earnings Management Explanation ［J］. Review of Accounting Studies, 2003, 8 (2): 355 -392.

［211］ Defond M. L. , Jiambalvo J. Debt covenant effects and the manipulation of accruals ［J］. Journal of Accounting and Economics, 1994 (1): 145 -176.

［212］ Denis D K, McConnell J J. International corporate governance ［J］. Journal of Financial and Quantitative Analysis, 2003 (38): 1 -36.

［213］ Denis D, Sarin A. Is the market surprised by poor earnings realizations following seasoned equity offerings? ［J］. The Journal of Financial and Quantitative Analysis, 2001, 36: 169 -193.

［214］ DuCharme L L, Malatesta P H and Sefcik Stephan E. Earnings management, stock issues, and shareholder lawsuits ［J］. Journal of Financial Economics, 2004, 71 (1): 27 -76.

［215］Dyck A, Volchkova N, Zingales L. The corporate governance role of the media: evidence from Russia. The Journal of Finance, 2008, 63（3）: 1093 –1135.

［216］Dyck A, Zingales L. Private benefits of control: an international comparison ［J］. Journal of Finance, 2004, 59（2）: 537 – 600.

［217］Elizabeth M, Pandes A J. The wealth effects of reducing private placement resale restrictions ［J］. European Financial Management, 2011, 17（3）: 500.

［218］Erhemjamts, O. , Raman, K. The Role of Investment Bank Reputation and Relationship in Equality Private Placement ［J］. Journal of Financial Research, 2012, 35（2）: 183 –210.

［219］Fang L, Peress J. Media coverage and the cross-section of stock returns ［J］. The Journal of Finance, 2009, 64（5）: 2023 –2052.

［220］Feltham G. A. , Ohlson J. A. Valuation and clean surplus accounting for operation and financial activities ［J］. Contemporary Accounting Research, 1995, 11（2）: 689 –731.

［221］Field, L. C. , Sheehan, D. P. . IPO Underpricing and Outside Blockholdings ［J］. Journal of Corporate Finance, 2004, 10（2）: 263 –280.

［222］Fonseka, M. M. , Colombage, S. , Tian, G. L. Effects of Regulator's Announcements, Information Asymmetry and Ownership Changes on Private Equity Placements ［J］. Journal of International Financial Markets, Institutions and Money, 2014, 29（3）: 126 –149.

［223］Francis J and Schipper K. . Have financials tatement slost their relevance? ［J］. Journal of Accounting Research, 1999, 37（2）: 319 –352.

［224］Gervais S, Kaniel R, Mingelgrin D. The high-volume return premium ［J］. The Journal of Finance, 2001, 56（3）: 877 –919.

［225］Gomes, A. , Phillips, G. Why do Public Firms Issue Private and Public Securities? ［J］. Journal of Financial Inter mediation, 2012, 21（4）: 619 –658.

［226］Gu B, Konana P, Rajagopalan B, Hsuan M. Competition among virtual communities and user valuation: The case of investing-related communities ［J］. Information Systems Research, 2007, 18（1）: 68 –85.

［227］Gunny, K. A. . The Relation Between Earning Management Using Real Activities Manipulation and Performance: Evidence from Meeting Earnings Benchmarks [J]. Contemporary Accounting Research, 2010, 27 (3): 855 – 888.

[228] Healy, P. M. , Wahlen, J. M. A Review of the Earnings Management Literature and Its Implications for Standard Setting [J]. Account Horizons, 1999, 13 (4): 365 – 383.

[229] Healy P. The Effect of Bonus Schemes on Accounting Decisions [J]. Journal of Accounting and Economics, 1985 (7): 85 – 107 .

[230] Hedaoping. Earnings management and long-run stock under performance of private placements [J]. Academy of Accounting and Financial Studies Journal, 2011, 15 (1): 31 – 53.

[231] He D, Yang D, Guan L. Earnings management and long-run stock underperformance of private placement [J]. Academy of Accounting and Financial Studies Journal, 2011, 15 (1): 31 – 58.

[232] Hertzel M and Michael L. Long-run performance following private placements of equity [J]. The Journal of Finance, 2002, 57 (6): 2595 – 2617.

[233] Hertzel, M. , Linck, J. , Wintoki, M. Institutional Investors and the Long-Run Performance of Private Placements [Z]. Financial Management Association Meetings, 2006, 134 – 140.

[234] Hertzel M, Smith R. Market discounts and shareholder gains for placing equity privately [J]. The Journal of Finance, 1993, 48 (2): 459 – 485.

[235] Houston J, Jiang L, Lin C, Ma Y. Political Connections and the Cost of Bank Loans [J]. Journal of Accounting Research, 2014, 52 (1): 193 – 243.

[236] Huberman G, Regev T. Contagious speculation and a cure for cancer: A nonevent that made stock prices soar [J]. The Journal of Finance, 2001, 56 (1): 387 – 396.

[237] Huson M, Malatesta P H. Capital markets conditions and the volume and pricing of private equity Sale [R]. Edmonton: University of Alberta, 2006.

[238] Jensen M. C. , Meckling W. H. Theory of the firm: Managerial behavior, agency cost and ownership structure [J]. Journal of Finance and Economics, 1976, 3 (4): 305 – 360.

[239] Jensen M. C, Meckling W H. Theory of the firm: managerial behavior, agency costs and ownership structure [J]. Journal of Financial Economics, 1976, 4 (3): 1 – 78.

［240］John D. The Impact of Stock Transfer Restrictions on the Private Placement Discount ［J］. Financial Management, 2013, 42 (3): 575 – 609.

［241］Johnson S, Boone P. Corporate governance in the Asian financial crisis ［J］. Journal of Financial Economics, 2000, 58 (1/2): 141 – 186.

［242］Johnson S, McMillan J, Woodruff C. Property rights and finance ［J］. The American Economic Review, 2002, 92 (5): 1335 – 1356.

［243］Jones J. J. Earnings management during import relief investigations ［J］. Journal of Accounting Research, 1991 (2): 193 – 228.

［244］Kaya, H. D. Market Timing and Firms' Financing Choice ［J］. International Journal of Business and Social Science, 2012, 3 (13): 51 – 59.

［245］Kaya H. Expected future interest rates and the timing of private placements ［J］. Quarterly Journal of Finance and Accounting, 2014, 51 (1 – 2): 33 – 68.

［246］Khwaja A, Main A. Do lenders favor politically connected firms? rent-seeking in an emerging financial market ［J］. Quarterly Journal of Economics, 2005, 120 (4): 1371 – 1411.

［247］Klemola A, Nikkinen J, Peltomäki J. Changes in investors' market attention and near-term stock market returns ［J］. Journal of Behavioral Finance, 2016, 17 (1): 18 – 30.

［248］Kothari, S. P., Leone, A. J., Wasley, C. E. Performance Matched Discretionary Accrual Measures ［J］. Journal of Accounting and Economics, 2005, 39 (1): 163 – 197.

［249］La P, Lopez D, Shleifer A, Vishiny R. Investor protection and corporate governance ［J］. Journal of Finance and Economics, 2000, 58 (1): 3 – 27.

［250］Liang, H. C., Jang, W. Y. Information Asymmetry and Monitoring in Equity Private Placements ［J］. The Quarterly Review of Economics and Finance, 2013, 53 (4): 460 – 475.

［251］Lin W, Chang S, Chen S. The over-optimism of financial a Analysts and the long-run performance of firms following private placements of equity ［J］. Finance Research Letters, 2013, 10 (2): 82 – 92.

［252］Loh R K. Investor inattention and the underreaction to stock recommendations ［J］. Financial Management, 2010, 39 (3): 1223 – 1252.

[253] Loughran T and Ritter J R. The operating performance of firms conducting easoned equity offerings [J]. The Journal of Finance, 1997, 52 (5): 1823 – 1850.

[254] Loughran T, Ritter J. Why don't issuers get upset about leaving money on the tablein IPOs [J] . The Review of Financial Studies, 2002, 15 (2): 413 – 443.

[255] Makar. S. D, Alam. P. Earnings management and antitrust investigations: political costs over busness cycles [J]. Journal of Business Finance and According. 1998, 25 (5): 701 – 720.

[256] Malmendier U, Tate G. Superstar CEOs [J]. The Quarterly Journal of Economics, 2009, 124 (4): 1593 – 1638.

[257] Marciukaityte, D. , Szewczyk, S. H. , Varma, R. Invest or Over optimise and Private Equity Placement [J]. Journal of Financial Research, 2005, 28 (4): 591 – 608.

[258] Maynes E, Pandes J. The wealth effects of reducing private placement resale restrictions [J]. European Financial Management, 2011, 17 (3): 500 – 531.

[259] Merton, R. C. A Simple Model of Capital Market Equilibrium with Incomplete information [J]. The Journal of Finance, 1987, 42 (3): 483 – 510.

[260] Morck R, Yeung B. Agency problems in large family business groups [J]. Entrepreneur Theory and Practice, 2003, 27 (4): 367.

[261] Myers S. C and Majluf N S. Corporate financing and investment decisions when firms have information that investors do not have [J]. Journal of Financial Economics, 1984, 13 (2): 187.

[262] Normazia, M. , Hassan, T. , Ariff, M. , Shamsher, M. Private Placement, Share Prices, Volume and Financial Crisis: An Emerging Market Study [J]. Global Finance Journal, 2013, 24 (3): 203 – 221.

[263] Odean T. Do investors trade too much? [J]. American Economic Review, 1999, 89 (5): 1279 – 1298.

[264] Ohlson J. A. Earnings, book values, and dividends in equity valuation [J]. Contemporary Accounting Research, 1995, 11 (2): 661 – 687.

[265] Otsubo M. Why do firms underwrite private placement shares of other

firms? Case of Japanese firms [J]. In Pacific-Basin Finance Journal February, 2017, 41: 75 – 92.

[266] Peng D. F, Rao Y L, Wang M. Do top 10 lists of daily stock returns attract investor attention? Evidence from a natural experiment [J]. International Review of Finance, 2016, 16 (4): 565 – 593.

[267] Rangan S. Earnings management and the performance of season edequity offerings [J]. Journal of Financial Economics, 1998, 50 (1): 101 – 122.

[268] Ratcliffe C, Dimovski B, French N. Market discounts and shareholder benefits: evidence from Australian REIT private placements [J]. Journal of Property Investment and Finance, 2014, 32 (6): 1 – 16.

[269] Rongan S. Earnings management and the performance of seasoned equity offerings [J]. Journal of Financial Economics, 1998, 50: 101 – 122.

[270] Roychowdhury S. Earnings management through real activities manipulation [J]. Journal of Accounting and Economics, 2006, 42 (3): 335 – 370.

[271] Sapienza P. The effects of government ownership on bank lending [J]. Journal of Financial Economics, 2004, 72 (2): 357 – 384.

[272] Sari R. C. , Warsono S. and Suryaningsum S. . Does investor protection affect the choice of earnings management methods through real activity manipulation and accrual manipulation? [J]. Asian comparison. Journal of Modern Accounting and Auditing, 2010, 6 (6): 1 – 13.

[273] Shiu, C. Y. , Wei, H. S. Do Private Placements Turn Around Firms? [J]. Financial Management, 2013, 42 (4): 875 – 899.

[274] Shivakuma L. Do firms mislead investors by overstating earnings before Seasoned equity offerings? [J]. Journal of Accounting and Economics, 2000, 29: 339 – 371.

[275] Sicherman N, Loewenstein G, Seppi D J, et al. . Financial attention [J]. The Review of Financial Studies, 2016, 29 (4): 863 – 897.

[276] Silber, W. L. Discounts on restricted stock: the impact of illiquidity on stock prices [J]. The Analysts Journal, 1991, 47 (4): 60 – 64.

[277] Simon H. A behavioral model of rational choice [J]. The Quarterly Journal of Economics, 1955, 69 (1): 99 – 118.

[278] Song S, Tan J, Yi Y. IPO initial returns in china: underpricing or

overvaluation? [J]. China Journal of Accounting Research, 2014, 7 (1): 31 – 49.

[279] Stein, J. C. Rational Capital Budgeting in an Irrational World [J]. Journal of Business, 1996, 69 (12): 1302 – 1313.

[280] Stiglitz J, Weiss A. Gredit rationing in markets with imperfect information [J]. The American Economic Review, 1988, 71 (3): 393 – 410.

[281] Subramanyam K. R. The pricing of discretionary accruals [J]. Journal of Accounting and Economics, 1996, 22 (1 – 3): 249 – 282.

[282] Sweeney. Debt-covenant violation and managers' accounting responses [J]. Journal of Accounting and Economics, 1994, 17 (3) : 281 – 308.

[283] Teoh, S. H. , Welch, I. , Wong, T. J. Earnings Management and the Long-Run Market Performance of Initial Public Offerings [J]. The Journal of Finance, 1998, 53 (6): 1935 – 1974.

[284] Teoh S. H, Welch I, Wong T J. Earnings management and the under performence of seasoned equity offerings [J]. Journal of Financial Economics, 1998, 50: 63 – 99.

[285] Tetlock P. Does public financial news resolve asymmetric information? [J]. Review of Financial Studies, 2010, 23 (9): 3520 – 3557.

[286] Vozlyublennaia N. Investor attention, index performance, and return predictability [J]. Journal of Banking and Finance, 2014, 41: 17 – 35.

[287] Watts R. L. and Zimmerman J. L. Positive accounting theory: a ten year perspective [J]. Accounting Review, 1990, 65 (1): 131 – 156.

[288] Watts R. L. Conservatism in Accounting Part I: Explanations and Implications [J]. Accounting Horizons, 2003, 17 (3): 207 – 221.

[289] Watts R, Zimmerman J. Positive accounting theory [M]. Englewood Cliffs, NJ: Prentice-Hall, 1986.

[290] Wei X. A Research on the motives and economic consequences of the executives' subscription in the private placement-a case study of zhejiang hangxiao steel structure Co. Ltd [J]. American Journal of Industrial and Business Management, 2016, 6 (6): 763 – 773.

[291] Wilson R. The Structure of Incentives for Decentralization Under Uncertainty [J]. La Decision, 1963 (171).

[292] Wruck H and Wu Yilin. Relationships, corporate governance and per-

formance: evidence from private placements of common stock ［J］. Journal of Corporate Finance, 2009, 15 （1）: 30 – 47.

［293］ Wruck K. Equity ownership ooncentration and firm value: evidence from private equity financings ［J］. Journal of Financial Economics, 1989, 23 （1）: 71 – 78.

［294］ Wruck K. H. Equity ownership concentration and firm value : evidence from private equity financings ［J］. Journal of Financial Economics, 1989, 23 （1）: 3.

［295］ Wruck, K. H. , Wu, Y. L. Relationships, Corporate Governance, and Performance: Evidence from Private Placements of Common Stock ［J］. Journal of Corporate Finance, 2009, 15 （1）: 30 – 47.

［296］ Wu, Y. L. The Choice of Equity Selling Mechanisms ［J］. Journal of Financial Economics, 2004, 74 （1）: 93 – 119.

［297］ Yeh, Y. H. , Shu, P. G. , Kao, M. S. Corporate Governance and Private Equity Placements ［J］. Review of Pacific Basin Financial Markets and Policies, 2015, 18 （2）: 145 – 155.

［298］ Ying Q, Kong D, Luo D. Investor attention, institutional ownership, and stock return: Empirical evidence from China ［J］. Emerging Markets Finance and Trade, 2015, 51 （3）: 672 – 685.

［299］ Yoon. Earnings management of seasoned equity offering firms in Korea ［J］. The International Journal of Accounting, 2002, 37 （1） : 57 – 78.

［300］ Yu F. Analyst coverage and earnings management ［J］. In Journal of Financial Economics ［J］. 2008, 88 （2）: 245 – 271.

［301］ Zang A. Y. Evidence on the trade off between real manipulation and accrual manipulation ［R］. working paper, http: //paper. ssrn. com/so13/paper. cfm? abstract_id = 961294, 2006.